干部工作指导丛书

怎样当好新时代国有企业经营管理者

本书编写组　编著

党建读物出版社

中国特色干部制度在实践中发展完善

（总　序）

党的十八大以来，中国特色社会主义进入新时代，这是我国发展新的历史方位。在中华民族有史以来最为广泛而深刻的社会变革中，中国特色社会主义制度作为当代中国发展进步的根本制度保障，体现出鲜明的中国特色、明显的制度优势和强大的自我完善能力。干部制度，作为中国特色社会主义制度的一个重要组成部分，正日益发挥着不可或缺的重要作用。

干部制度是由选拔、任用、考核、培训、调配、监督、奖惩、薪酬、退（离）休等一套完整的制度所构成的，各部分之间相互配套并衔接，承担着选拔任用、培养教育、考核评价、管理监督、激励保障等综合功能。中国干部制度管理和服务的对象，有中央国家机关、省（自治区、直辖市）、市（地）、县（市、区）和乡镇（街道）五个层次的党政机关干部即公务员，有各级各类事业单位工作人员，有国有企业经营管理者，这些人员也统称“三支队伍”。一般情况下，这个范围还延伸包括农村行政村、城市街道社区居委会负责人和工作人员，实际上已覆盖到社会管理各个层面。

中国特色干部制度来源于实践，又运用于实践，在实践中接受检验并不断发展完善。从总体上看，我们对中国特色干部制度的自信，是与对中国特色社会主义制度的自信紧紧联系在一起的。党的领导的能力、人民民主的水平、依法治国的质量，共同决定着我们制度自信的强度和持久度。中国共产党作为执政党，在干部管理中，旗帜鲜明地提出坚持党管干部原则，牢牢把握党的领导这个中国特色社会主义制度的最大优势；坚持德才兼备、以德为先，坚持五湖四海、任人唯贤，坚持事业为上、公道正派，把好干部标准落到实处；坚持突出政治标准，牢固树立“四个意识”，坚定“四个自信”，做到“两个维护”，切实把党和人民需要的好干部选出来用起来；坚持民主集中制和群众路线，实行选任制、委任制、聘任制等多措并举的选拔任用方式，完善分级分类考核评价机制，建立健全激励机制和容错纠错机制，提高知事识人和严格管理的水平；坚持注重基层、优化结构、递进培养，源源不断培养选拔德才兼备、忠诚干净担当的高素质专业化干部特别是优秀年轻干部，保持各级干部队伍的可持续发展；坚持依法治国与依规依纪管党治党紧密结合，努力推进干部工作制度化、规范化、科学化。这些都构成了中国特色干部制度的鲜明特色。

进入新时代、新征程后，以习近平同志为核心的党中央以伟大的历史主动精神、巨大的政治勇气、强烈的责任担当，直面党情、国情、世情的变化和一个时期以来党内存在的突出矛盾与问题，着眼实现“两个一百年”奋斗目标，坚持全面从严治党，抓住“关键少数”，对加强干部队伍建设提出了一系列新思路新观点新要求，体现了中国共产党始终把忠诚干净担当的干部队伍作为党和国家事业中坚力量、决定因素的坚定与坚守，为进一步做好新形势下的干部工作提供了强大思想武器和科学行动指南。各地各部门在实践探索中创造了许多新鲜经验，丰富和发展了新时代中国特色干部制度体系，也为我们在现阶段组织力量对中国特色干部制度进行总结和概括提供了充分的条件。

本系列丛书聚焦于“着力建设忠诚干净担当的高素质专业化干部队伍”这个目标，全面贯彻落实新时代党的组织路线和新时代好干部标准，紧紧围绕建立健全干部素质培养、知事识人、选拔任用、从严管理、正向激励“五大体系”，向读者解答中国特色干部制度是什么，它从哪里来、要到哪里去，成效怎样看、特点在哪里，方法有哪些、具体如何做。本系列丛书坚持理论与实践相结合，立足于原创性，力争深入党的干部工作第一线，用中国干部工作特有的专业化语言来总结自己的特点，讲述自己的工作。编著的方式有论述式，有问答式，也有经验介绍式，还有不同方式的综合运用。同时，坚持“交换、比较、反复”的思想方法，有针对性地介绍国外的相关情况。阅读本系列丛书，将会使各方面的读者从不同角度各取所需、各受其益。

中国特色干部制度，不可能一蹴而就，也不会止步于某一个阶段。“弄潮儿向涛头立，手把红旗旗不湿。”我们相信，在习近平新时代中国特色社会主义思想的指引下，面向时代大潮，只要始终坚持正确方向，坚持守正和创新相统一，中国特色干部制度必将不断适应新时代中国特色社会主义的发展要求，有力推动党的干部队伍形成青蓝相继、薪火相传的生动局面，在实践中继续走向更加完善。

党的干部工作读物基础工程

目录

第一章　新时代对国有企业提出新要求

第二章　坚持党对国有企业的领导

第三章 落实国有企业领导人员“20字”要求

第四章　加强和改进国有企业思想政治工作

第六章 完善中国特色现代企业制度

第七章　完善国有资产监管体制

第一章　新时代对国有企业提出新要求

1. 中国为什么要有国有企业?

国有企业是中国特色社会主义的重要物质基础和政治基础，是中国共产党执政兴国的重要支柱和依靠力量，是党领导的国家治理体系的重要组成部分。国有企业的存在和发展在中国具有必然性和不可替代性，这是由我国社会制度和发展逻辑共同决定的。

（1）国有企业是中国特色社会主义的重要物质基础和政治基础

新中国成立后，社会主义公有制在国民经济中开始占据主体地位。中国共产党团结带领人民进行社会主义改造，确立了社会主义基本制度，成功实现了中国历史上最深刻最伟大的社会变革，为当代中国一切发展进步奠定了根本政治前提和制度基础。社会主义制度是我国的根本制度。在社会主义初级阶段，我国坚持公有制为主体、多种所有制经济共同发展的基本经济制度。社会主义公有制即全民所有制和劳动群众集体所有制。宪法明确指出，“国有经济，即社会主义全民所有制经济，是国民经济中的主导力量”。国有企业是社会主义全民所有制经济的载体，是社会主义经济制度的产物，国家对其资本拥有所有权或者控制权。国有企业的性质决定了其代表的是全体人民共同利益，国有企业发展是为了人民，国有企业发展要依靠人民，国有企业发展的成果由人民共享。2017 年国务院发布的《划转部分国有资本充实社保基金实施方案》要求，在推动国有企业深化改革的同时，按照 10% 的比例划转部分国有股权充实社保基金，这一举措就充分体现了国有企业发展成果由全民共享。党的十九大报告对推进全体人民共同富裕提出了具体要求和部署。党的十九届五中全会把“人的全面发展、全体人民共同富裕取得更为明显的实质性进展”列入 2035 年基本实现社会主义现代化远景目标。党的二十大报告明确指出，“坚持把实现人民对美好生活的向往作为现代化建设的出发点和落脚点，着力维护和促进社会公平正义，着力促进全体人民共同富裕，坚决防止两极分化”。

从物质基础看，新中国成立以来特别是改革开放以来，国有企业发展取得巨大成就。2022 年，全国国有及国有控股企业营业总收入 825967.4 亿元，利润总额 43148.2 亿元。[①]“十三五”时期，国有企业累计上缴税费 17.6 万亿元，约占同期全国税收收入的 1/4。2022 年，我国企业进入世界 500 强达到 145 家，其中国有企业有 99 家。[②] 国有企业在载人航天、探月工程、深

① 曲哲涵：《国有企业营业总收入同比增长 8.9%》，《人民日报》2023 年 1 月 23 日。

② 《千帆竞渡创一流——国企改革三年行动主体任务基本完成综述》，《国资报告》2022 年第 8 期。

海探测、高速铁路、特高压输变电、移动通信等领域取得了一批具有世界先进水平的重大科技创新成果，掌握了一大批关键核心技术。

从政治基础看，工人阶级是我国的领导阶级，是中国共产党执政最坚实最可靠的阶级基础，是坚持和发展中国特色社会主义的主力军。习近平总书记2016年10月在全国国有企业党的建设工作会议上指出，国有企业培养了一支产业工人大军，拥有4000多万名在岗职工、近80万个党组织、1000多万名党员，这是我国工人阶级队伍的骨干力量。[①] 国有企业广大党员、干部、职工是关键时刻听指挥、拉得出，危急关头冲得上、打得赢的可靠队伍。把国有企业建设好，把工人阶级作用发挥好，对巩固中国共产党的执政地位、巩固我国社会主义制度具有十分重大的意义。

（2）国有企业是中国共产党执政兴国的重要支柱和依靠力量

长期以来，国有企业为我国经济社会发展、科技进步、国防建设、民生改善作出了历史性贡献，功勋卓著，功不可没。

国有企业是中国共产党执政兴国的重要支柱和依靠力量。国有企业在公益性强的行业和领域、民营企业不愿经营的非营利行业和民营企业不宜经营的行业中，承担大量的社会责任。许多投资大、收益薄的基础设施和公共服务建设，许多周期长、

---

① 《习近平著作选读》第一卷，人民出版社2023年版，第514页。

风险大的基础性研发，许多国防科技工业的重大项目，许多重大自然灾害、突发事件的抗击救援，许多脱贫攻坚、改善民生的项目实施，都是国有企业扛起来的。国有企业在自然垄断行业中发挥着“顶梁柱”作用。国有企业承担着参与市场竞争、拉动经济增长、履行社会责任等重要职责，在具有自然垄断性质的公用事业如供电、供水、供热、供气、铁路等，在与国计民生有关的经济部门如银行和保险业等，在自然资源开采的行业如石油、煤炭等，不仅要追求利润目标，而且还承担着社会义务，是推动我国经济社会发展的“顶梁柱”。国有企业在国家安全和国防建设上发挥着“主力军”作用。国有企业承担着国防科研生产任务，是国家战略科技力量的重要组成部分，在国家安全和国防建设上发挥着主力军作用。以中国核工业、中国航天科技、中国航天科工、中国航空工业、中国船舶、中国兵器工业、中国兵器装备、中国电子科技、中国航空发动机等为代表的国有企业，始终坚持中国共产党的全面领导，以强军报国为初心使命，坚决履行现代化建设的政治责任，为推动国防和军队现代化、如期实现建军百年奋斗目标提供坚强支撑，同时发挥国有经济的战略支撑作用，服务好经济主战场，立足新发展阶段、贯彻新发展理念、构建新发展格局，推进高质量发展。国有企业在基础性行业中发挥着“压舱石”作用。基础性行业主要包括能源、交通运输、信息基础行业、公用设施服务业、原材料（包括农产品、矿产品及水资源）等方面，国有企业为保障和改善民生，提升全民福祉作出了巨大贡献，发挥着“压舱石”作用。国有企业在公益性行业中发挥着“排头兵”作用。国有企业在落实国家区域协调发展战略、推进乡村振兴、质量强国建设、国际化经营、绿色低碳转型、抗疫救灾、重大任务保障等方面的社会贡献力度持续加大，发挥着“排头兵”作用。

（3）“六个力量”是新时代国有企业新的历史定位

坚持中国共产党的领导是中国特色社会主义市场经济体制不断发展完善的根本政治保证，是中国特色社会主义市场经济体制具有强大生命力的政治制度根源。在2016年10月全国国有企业党的建设工作会议上，习近平总书记强调，要“使国有企业成为党和国家最可信赖的依靠力量，成为坚决贯彻执行党中央决策部署的重要力量，成为贯彻新发展理念、全面深化改革的重要力量，成为实施‘走出去’战略、‘一带一路’建设等重大战略的重要力量，成为壮大综合国力、促进经济社会发展、保障和改善民生的重要力量，成为我们赢得具有许多新的历史特点的伟大斗争胜利的重要力量”。①“六个力量”赋予国有企业新的历史定位，为国有企业进一步发展指明了方向，提供了根本遵循，注入了强大的精神动力。国有企业使命更加光荣、责任更加重大。国有企业必须坚持中国共产党的领导，必须坚

① 《习近平谈治国理政》第二卷，外文出版社2017年版，第175页。

持和完善中国特色现代企业制度，始终确保沿着正确的方向前进，为实现第二个百年奋斗目标、实现中华民族伟大复兴作出新的更大贡献。

2. 如何认识国有企业在中国式现代化中的历史使命？

党的二十大报告提出，要以中国式现代化全面推进中华民族伟大复兴。中国式现代化的本质要求是“坚持中国共产党领导，坚持中国特色社会主义，实现高质量发展，发展全过程人民民主，丰富人民精神世界，实现全体人民共同富裕，促进人与自然和谐共生，推动构建人类命运共同体，创造人类文明新形态”。国有企业是推进中国式现代化的重要力量，肩负新的历史使命。

国有企业要深入学习贯彻习近平新时代中国特色社会主义思想，始终坚持中国式现代化的正确方向。中国式现代化，是中国共产党领导的社会主义现代化。国有企业要始终坚持党的领导，围绕党在新时代新征程的使命任务，深刻领悟“两个确立”的决定性意义，增强“四个意识”、坚定“四个自信”、做到“两个维护”，不断提高政治判断力、政治领悟力、政治执行力，始终同以习近平同志为核心的党中央保持高度一致，更加坚定自觉地用习近平新时代中国特色社会主义思想武装头脑、指导实践、推动工作。要把思想政治工作始终作为一项经常性、基础性工作来抓，国有企业领导人员必须做到对党忠诚、勇于创新、治企有方、兴企有为、清正廉洁。

国有企业要把高质量发展作为首要任务，在中国式现代化道路上勇当先锋。高质量发展是全面建设社会主义现代化国家的首要任务。中国式现代化必须始终从国情出发，既不好高骛远，也不因循守旧，保持历史耐心，坚持稳中求进、循序渐进、持续推进。国有企业要积极投身于制造强国、质量强国、科技强国、数字中国、区域协调发展、“一带一路”、民生改善等国家重大战略实施。要在建设现代化产业体系、构建新发展格局中当好科技创新国家队、产业发展排头兵、安全支撑主力军。国有企业要充分发挥创新主体作用，积极打造原创技术策源地，勇当现代产业链链长，着力开辟发展新领域新赛道，不断塑造发展新动能新优势。要坚持社会主义市场经济改革方向，健全中国特色现代企业制度，提升企业核心竞争力、增强企业核心功能，不断增强国有经济竞争力、创新力、控制力、影响力和抗风险能力。

国有企业要坚持以人民为中心的发展思想，在促进共同富裕上担当作为。习近平总书记指出：“中国式现代化是全体人民共同富裕的现代化。”国有企业要始终坚持以人民为中心，着力推动中国式现代化的成果惠及全体人民，处理好经济责任和社会责任的关系，助力保障和改善民生，让国有企业改革发展成果更公平更广泛由全体人民共享。国有企业要更加公平更加科学地参与财富分配，健全国有企业薪酬收入分配机制，在企业内部积极构建和谐劳动关系，在企业外部更好带动民营企业共同发展，为缩小区域差距、城乡差距、收入差距提供有力支撑。国有企业要更加主动更有作为地满足人民群众对美好生活的需要，积极促进公共基础设施和公共产品服务共享，不断提升产品和服务质量水平，强化在医药医疗、健康养老、应急保障等民生领域的有效供给，提升对水、电、气、暖、通信等公共服务体系的保障能力，切实增强人民群众的获得感、幸福感和安全感，更好服务人的全面发展和社会全面进步。

国有企业要把物质文明和精神文明协调发展的重大原则要求贯穿始终。习近平总书记指出："中国式现代化是物质文明和精神文明相协调的现代化。"物质富足、精神富有是社会主义现代化的根本要求。国有企业必须进一步明确自身定位和发展使命，巩固优势产业领先地位，加快发展物联网，加快发展数字经济，推动打造自主可控、安全可靠、竞争力强的现代化产业体系，为中国式现代化奠定坚实的物质技术基础。国有企业在推进物质文明建设的同时，必须加强精神文明建设，要大力弘扬以"两弹一星"精神、大庆精神、铁人精神、"两路"精神、载人航天精神、青藏铁路精神、探月精神、新时代北斗精神等为代表的国有企业先进精神，倡导企业家精神，传承劳模精神、劳动精神、工匠精神。国有企业要推动理想信念教育常态化制度化，自觉践行和弘扬社会主义核心价值观，加强企业文化建设，培育先进企业精神，增强干事创业、推动发展的使命感，提振锐意进取、担当作为的精气神，助推企业高质量发展。

国有企业要坚持绿水青山就是金山银山的理念，争当绿色发展先行者。习近平总书记指出："中国式现代化是人与自然和谐共生的现代化。"国有企业要加快发展方式绿色转型，协同推进降碳、减污、扩绿、增长，推进生态优先、节约集约、绿色低碳发展，在实现碳达峰碳中和目标上率先行动、当好示范。要坚持系统谋划，统筹发展和安全，立足国情企情，把绿色发展理念贯穿到生产经营全过程和各环节，以保障国家能源安全和经济发展为底线，确保安全降碳。要坚持节约优先、源头减碳，把节约能源资源放在首位，优化能源结构，提升利用效率，在供给侧和需求侧两端同向发力，大力推进绿色低碳转型升级，持续降低单位产出能源资源消耗和碳排放。要坚持创新驱动、科技引领，强化科技创新和制度创新，加快绿色低碳关键核心技术突破，提升高质量绿色产品服务供给能力，加速绿色低碳关键技术产品推广应用。①

国有企业要以高质量共建"一带一路"为重点，争做高水平对外开放的引领者。习近平总书记指出："中国式现代化是走

① 国务院国有资产监督管理委员会:《关于推进中央企业高质量发展做好碳达峰碳中和工作的指导意见》，参见国务院国有资产监督管理委员会网站。

和平发展道路的现代化。”国有企业是我国对外经济合作的重要市场主体，在共建“一带一路”中承担着重要责任和使命。国有企业要助力推动构建更高水平开放性经济新体制，稳步扩大规则、规制、管理、标准等制度型开放，主动对接高标准国际经贸规则，营造市场化、法治化、国际化一流营商环境。要秉持共商共建共享原则，以高标准、可持续、惠民生为目标，开展多层次、多领域的务实合作，全面助推政策沟通、设施联通、贸易畅通、资金融通、民心相通，推动共建“一带一路”高质量发展。要提升国际化经营水平，培育全球竞争力，完善面向全球的生产服务网络，不断提升在全球产业分工中的地位作用，帮助相关国家推进工业化、城镇化和现代化，努力同相关国家和企业共享机遇、共谋发展，积极推动构建人类命运共同体。

3. 国有企业如何贯彻新发展理念？

新发展理念是一个系统的理论体系，回答了关于发展的目的、动力、方式、路径等一系列理论和实践问题，是做好新时代经济工作的根本遵循和科学指南。国有企业要做落实新发展理念的排头兵，完整、准确、全面贯彻新发展理念，将新发展理念与企业改革发展实际相结合，真正做到崇尚创新、注重协调、倡导绿色、厚植开放、推进共享，增强发展动能，厚植发展优势，实现国有企业的高质量发展。

国有企业要坚持创新发展，做创新驱动发展的排头兵。创新是引领发展的第一动力。国有企业聚集着国家重要的科技创新资源，面对全球新一轮科技革命和产业革命的时代大潮，要在促进高水平科技自立自强上发挥国家队作用。要强化创新意识，在整合集聚创新资源、提供新技术迭代与应用环境等方面发挥系统性优势，在“卡脖子”关键核心技术上实现新突破，打造原创技术策源地，加大对传统制造业改造、战略性新兴产业、关键领域的科技投入，提升基础研究和应用基础研究的能力。要坚持系统观念，坚持科技创新与制度创新双轮驱动，在世界科技前沿、经济主战场、国家重大需求、人民生命健康等方面补短板、建长板、强能力、成体系。要坚持实施创新驱动发展战略，突出科技创新对供给侧结构性改革和培育发展新动能的支撑引领作用，加快健全有利于国有企业科技创新的体制机制，加快打造创新型国有企业。着力解决制约企业科技创新的机制、投入、人才、转化等突出问题，健全激励约束机制，完善人才培养体系，提高科技进步贡献率，激发企业创新活力，共建良好创新生态。要推动创新链产业链资金链人才链深度融合，提升国有企业原创技术需求牵引、源头供给、资源配置、转化应用能力。要打造“人人想创新、人人敢创新、人人可创新”的创新文化氛围，畅通人才流通渠道，弘扬企业家创新精神，鼓励企业家做创新发展的探索者、引领者，加快形成一支规模宏大、富有创新精神、敢于承担风险的创新型人才队伍。

国有企业要坚持协调发展，做协调发展的带动者。协调是经济社会持续健康发展的内生特点。我国经济正处于转变发展方式、优化经济结构、转换增长动力的攻关期。协调既是发展手段，又是发展目标，同时还是评价发展的标准和尺度。国有企业承担着持续优化调整国有经济布局结构的重要任务，必须正确处理发展中的重大关系，坚持统筹兼顾、综合平衡、补齐短板、缩小差距，不断增强发展整体性，助力解决发展不平衡的问题。要统筹扩大内需和深化供给侧结构性改革，实现国民经济良性循环。要着力发挥引领带动作用，积极稳妥推进混合所有制改革，加强与各类所有制企业的产业链协作、供应链协同，促进与各类要素有效融合，努力实现互利共赢、共同发展。要积极参与推动区域协调发展战略、区域重大战略和主体功能区战略等深度融合，在打造特色明显、优势互补的区域产业生态和构建全国统一大市场方面持续发力，大力落实乡村振兴战略，为缩小区域差距、城乡差距、收入差距提供有力支撑。

国有企业要坚持绿色发展，做绿色发展的推动者。绿色发展是可持续发展的普遍形态。国有企业作为实施生态文明建设的重要主体，既是绿色发展的重要推动者，也是绿色发展的重要贡献者。国有企业要牢固树立和践行绿水青山就是金山银山的理念，坚持生态优先，坚定不移走绿色低碳循环发展之路，将节约能源、生态环境保护、碳达峰碳中和战略导向和目标要求纳入企业发展战略和规划中。要推动经济社会发展绿色化、低碳化，以绿色转型为基础，重构以要素低成本优势为特征的传统生产函数，推动产业高端化、智能化、绿色化，形成新的增长点。要抓住产业结构调整这个关键，减少过剩和落后产能，增加新的增长动能。要发挥绿色低碳消费引领作用，从供给侧提供更多可再生能源、新能源产业装备，强化产品全生命周期绿色管理，推动绿色供应链转型，为高质量发展提供强大绿色发展动能。要助力实现碳达峰碳中和目标，在形成绿色低碳循环发展的经济体系和清洁低碳安全高效的能源体系中发挥重要作用，争当能源清洁低碳转型的引领者、推动者、先行者，推动能源清洁低碳安全高效利用。

国有企业要坚持开放发展，做开放发展的示范者。开放是国家繁荣发展的必由之路。经济全球化是谋划发展所要面对的时代潮流，国有企业在这样的大背景下要不断提升发展的质量和效益，就要坚持合作开放原则，把对外开放作为国有企业改革发展的必由之路。要坚持“走出去”战略，树立全球化思维，努力为推动构建人类命运共同体贡献力量。要以服务“一带一路”建设为重点，遵循共商共建共享原则，推进战略、规划、机制对接，加强政策、规则、标准联通，积极突破市场壁垒，同各方一道打造国际合作新平台，带动全产业链和全价值链“走出去”，增强面向全球资源配置和整合能力，不断开拓合作共赢新局面。要在加快建设世界一流企业过程中，着力提升资源配置和整合能力、国际化经营能力、国际风险的把控、参与国际标准的制定、企业价值理念认同等方面的水平。要加快“走出去”步伐，开展全方位、多层次、多领域的对外交流合作，注重引进先进技术、管理经验和高素质人才，加快培育竞争新优势，促进企业高质量发展。

国有企业要坚持共享发展，做共享发展的践行者。共享是实现高质量发展的根本目的。共享理念实质就是坚持以人民为中心的发展思想，体现的是逐步实现全体人民共同富裕的要求。国有企业作为人民利益的代表，作为社会主义属性的体现者，是政府从制度层面为共建共享提供保障的重要执行者。要始终坚持以人民为中心，在关系国家安全和国民经济命脉的重要行业和关键领域，履行好经济责任、政治责任、社会责任。要着力做强做优做大国有资本和国有企业，提升企业经营效率，激发各类市场主体活力，实现共同发展。要不断完善发展成果由全民共享的体制机制，充分发挥自身优势，在满足人民日益增长的美好生活需要中进一步发挥基础性、公益性、保障性的重要作用，有力促进全体人民共同富裕取得更为明显的实质性进展。要在国有企业改革发展中，践行社会责任，既发挥经济功能，又发挥提供社会公共服务、满足社会公共需求的社会功能，实现二者的有机统一。要降低公益性产品价格，将服务公众作为最高目标，努力为社会提供优质产品和服务，让社会共享发展红利、人民群众共享发展成果。

4. 国有企业如何在新发展格局中发挥作用?

《中共中央关于制定国民经济和社会发展第十四个五年规划和二〇三五年远景目标的建议》提出，要加快构建以国内大循环为主体、国内国际双循环相互促进的新发展格局。未来一个时期，我国国内市场主导经济循环的特征将更加明显，经济增长的内需潜力将不断释放。从需求看，我国拥有 14 亿多人口，2022 年商品零售额 39.6 万亿元，今后还有稳步增长空间。从供给看，我国基于国内大市场形成的强大生产能力，能够促进全球要素资源整合创新，使规模效应和集聚效应最大化发挥。因此，构建新发展格局是适应我国发展新阶段要求、塑造国际合作和竞争新优势的必然选择，是事关全局的系统性、深层次变革，是立足当前、着眼长远的战略谋划。构建新发展格局是把握发展主动权的先手棋，关键在于实现经济循环流转和产业关联畅通，根本要求是提升供给体系的创新力和关联性，解决各类“卡脖子”和瓶颈问题，畅通国民经济循环。国有企业作为我国国有经济的战略支撑，其改革发展直接关系到国民经济发展，要坚持以推动高质量发展为主题，以深化供给侧结构性改革为主线，以改革创新为根本动力，加快构建新发展格局。

国有企业要在加快培育完整内需体系中担当作为。加快培育完整内需体系，是畅通国民经济循环、增强国内大循环主体地位的重要基础。要以满足国内需求为基本立足点，把实施扩大内需战略同深化供给侧结构性改革有机结合起来，着力提升供给体系对国内需求的适配性，形成需求牵引供给、供给创造需求的更高水平动态平衡。要加强现代流通体系建设，完善硬件和软件、渠道和平台，夯实国内国际双循环的重要基础。国有企业要推进深层次改革和强化政策引导，着力打通制约经济循环的关键堵点。

国有企业要在加快实现高水平科技自立自强中担当作为。加快科技自立自强是畅通国内大循环、塑造我国在国际大循环中主动地位的关键。党的十九届六中全会通过的《中共中央关于党的百年奋斗重大成就和历史经验的决议》明确了把科技自立自强作为国家发展的战略支撑。国有企业要增强责任感和危机感，丢掉幻想，正视现实，打好关键核心技术攻坚战，加快攻克重要领域“卡脖子”技术。要发扬科学家精神，鼓励大胆探索和合理质疑，加强基础研究、注重原始创新。要坚持问题导向，面向国民经济和社会发展重大问题，加强应用研究。要强化企业创新主体地位，集中力量打好关键核心技术攻坚战，锻造产业链供应链长板，补齐产业链供应链短板。要促进新技术产业化规模化应用，发展先进适用技术。要充分发挥人才创新活力，全方位培养、引进、用好人才，造就更多国际一流的科技领军人才和创新团队，培养具有国际竞争力的青年科技人才后备军。要加大人力资本投入，加强基础研究人才培养，加强创新型、应用型、技能型人才培养。要加强国际科技交流与合作，在开放条件下促进科技能力提升。

国有企业要在推动产业链供应链优化升级中担当作为。推动产业链供应链优化升级，是稳固国内大循环主体地位、增强在国际大循环中带动能力的迫切需要。国有企业要把提升产业链供应链韧性和安全水平放在重要的位置，着力构建自主可控、安全高效的产业链供应链。要对重点行业产业链供应链进行系统梳理，摸清薄弱环节、找准风险点，分行业做好战略设计和精准施策，加快补齐产业链供应链短板，逐步在关系国家安全的领域和节点实现自主可控。

国有企业要在推动新型城镇化和城乡区域协调发展中担当作为。我国正处于城镇化快速发展时期，这个过程创造巨大需求，也提升有效供给。国有企业要积极参与推动区域重大战略实施，助力中心城市和城市群发挥带动作用，建设现代化都市圈，形成一批新增长极。习近平总书记在参加十三届全国人大四次会议青海代表团审议时提出，要推进城乡区域协调发展。要在推动农业供给侧结构性改革中发挥重要作用，确保粮食等重要农产品安全。要推动城市化地区、农产品主产区、生态功能区三大空间格局发挥各自比较优势，提供优势产品。要在深化区域合作，更好促进发达地区和欠发达地区、东中西部和东北地区共同发展中发挥重要作用。

国有企业要在提高人民生活品质中担当作为。提高人民生活品质，是畅通国内大循环的出发点和落脚点，也是国内国际双循环相互促进的关键联结点。国有企业要在优化分配结构、扩大中等收入群体这一畅通国民经济循环的关键环节中发挥重要作用。要坚持按劳分配为主体、多种分配方式并存，提高劳动报酬在初次分配中的比重，健全工资合理增长机制。要坚持经济发展就业导向，扩大就业容量，提升就业质量，促进更充分就业。要坚持问题导向，多谋民生之利、多解民生之忧，坚持尽力而为、量力而行，加快补齐短板弱项，扎实推动共同富裕，不断增强人民群众获得感、幸福感、安全感。

国有企业要在推动更高水平对外开放中担当作为。推动更高水平对外开放，是构建新发展格局的重要举措。国有企业要充分利用国内国际两个市场、两种资源，积极主动与全球各类企业加强合作，共同实现更加强劲可持续的发展。要加快推进贸易创新发展，提升出口质量，扩大进口，促进经常项目和国际收支基本平衡。要推动共建“一带一路”高质量发展，实现高质量“引进来”和高水平“走出去”。要拓展国际视野，用顺畅联通的国内国际循环，推动建设开放型世界经济，加快建设一批产品卓越、品牌卓著、创新领先、治理现代的世界一流企业。

国有企业要在牢牢守住安全发展这条底线上担当作为。牢牢守住安全发展这条底线，是构建新发展格局的重要前提和保障，也是畅通国内大循环的题中应有之义。国有企业要坚持总体国家安全观，坚持国家利益至上，以人民安全为宗旨，以政治安全为根本，加强国家安全体系和能力建设。要把握好开放和安全的关系，织密织牢开放安全网，增强在对外开放环境中动态维护国家安全的本领。要把保护人民生命安全摆在首位，全面提高公共安全保障能力，促进人民安居乐业、社会安定有序、国家长治久安。

5. 如何理解和坚持国有企业“两个一以贯之”？

2016 年 10 月，在全国国有企业党的建设工作会议上，习近平总书记指出：“坚持党对国有企业的领导是重大政治原则，必须一以贯之；建立现代企业制度是国有企业改革的方向，也必须一以贯之。”“两个一以贯之”从政治逻辑和经济逻辑辩证统一的思维出发，明确阐释了全面深化国有企业改革的方向和原则，提出了在国企改革中如何处理政治治理与公司治理关系的重大命题，实现了坚持和加强党的领导与完善公司治理的有机统一，是对中国特色现代企业制度的重要完善，是具有原创性、独特性的重大理论创新和实践创新。“两个一以贯之”是新时代国有企业改革发展的重要指南，也是“十四五”时期做强做优做大国有企业的根本遵循。

必须坚持党对国有企业的领导。这是深化国有企业改革必须坚守的政治方向、政治原则。要贯彻全面从严治党方针，充分发挥企业党委（党组）领导作用和基层党组织战斗堡垒作用，加强企业领导班子建设，创新基层党建工作，深入开展党风廉政建设，坚持全心全意依靠工人阶级，维护职工合法权益，为国有企业改革发展提供坚强有力的政治保证、组织保证和人才支撑。

建立现代企业制度，要坚持市场化改革方向，把市场经济规律优势转化为治理效能。这是深化国有企业改革必须遵循的基本规律。国有企业改革要遵循市场经济规律和企业发展规律，坚持政企分开、政资分开、所有权与经营权分离，坚持权利、义务、责任相统一，坚持激励机制和约束机制相结合，促使国有企业真正成为依法自主经营、自负盈亏、自担风险、自我约束、自我发展的独立市场主体。社会主义市场经济条件下的国有企业，要成为自觉履行社会责任的表率。

推进坚持党的领导与建立现代企业制度有机融合。一要在目标上融合。国有企业肩负着三大责任，即政治责任、经济责任、社会责任，这三大责任彼此关联，互为依托。政治责任是前提也是属性使命，经济责任是基本也是价值目标，社会责任是必需也是发展遵循，三大责任相互统一、目标融合，成为国有企业的特殊优势，是国有企业实现更高质量发展的重要条件。二要在治理结构上融合。国有企业应当将党建工作要求写入公司章程，写明党组织的职责权限、机构设置、运行机制、基础保障等重要事项，明确党组织研究讨论是董事会、经理层决策重大问题的前置程序，落实党组织在公司治理结构中的法定地位，创新国有企业党委（党组）发挥领导作用和基层党组织发挥战斗堡垒作用的途径和方式。在国有企业改革中坚持党的建设同步谋划、党的组织及工作机构同步设置、党组织负责人及党务工作人员同步配备、党的工作同步开展，保证党组织工作机构健全、党务工作者队伍稳定、党组织和党员作用得到有效发挥。三要在领导体制上融合。坚持和完善“双向进入、交叉任职”的领导体制，符合条件的党组织领导班子成员可以通过法定程序进入董事会、监事会、经理层，董事会、监事会、经理层成员中符合条件的党员可以依照有关规定和程序进入党组织领导班子；党组织书记、董事长一般由一人担任。四要在选人用人上融合。强化党组织在企业领导人员选拔任用、培养教育、管理监督中的责任，支持董事会依法选择经营管理者、经营管理者依法行使用人权，坚决防止和整治选人用人中的不正之风。五要在监督上融合。国有企业党组织要切实履行好主体责任，纪检机构要履行好监督责任。加强党性教育、法治教育、警示教育，引导国有企业领导人员坚定理想信念，正确履职行权。建立切实可行的责任追究制度，与企业考核等挂钩，实行“一案双查”。严格落实反“四风”规定，努力构筑企业领导人员不敢腐、不能腐、不想腐的有效机制。

6. 如何理解“坚定不移做强做优做大国有企业”的意义和内涵？

习近平总书记2016年10月在全国国有企业党的建设工作会议上指出：“在中国共产党领导和我国社会主义制度下，国有企业和国有经济必须不断发展壮大，这个问题应该是毋庸置疑的。然而，一段时间以来，社会上一些人制造了不少针对国有企业的奇谈怪论，大谈‘国有企业垄断论’，宣扬‘国有企业与民争利’、‘国企是不堪的存在’，鼓吹‘私有化’、‘去国有化’、‘去主导化’，操弄所谓‘国进民退’、‘民进国退’的话题。特别是各种敌对势力和一些别有用心的人重点拿国有企业说事，恶意攻击、抹黑国有企业，宣扬‘国企不破，中国不立’，声称‘肢解’是国有企业改革的最佳方式。醉翁之意不在酒！这些人很清楚国有企业对我们党执政、对我国社会主义制度的重要性，想搞乱人心、釜底抽薪。而我们有的同志也对这个问题看不清楚、想不明白，接受了一些模糊的、似是而非的甚至错误的观念。我们要善于从政治上看问题，决不能认为这只是一个简单的所有制问题，或者只是一个纯粹的经济问题。那就太天真了！”[①]习近平总

① 《习近平著作选读》第一卷，人民出版社2023年版，第512—513页。

书记多次强调，要坚持国有企业在国家发展中的重要地位不动摇，坚持把国有企业搞好，坚定不移把国有企业做强做优做大，不断增强国有经济活力、控制力、影响力、抗风险能力。

具体来说，做强做优做大国有企业的内涵为：一是把国有企业做强，就是要让国有企业成为市场竞争的领跑者，培育一大批具有创新能力和国际竞争力的国有骨干企业，国有经济活力、控制力、影响力、抗风险能力明显增强；二是把国有企业做优，就是要让国有企业成为经营管理的佼佼者，法人治理结构更加健全，优胜劣汰、经营自主灵活、内部管理人员能上能下、员工能进能出、收入能增能减的市场化机制更加完善；三是把国有企业做大，就是要让国有企业成为行业发展的引领者，集中表现为国有企业在保证必要的规模、体量和比重的同时，要有大战略、大思维、大视野，以市场为导向，推进企业并购重组，推进资产资源的优化配置，努力实现大市场、大资源、大协同、大配置，努力把国有企业打造成具有国际竞争力、影响力的大集团。

在改革中做强做优做大国有企业，首先是要把准航向，坚持正确的改革方向。国有企业是中国特色社会主义的重要物质基础和政治基础，关系到公有制主体地位的巩固，关系到我们党的执政地位和执政能力，关系到我国社会主义制度。我们深化国企改革，不是要把国有企业改没了，不是要把国有经济改少了，不是去国有化、去主导化，而是要靠改革强身健体，理直气壮让国有企业变得更强、更优、更大。这是国企改革的核心目标和根本落脚点。

在改革中做强做优做大国有企业，要真刀真枪，奔着问题去。国企改革改到深处，没有一马平川，没有后退余地。深化国企改革，要按照中央部署，把要啃的硬骨头找出来，把要涉的险滩标出来，在节骨眼、要害处用力，主动破解一批沉积多年、阻力重重的“老大难”问题。特别是当前，随着供给侧结构性改革深入推进，随着国有资本向重要领域集聚，“清理一批”成为国企绕不开的改革重点。对于落后产能、低效板块、不符合国企发展方向的业务，该淘汰的要果断淘汰，该退出的要坚决退出。

在改革中做强做优做大国有企业，还要落准落细，撸起袖子干。深化国企改革，必须凝神聚力抓落实。国有企业是国企改革的主体，要拧紧责任螺丝，落实改革方案，不能只盯着想改的来改，不想改或难度大的就留在纸面上。国企改革牵一发而动全身，全社会都应当鼓励创新、肯定先进，同时允许试错、宽容失败，营造想改革、敢改革、善改革的浓厚氛围。①

与此同时，要贯彻执行“两个毫不动摇”，发展非公经济，处理好国有企业与非公有制企业的关系。2022 年 12 月，习近平总书记在中央经济工作会议上明确指出：“我们必须亮明

---

① 本报评论员:《在改革中做强做优做大国企》,《人民日报》2017 年 9 月 11 日。

态度、决不含糊，始终坚持社会主义市场经济改革方向，坚持‘两个毫不动摇’。”2023 年 3 月的《政府工作报告》提出，切实落实“两个毫不动摇”。深化国资国企改革，提高国企核心竞争力。坚持分类改革方向，处理好国企经济责任和社会责任关系，完善中国特色国有企业现代公司治理。依法保护民营企业产权和企业家权益，完善相关政策，鼓励支持民营经济和民营企业发展壮大，支持中小微企业和个体工商户发展，构建亲清政商关系，为各类所有制企业创造公平竞争、竞相发展的环境，用真招实策稳定市场预期和提振市场信心。在国有企业做强做优做大的同时，站在公有经济的角度，携手非公经济共同发展，积极促进国有资本、集体资本、非公有资本交叉持股相互融合，推动各种所有制资本取长补短、相互促进、共同发展。

7. 如何认识和评价国有企业改革发展取得的突出成就？

党的十八大以来，在习近平新时代中国特色社会主义思想指导下，国资国企改革发展取得历史性成就。

党对国有企业的全面领导得到根本性加强，为企业改革发展提供了坚强保证。坚持把“两个维护”作为最高政治原则和根本政治规矩，以党的政治建设为统领，大力推动习近平新时代中国特色社会主义思想大学习、大普及、大落实，持续深入贯彻落实习近平总书记在全国国有企业党的建设工作会议上的重要讲话精神。推动国有企业党的领导、党的建设全面严起来、实起来、强起来，为企业改革发展提供了坚强保证。党的十八大至2022年6月，中央企业累计新增党组织4万多个，基层党组织实现应建尽建，企业政治生态更加优化。[①]

国有企业改革取得重大突破性进展。坚持“两个一以贯之”，着力建设和完善中国特色现代企业制度，在公司治理中推动加强党的领导组织化、制度化、具体化，权责法定、权责透明、协调运转、有效制衡的治理机制加快形成。坚持社会主义市场经济改革方向，全面完成公司制改制，全面收官剥离企业办社会职能和解决历史遗留问题，全面深化企业内部三项制度改革，积极稳妥推进混合所有制改革，有力破除了一批体制机制障碍，有效解决了一大批长期想解决而没有解决的重点难点问题。截至2022年6月，先后有26组47家中央企业实施战略性重组和专业化整合，中央企业数量从10年前117家调整至97家。

国有资产监管体制更加成熟定型。深入推进国资监管机构职能转变，动态完善监管权力和责任清单，把履行中央企业出资人职责、专司国有资产监管职责、负责中央企业党的建设工

① 《中央企业高质量发展报告（2022）》，参见国务院国有资产监督管理委员会网站。

作职责三项职责统一起来，切实增强专业化、体系化、法治化监管能力。党的领导与公司治理有机统一，国资监管体制更趋成熟完善，充分发挥了专业化、体系化、法治化的监管优势。全国省一级国资委集中统一监管平均比例超过了98%，有力维护了国有资产安全，防止了国有资产流失。

在促进我国经济高质量发展上，国有企业发挥了重大支撑作用。国有企业高质量发展迈出实质性步伐，截至2021年年底，全国国资系统监管企业资产总额达到259.3万亿元，比2012年年底增长2.6倍，年均增长15.4%。[①]2022年，全国国有企业实现营业收入825967.4亿元，利润总额43148.2亿元。[②]国有资产规模效益的快速增长，提升了国有企业对国家财政税收收入的贡献度。2022年，中央企业累计上缴税费2.8万亿元，同比增长19.3%。[③]中央企业超过85%的资产集中在国民经济20个行业大类，13个行业大类资产规模超万亿元，涉及国家安全、国民经济命脉和国计民生领域营业收入占总体比重超过70%。近年来，国有企业通过持续深化改革、强化创新，发展质量效益不断提高，有力引领和促进了相关行业企业高质量发

---

① 刘志强:《国有企业，迈出高质量发展坚实步伐》，《人民日报》2022年6月18日。

② 曲哲涵:《国有企业营业总收入同比增长8.3%》，《人民日报》2023年1月31日。

③《中央企业高质量发展报告（2023）》，参见国务院国有资产监督管理委员会网站。

展，在电子信息、轨道交通等领域打造了一批先进制造业集群。同时，国有企业有力促进了我国经济更好融入世界经济发展，高铁、核电等一批高质量产品走出国门，有力带动产业链上下游企业共同“走出去”。

在保障党和国家重大战略落地上，国有企业发挥了重要支柱作用。在落实国家重大区域发展战略方面，聚焦服务京津冀协同发展、长三角一体化发展、粤港澳大湾区建设、长江经济带发展、黄河流域生态保护和高质量发展等区域重大战略，深入开展央地协同合作。在维护国家基础服务安全方面，中央企业建成运营全球规模最大、技术领先、覆盖全国的网络基础设施，积极承担川藏、藏中、阿里电力联网工程等一批投资大、收益薄的基础设施建设，深入推进新一轮农网改造升级和村村通动力电工程，有力支撑制造强国、网络强国、交通强国、数字中国建设，有力维护国家国防安全、能源安全、粮食安全、信息安全。

在推进高水平科技自立自强上，国有企业发挥了引领带动作用。打造了一批国家战略科技力量，攻克了一批关键核心技术“卡脖子”问题，形成了一批世界级重大科技成果。中央企业聚焦自主可控，大力开展关键核心技术攻关，有效填补多领域空白，集成电路、5G 通信、高速铁路、大飞机、发动机、工业母机、能源电力等领域“卡脖子”问题不同程度缓解。近年来，中央企业取得以载人航天、探月工程、深海探测、北斗导航、5G应用、国产航母等为代表的一批具有世界先进水平的重大成果，建成了港珠澳大桥、白鹤滩水电站、深海一号油气田、华龙一号核电机组、石岛湾高温气冷堆核电站示范工程等一批标志性重大工程。

在更好满足人民对美好生活的向往上，国有企业发挥了先锋模范作用。坚持以人民为中心的发展思想，全力以赴助力打赢脱贫攻坚战。落实国家助企纾困政策，通过降电价、降气价、降资费、降路费、降房租，有力缓解产业链中小企业经营压力。在抗疫斗争、抗灾救灾等大战大考中，坚持人民至上、生命至上，挺身而出、冲锋在前，全力以赴维护人民生命财产安全，千方百计保证市场供应稳定。深入推进高质量共建“一带一路”，中央企业海外资产近8万亿元，分布在180多个国家和地区，项目超过8000个。

8. 深化国有企业改革的指导思想、基本原则和主要目标是什么？

2013年11月召开的党的十八届三中全会对全面深化改革作出系统部署，开启了全面深化改革、系统设计推进改革的新时代，开创了我国改革开放的全新局面。新时代深化国有企业改革的大幕由此拉开。

2015 年 8 月 24 日,《中共中央、国务院关于深化国有企业改革的指导意见》印发，这是新时代指导和推进我国国有企业改革的纲领性文件。《指导意见》共分 8 章 30 条，从改革的总体要求到分类推进国有企业改革、完善现代企业制度和国有资产管理体制、发展混合所有制经济、强化监督防止国有资产流失、加强和改进党对国有企业的领导、为国有企业改革创造良好环境条件等方面，全面提出了新时期国有企业改革的目标任务和重大举措。《指导意见》中明确提出了深化国有企业改革的指导思想、基本原则、主要目标。

（1）指导思想

高举中国特色社会主义伟大旗帜，认真贯彻落实党的十八大和十八届三中、四中全会精神，深入学习贯彻习近平总书记系列重要讲话精神，坚持和完善基本经济制度，坚持社会主义市场经济改革方向，适应市场化、现代化、国际化新形势，以解放和发展社会生产力为标准，以提高国有资本效率、增强国有企业活力为中心，完善产权清晰、权责明确、政企分开、管理科学的现代企业制度，完善国有资产监管体制，防止国有资产流失，全面推进依法治企，加强和改进党对国有企业的领导，做强做优做大国有企业，不断增强国有经济活力、控制力、影响力、抗风险能力，主动适应和引领经济发展新常态，为促进经济社会持续健康发展、实现中华民族伟大复兴中国梦作出积极贡献。

（2）基本原则

坚持和完善基本经济制度。这是深化国有企业改革必须把握的根本要求。必须毫不动摇巩固和发展公有制经济，毫不动摇鼓励、支持、引导非公有制经济发展。坚持公有制主体地位，发挥国有经济主导作用，积极促进国有资本、集体资本、非公有资本等交叉持股、互相融合，推动各种所有制资本取长补短、相互促进、共同发展。

坚持社会主义市场经济改革方向。这是深化国有企业改革必须遵循的基本规律。国有企业改革要遵循市场经济规律和企业发展规律，坚持政企分开、政资分开、所有权与经营权分离，坚持权利、义务、责任相统一，坚持激励机制和约束机制相结合，促使国有企业真正成为依法自主经营、自负盈亏、自担风险、自我约束、自我发展的独立市场主体。社会主义市场经济条件下的国有企业，要成为自觉履行社会责任的表率。

坚持增强活力和强化监管相结合。这是深化国有企业改革必须把握的重要关系。增强活力是搞好国有企业的本质要求，加强监管是搞好国有企业的重要保障，要切实做到两者的有机统一。继续推进简政放权，依法落实企业法人财产权和经营自主权，进一步激发企业活力、创造力和市场竞争力。进一步完善国有企业监管制度，切实防止国有资产流失，确保国有资产保值增值。

坚持党对国有企业的领导。这是深化国有企业改革必须坚守的政治方向、政治原则。要贯彻全面从严治党方针，充分发挥企业党委（党组）领导作用和基层党组织战斗堡垒作用，加强企业领导班子建设，创新基层党建工作，深入开展党风廉政建设，坚持全心全意依靠工人阶级，维护职工合法权益，为国有企业改革发展提供坚强有力的政治保证、组织保证和人才支撑。

坚持积极稳妥统筹推进。这是深化国有企业改革必须采用的科学方法。要正确处理推进改革和坚持法治的关系，正确处理改革发展稳定的关系，正确处理搞好顶层设计和尊重基层首创精神的关系，突出问题导向，坚持分类推进，把握好改革的次序、节奏、力度，确保改革扎实推进、务求实效。

（3）主要目标

到 2020 年，在国有企业改革重要领域和关键环节取得决定性成果，形成更加符合我国基本经济制度和社会主义市场经济发展要求的国有资产管理体制、现代企业制度、市场化经营机制，国有资本布局结构更趋合理，造就一大批德才兼备、善于经营、充满活力的优秀企业家，培育一大批具有创新能力和国际竞争力的国有骨干企业，国有经济活力、控制力、影响力、抗风险能力明显增强。

国有企业公司制改革基本完成，发展混合所有制经济取得积极进展，法人治理结构更加健全，优胜劣汰、经营自主灵活、内部管理人员能上能下、员工能进能出、收入能增能减的市场化机制更加完善。

国有资产监管制度更加成熟，相关法律法规更加健全，监管手段和方式不断优化，监管的科学性、针对性、有效性进一步提高，经营性国有资产实现集中统一监管，国有资产保值增值责任全面落实。

国有资本配置效率显著提高，国有经济布局结构不断优化、主导作用有效发挥，国有企业在提升自主创新能力、保护资源环境、加快转型升级、履行社会责任中的引领和表率作用充分发挥。

企业党的建设全面加强，反腐倡廉制度体系、工作体系更加完善，国有企业党组织在公司治理中的法定地位更加巩固，领导作用和战斗堡垒作用充分发挥。

9. 如何认识加快培育具有全球竞争力的世界一流企业？

世界一流企业是国家经济实力、科技实力和国际竞争力的重要体现，是引领全球产业发展和技术创新的关键力量。以习近平同志为核心的党中央高度重视世界一流企业建设工作。党的十九大报告明确提出“培育具有全球竞争力的世界一流企业”。党的二十大报告指出，在基本实现现代化的基础上，到21世纪中叶，把我国建设成为综合国力和国际影响力领先的社会主义现代化强国。建设社会主义现代化强国必须建设一批世界一流企业作为支撑，因此二十大报告进一步强调，要“完善中国特色现代企业制度，弘扬企业家精神，加快建设世界一流企业”。习近平总书记在中央全面深化改革委员会第二十四次会议上强调，加快建设一批产品卓越、品牌卓著、创新领先、治理现代的世界一流企业，在全面建设社会主义现代化国家、实现第二个百年奋斗目标进程中实现更大发展、发挥更大作用。培育具有全球竞争力的世界一流企业，是以习近平同志为核心的党中央从党和国家事业发展全局出发，准确研判国际国内形势变化、统筹国际国内两个市场两种资源作出的重要战略部署，是建设社会主义现代化强国的重要基础，是推进经济高质量发展的重要力量，也是实现人民美好生活的重要保障。[①] 国有企业要以习近平新时代中国特色社会主义思想为指导，发展更高水平的社会主义市场经济，遵循中国特色现代企业制度要求，坚持守正创新，积极探索具有中国特色的世界一流企业创建之路。

2018 年以来，国务院国资委开始部署安排创建世界一流示范企业工作，提出国有企业要努力成为在国际资源配置中占主导地位、引领全球行业技术发展、在全球产业发展中具有话语权和影响力的领军企业，发展质量和效益的领先企业，践行新

① 本书编写组编：《国企改革历程 1978—2018》(上)，中国经济出版社 2019 年版，第 352 页。

发展理念、守法重信、履行社会责任的典范企业。当前，我国一些行业领军企业发展水平不断提升，具备建设世界一流企业的良好条件。但存在的问题也是明显的，如经营效率、创新能力、国际竞争力、品牌影响力等企业软实力都有待增强和提升。国有企业与世界一流企业相比还有明显差距，特别是真正掌握关键核心技术、在产业链供应链上具有全球竞争优势和控制力、影响力的优秀企业还很缺乏，建设世界一流企业依然任重道远。

2022 年 2 月，中央全面深化改革委员会第二十四次会议审议通过的《关于加快建设世界一流企业的指导意见》明确提出，要加快建设一批产品卓越、品牌卓著、创新领先、治理现代的世界一流企业，国有企业要高标准开展四个专项行动，即“世界一流企业创建示范行动”“对标世界一流管理提升行动”“对标世界一流企业价值创造行动”“中央企业品牌引领行动”。

一是“世界一流企业创建示范行动”。2018 年以来，国务院国资委遴选基础条件较好、主营业务突出、竞争优势明显的航天科技等 11 家中央企业，组织开展了创建世界一流示范企业工作。2021 年 7 月 6 日，国资委召开中央企业创建世界一流示范企业工作推进会，对中央企业创建世界一流示范企业工作再部署、再推进，强调示范企业要立足新发展阶段、贯彻新发展理念、构建新发展格局，更加聚焦深化改革，增强核心竞争力，加快推动高质量发展；更加聚焦自主创新，催生新发展动能，努力实现科技自立自强；更加聚焦开放合作，畅通国际国内双循环，助力构建新发展格局，精准发力、苦干实干，在加快建设世界一流企业上体现更大担当、展现更大作为。

二是“对标世界一流管理提升行动”。2020年6月，国务院国资委印发《关于开展对标世界一流管理提升行动的通知》，决定在中央企业和地方国有重点企业（以下统称国有重点企业）开展对标世界一流管理提升行动。要求国有重点企业要以习近平新时代中国特色社会主义思想为指导，以对标世界一流为出发点和切入点，以加强管理体系和管理能力建设为主线，坚持突出重点、统筹推进、因企施策，对照世界一流企业、行业先进企业找差距，有针对性地采取务实管用的工作措施，促进企业管理水平在现有基础上明显提升。重点要综合分析世界一流企业的优秀实践，深入查找企业管理的薄弱环节，通过健全工作制度、完善运行机制、优化管理流程、明确岗位职责、严格监督检查等措施，持续加强企业管理的制度体系、组织体系、责任体系、执行体系、评价体系等建设，全面提升管理能力和水平。

三是“对标世界一流企业价值创造行动”。2022年12月，国务院国资委印发《关于开展对标世界一流企业价值创造行动的通知》，指出国有企业要坚持对标一流、突出重点、问题导向、分类施策的基本原则，通过价值创造，推动国有企业高质量发展的根基更加强固、转型升级的动能更加充沛、国有经济的战略支撑作用更加凸显、长期价值的实现能力更加强劲、国有企业为经济社会发展作出的贡献更大。2023 年 3 月，国务院国资委召开国有企业对标世界一流企业价值创造行动启动会议，对国有企业开展对标世界一流企业价值创造行动进行动员部署。会议指出，要把价值创造理念贯穿于企业经营决策全过程，把价值创造要求融入企业管理运营诸环节，把价值创造导向体现到有效激励约束各方面，突出效益效率，夯实价值创造的基础；突出创新驱动，打造创造长期价值的关键引擎；突出产业优化升级，加快布局价值创造的新领域新赛道；突出服务大局，进一步提升国有企业的战略价值。会议强调，要牢牢把握做强做优做大国有资本和国有企业这一根本目标，用好提升核心竞争力和增强核心功能这两个途径，以价值创造为关键抓手，扎实推动企业高质量发展，加快建成世界一流企业，为服务构建新发展格局、全面推进中国式现代化提供坚实基础和战略支撑。

四是“中央企业品牌引领行动”。2013 年 12 月，国务院国资委印发的《关于加强中央企业品牌建设的指导意见》指出，加强品牌建设是培育世界一流企业的战略选择，是赢得新竞争优势的必由之路，是提高国际化经营水平的现实需要，是实现国有资产保值增值的内在要求；要大力实施品牌战略，准确把握品牌定位，加强自主创新，努力追求高品质，提高精致管理水平，拓展品牌营销传播渠道，严格开展品牌保护，坚持诚信合规经营；主要目标是，到 2020 年年底，涌现一批品牌战略明晰、品牌管理体系健全、品牌建设成果显著的企业，形成一批产品优质、服务上乘、具有广泛影响力的知名品牌，培育一批拥有自主知识产权和国际竞争力的自主品牌。近年来，按照国务院国资委的要求，品牌工作已经纳入中央企业“十四五”规划，中央企业品牌战略引领大幅提升，品牌专业运营明显增强，品牌支撑保障不断完善，品牌组织管控持续提高，品牌全球影响不断扩大。

第二章　坚持党对国有企业的领导

1. 为什么国有企业要坚持党的领导、加强党的建设？

坚持和完善党的领导，是党和国家的根本所在、命脉所在，是全国各族人民的利益所在、幸福所在。习近平总书记指出，党政军民学，东西南北中，党是领导一切的。坚持党的领导、加强党的建设，是国有企业的光荣传统和独特优势，是国有企业治理体系和治理能力现代化的内在要求。

坚持党的领导、加强党的建设是国有企业始终沿着正确政治方向前进的必然要求。国有企业是中国特色社会主义的重要物质基础和政治基础，关系公有制主体地位的巩固，关系我们党的执政地位和执政能力，关系我国社会主义制度。面向未来，国有企业不仅要而且一定要办好，要坚定不移地做强做优做大。必须坚决纠正忽视国有企业政治和社会属性、忽视国有企业党的建设优势，丢掉国有企业重视党的领导和党的建设光荣传统的错误做法；坚决反对把党的领导和遵循市场经济规律对立起来、把党建工作同生产经营对立起来，弱化甚至否定国有企业党的领导和党建工作的错误做法。国有企业党的领导、党的建设只能加强、不能削弱，必须以解决问题为突破口，推动国有企业党的建设得到根本加强。

坚持党的领导、加强党的建设是国有企业的光荣传统。国有企业始终是我们党领导的革命、建设和改革事业的重要组成部分。国有企业改革发展取得的每一步成绩，都离不开党的领导和党的建设。革命战争年代，我们党在革命根据地建立和发展公营经济，兴办了一批军需民用工业和商业。比如，1931年10月在江西省兴国县官田村创建的中央红军官田兵工厂，1932年建立的中央钨砂公司，抗日战争时期在陕甘宁边区设立的土产公司和盐业公司等，就是我们党早期创建公营企业的典型代表，为确保革命胜利发挥了重要作用。新中国成立后，我们党大规模抽调党员、干部支援工业建设，领导并创办了一大批国营工业企业，企业党组织带领广大党员和职工群众战天斗地、自力更生、艰苦奋斗，为构建独立完整的工业体系建立了不朽功勋。改革开放以来，我们党围绕解放和发展生产力，领导国有企业进行艰辛改革，实现浴火重生，这当中企业党组织教育引导广大党员干部倾力支持改革、积极投身改革，为国有企业跨越式发展作出巨大贡献。党的十八大以来，党中央对深化国有企业改革作出重大部署，企业各级党组织和广大党员、干部、职工凝聚共识、汇聚力量，在啃硬骨头、涉险滩的奋斗中为企业注入创业动力、创新活力、创造实力，国有企业规模效益持续提升。历史充分证明，国有企业的发展史就是一部坚持党的领导、加强党的建设的历史，这是国有企业一路走来不断发展壮大历史经验的深刻总结，是国有企业一以贯之的光荣传统。

坚持党的领导、加强党的建设是国有企业的独特优势。现代经济发展表明，企业强则国家强。我国发展需要一大批优秀企业，国有企业的作用不可替代。在我国，把国有企业做强做优做大，不仅需要有市场环境和宏观政策支持，需要有正确的发展战略、科学的管理体系、有竞争力的技术和产品，最重要的还需要有一种为国家为人民真诚奉献的精神、一个坚强有力的领导班子、一支勇于攻坚克难的高素质干部队伍以及充分组织起来的职工队伍。党的领导、党的建设恰恰能在这方面发挥重要作用。通过贯彻落实党的理论和路线方针政策来把准企业改革发展的正确方向，通过党管干部、党管人才来建强企业领导班子和职工队伍，通过发挥基层党组织战斗堡垒作用和党员先锋模范作用来凝聚职工群众、推动各项任务落实，通过加强党风廉政建设来正风肃纪、防范风险，这是国外企业所不具备的独特优势。历史充分证明，国有企业依靠党的领导、党的建设取得了巨大成就。没有党的坚强领导，没有国有企业各级党组织长期努力，没有国有企业广大党员、干部、职工不懈奋斗，就没有国有企业的今天。要通过加强和完善党对国有企业的领导、加强和改进国有企业党的建设，使国有企业成为党和国家最可信赖的依靠力量，成为坚决贯彻执行党中央决策部署的重要力量，成为贯彻新发展理念、全面深化改革的重要力量，成为实施“走出去”战略、“一带一路”建设等重大战略的重要力量，成为壮大综合国力、促进经济社会发展、保障和改善民生的重要力量，成为我们党赢得具有许多新的历史特点的伟大斗争胜利的重要力量。

坚持党的领导、加强党的建设是国有企业治理体系和治理能力现代化的内在要求。我国国家治理体系的核心是中国共产党的领导。坚持党的领导是我国国家治理体系的最大特点，是推进国家治理体系和治理能力现代化的根本保证。国有企业是党领导的国家治理体系的重要组成部分，国有企业的治理能力也是国家治理能力的重要组成部分。国有企业能否治理好，能否发挥“六个力量”和顶梁柱作用，直接关系到国家治理体系和治理能力现代化。坚持党的领导、加强党的建设，是国有企业治理体系和治理能力的题中应有之义，是推进国有企业治理体系和治理能力现代化的内在要求。①

2. 国有企业坚持党的领导、加强党的建设的总要求是什么?

在新时代统揽伟大斗争、伟大工程、伟大事业、伟大梦想进程中，起决定性作用的是党的建设新的伟大工程。新时代党的建设总要求明确：坚持和加强党的全面领导，坚持党要管党、全面从严治党，以加强党的长期执政能力建设、先进性和纯洁

① 本书编写组编著:《新时代国有企业党的建设教程》，中共中央党校出版社 2019 年版，第 13 页。

性建设为主线，以党的政治建设为统领，以坚定理想信念宗旨为根基，以调动全党积极性、主动性、创造性为着力点，全面推进党的政治建设、思想建设、组织建设、作风建设、纪律建设，把制度建设贯穿其中，深入推进反腐败斗争，不断提高党的建设质量，把党建设成为始终走在时代前列、人民衷心拥护、勇于自我革命、经得起各种风浪考验、朝气蓬勃的马克思主义执政党。

坚持党的领导、加强党的建设，是我国国有企业的光荣传统，是国有企业的“根”和“魂”，是我国国有企业的独特优势。2016 年 10 月，习近平总书记在全国国有企业党的建设工作会议上，提出了新形势下国有企业坚持党的领导、加强党的建设的总要求，即“四个坚持”：坚持党要管党、从严治党，紧紧围绕全面解决党的领导、党的建设弱化、淡化、虚化、边缘化问题，坚持党对国有企业的领导不动摇，发挥企业党组织的领导作用，保证党和国家方针政策、重大部署在国有企业贯彻执行；坚持服务生产经营不偏离，把提高企业效益、增强企业竞争实力、实现国有资产保值增值作为国有企业党组织工作的出发点和落脚点，以企业改革发展成果检验党组织的工作和战斗力；坚持党组织对国有企业选人用人的领导和把关作用不能变，着力培养一支宏大的高素质企业领导人员队伍；坚持建强国有企业基层党组织不放松，确保企业发展到哪里、党的建设就跟进到哪里、党支部的战斗堡垒作用就体现在哪里，为做强做优做大国有企业提供坚强组织保证。

新时代国有企业党的建设总要求，明确了国有企业坚持党的领导、加强党的建设的指导方针。指导方针是把党要管党、全面从严治党贯穿始终。勇于自我革命，从严管党治党，是我们党最鲜明的品格。党的二十大着眼实现新时代新征程党的使命任务，对坚定不移全面从严治党、推进新时代党的建设伟大工程作出全面部署。国有企业党的建设作为新时代党的建设的重要领域，必须牢固树立“抓好党建是最大政绩”的鲜明导向，大力强化各级党组织的主体责任，坚持依规治党、标本兼治，切实做到思想教育从严、党内政治生活从严、干部管理从严、改进作风从严、执行纪律从严、反腐从严、基层党建工作从严、制度建设从严、落实管党治党责任从严，把党要管党、全面从严治党作为指导方针，落到国有企业党的建设全过程各方面。

新时代国有企业党的建设总要求，明确了国有企业坚持党的领导、加强党的建设的根本原则。党是最高政治领导力量，是我国政治稳定、经济发展、民族团结、社会稳定的根本点。国有企业必须把坚持党对国有企业的全面领导作为根本原则，切实把我国宏观的政治体制落实到微观的公司治理体制之中，特别是把“党政军民学、东西南北中，党是领导一切的”的制度特质落实到位，把党对国有企业的全面领导与国有企业党委（党组）发挥领导作用贯通起来，把党的领导和党的建设统一起来，贯穿到国有企业改革全过程，从治理体系、政策制度、工作流程等方面全面落实。

新时代国有企业党的建设总要求，明确了国有企业党组织工作的总体目标。总体目标是“两个确保”，即确保建设一大批具有全球竞争力的世界一流企业、确保国有企业国有资产牢牢掌握在党的手中。一是确保建设一大批具有全球竞争力的世界一流企业。党对国有企业的领导，归根到底是为了推动企业的发展。新时代加强国有企业党的建设，必须始终立足改革发展这个大局，坚持把党建工作与企业改革发展中心工作融合起来，紧紧围绕建设一大批具有全球竞争力的世界一流企业，以党的组织优势、政治优势、思想优势、群众工作优势推动企业改革发展，走出一条具有中国特色的国有企业改革发展之路。国有企业各级党组织通过支持企业加快推进产业升级，在一些优势行业和领域向价值链高端迈进，形成一批在全球产业发展中具有话语权和影响力的领军企业；通过支持企业大力实施创新驱动发展战略，培育一批高附加值的尖端产品，打造一批国际知名的高端品牌，形成一批引领全球行业技术发展的领军企业；通过支持企业深入开展国际化经营，不断加大开放合作力度，在“一带一路”建设中推动优势产业走出去，充分利用国际国内两个市场、两种资源，形成一批在国际资源配置中占主导地位的领军企业。二是确保国有企业国有资产牢牢掌握在党的手中。国有企业是我们党执政兴国的重要支柱和依靠力量。新时代加强国有企业党的建设，必须从巩固党的执政地位、巩固我国社会主义制度全局出发，贯彻落实党的理论和路线方针政策，坚持党管干部、党管人才原则，加强基层党组织和党员队伍建设，加强党风廉政建设和反腐败斗争，确保国有企业广大党员、干部、职工始终听党话、坚定跟党走，关键时刻听指挥、拉得出，危急关头冲得上、打得赢，使国有企业始终成为党和国家最可信赖的依靠力量。

3. 国有企业如何把党的领导融入公司治理各环节，把企业党组织内嵌到公司治理结构之中？

中国特色现代国有企业制度，“特”就特在把党的领导融入公司治理各环节，把企业党组织内嵌到公司治理结构之中，落实党组织在公司治理结构中的法定地位，做到组织落实、干部到位、职责明确、监督严格。坚持党的领导与完善公司治理有机统一，核心是把党组织内嵌到公司治理结构之中，构建起党组织与其他治理主体各司其职、各负其责、协调运转、制衡有效的公司治理机制。

*落实党组织在公司治理结构中的法定地位。*公司章程是企业内部的根本法。国有企业要把党建工作要求写入公司章程，写明党组织的职责权限、机构设置、运行机制、基础保障等重要事项，明确党组织研究讨论是董事会、经理层决策重大问题

的前置程序，落实党组织在公司治理结构中的法定地位。

坚持和完善“双向进入、交叉任职”领导体制。符合条件的党委（党组）班子成员可以通过法定程序进入董事会、监事会、经理层，董事会、监事会、经理层成员中符合条件的党员可以依照有关规定和程序进入党委（党组）。实行“一肩挑”，党委（党组）书记、董事长一般由一人担任，党员总经理担任副书记。确因工作需要由上级企业领导人员兼任董事长的，根据企业实际，党委书记可以由党员总经理担任，也可以单独配备。不设董事会只设执行董事的独立法人企业，党委书记和执行董事一般由一人担任。总经理单设且是党员的，一般应当担任党委副书记。分公司等非独立法人企业，党委书记和总经理是否分设，结合实际确定。分设的一般由党委书记担任副总经理、党员总经理担任党委副书记。中央企业党委（党组）配备专职副书记，专职副书记一般进入董事会且不在经理层任职，专责抓好党建工作。规模较大、职工和党员人数较多的中央企业所属企业（单位）和地方国有企业党委，可以配备专职副书记。国有企业党委（党组）班子中的内设纪检组织负责人，一般不兼任其他职务，确需兼任的，报上级党组织批准。国有企业党组织实行集体领导和个人分工负责相结合的制度，进入董事会、监事会、经理层的党组织领导班子成员必须落实党组织决定。

落实党组织研究讨论重大事项的前置程序。国有企业重大经营管理事项必须经党委（党组）研究讨论后，再由董事会或者经理层作出决定。研究讨论的事项主要包括：贯彻党中央决策部署和落实国家发展战略的重大举措；企业发展战略、中长期发展规划，重要改革方案；企业资产重组、产权转让、资本运作和大额投资中的原则性方向性问题；企业组织架构设置和调整，重要规章制度的制定和修改；涉及企业安全生产、维护稳定、职工权益、社会责任等方面的重大事项；其他应当由党委（党组）研究讨论的重要事项。国有企业党委（党组）应当结合企业实际制定研究讨论的事项清单，厘清党委（党组）和董事会、监事会、经理层等其他治理主体的权责。具有人财物重大事项决策权且不设党委的独立法人企业的党支部（党总支），一般由党员负责人担任书记和委员，由党支部（党总支）对企业重大事项进行集体研究把关。

坚持党管干部、党管人才。国有企业党组织按照干部管理权限，规范动议提名、组织考察、讨论决定等程序，落实对党忠诚、勇于创新、治企有方、兴企有为、清正廉洁的要求，做好选配企业领导人员工作，加大优秀年轻领导人员培养选拔力度，加强企业领导人员管理监督，保证党对干部人事工作的领导权和对重要干部的管理权。实施人才强企战略，健全人才培养、引进、使用机制，重点做好企业经营管理人才、专业技术人才、高技能人才以及特殊领域紧缺人才工作，激发和保护企业家精神，营造鼓励创新创业的良好环境。

全心全意依靠职工办企业。健全以职工代表大会为基本形式的民主管理制度，探索职工参与管理的有效方式，推进厂务公开、业务公开，保障职工知情权、参与权、表达权、监督权，维护职工合法权益。重大决策应当听取职工意见，涉及职工切身利益的重大问题必须经过职工代表大会或者职工大会审议。坚持和完善职工董事制度、职工监事制度，保证职工代表有序参与公司治理。

4. 如何发挥国有企业党组织的领导作用？

国有企业党组织发挥领导作用，归结到一点，就是把方向、管大局、保落实。

把方向，就是自觉在思想上政治上行动上同以习近平同志为核心的党中央保持高度一致，坚决贯彻党的理论和路线方针政策，确保国有企业坚持改革发展正确方向。一是把准政治方向。深刻领悟“两个确立”的决定性意义，完善“两个维护”的制度机制，坚持并不断深化“第一议题”制度，不断提高政治判断力、政治领悟力、政治执行力，在政治立场、政治方向、政治原则、政治道路上始终同以习近平同志为核心的党中央保持高度一致。强化政治监督，健全贯彻落实习近平总书记重要指示批示精神的全链条制度体系，确保党中央政令畅通、令行禁止。二是把准发展方向。坚定不移地走中国特色国有企业发展道路，以服务国家需要为根本方向，用新发展理念引领发展。坚持社会主义市场经济改革方向，把“三个有利于”作为深化改革的目标指向和检验标准，推动国企改革三年行动成果制度化、规范化、长效化，以提高核心竞争力和增强核心功能为重点，按照党中央、国务院关于国有企业改革部署坚定有序推进，确保朝着建立中国特色现代企业制度不断迈进。三是把准经营方向。坚持市场化、国际化、法治化原则，以经济效益为中心，以市场为导向，提高发展的质量，依法合规、诚实守信经营，在开放合作、互利共赢中提升竞争实力，推动国有企业在建设现代化产业体系、加快构建新发展格局上发挥主力军作用。

管大局，就是要坚持在大局下行动，议大事、抓重点，加强集体领导、推进科学决策，推动企业全面履行经济责任、政治责任、社会责任。一是管好重大决策。根据贯彻党中央决策部署和落实国家发展战略的重大举措、企业发展战略等方面的重大经营管理事项，结合实际制定前置研究讨论的事项清单，进一步健全议事规则和决策流程，厘清党委（党组）和董事会、监事会、经理层等其他治理主体的权责，确保科学民主高效决策。党组织既要把好方向又不包办代替，既不能缺位失位也不能越位错位。二是防范重大风险。坚持统筹发展和安全，增强机遇意识和风险意识，树立底线思维，把困难估计得更充分一些，把风险思考得更深入一些，注重堵漏洞、强弱项，下好先手棋、打好主动仗，有效防范化解改革发展、生产经营、安全环保、廉洁从业、意识形态、信访稳定等各类风险挑战。三是加强统筹协调。统筹协调好党委与董事会、监事会、经理层的关系，协调好班子成员之间、上下级之间、干群之间的关系，充分调动各方面的积极性。

保落实，就是要管干部聚人才、建班子带队伍、抓基层打基础，领导群众组织并发挥其作用，凝心聚力完成企业中心工作，把党中央精神和上级部署不折不扣落到实处。一是提高政治站位保落实。坚持把贯彻落实党中央决策部署作为重要的政治责任和政治纪律，做到思想上自觉、政治上清醒、纪律上严明、行动上坚定，以时不我待的紧迫意识和时时放心不下的责任感抓落实。对党中央作出的决策、部署的工作、定下的事情，要雷厉风行、紧抓快办，扭住不放、一抓到底。特别是在推进国企改革发展工作中，更要绷紧政治纪律和政治规矩这根弦，做政治上的明白人，切实抓好改革举措落地。二是提高队伍能力保落实。坚持把抓落实作为加强党员干部队伍建设的重要举措，不断提高抓落实的素质能力，聚焦、聚神、聚力，既管宏观，也统筹好中观、微观；要讲求战略战术，注意方式方法，突出重点，做好统筹。对中央有具体要求的，要一竿子插到底，不折不扣落实下去；对中央提出原则要求的，要结合实际进行细化实化。要按照增强狠抓落实执政本领的要求，加强教育培训，强化岗位锻炼，教育引导党员干部紧盯专业发展的最新成果，深入学习专业知识，不断提高专业素养，努力成为本领域的行家里手。培养抓落实的过硬作风，敢于吃苦、善于吃苦、乐于吃苦，立足本职岗位建功立业。三是强化监督管理保落实。强化政治监督，加强对党的理论和路线方针政策以及重大决策部署贯彻落实的监督检查。严格落实中央八项规定及其实施细则精神。加强对制度执行的监督，加强对企业关键岗位、重要人员特别是主要负责人的监督，强化对权力集中、资金密集、资源富集、资产聚集的重点部门和单位的监督，突出“三重一大”决策、工程招投标、改制重组、产权变更和交易等重点环节的监督，严肃查处侵吞挥霍国有资产、利益输送等违规违纪问题。强化日常管理和监督，充分发挥内设纪检组织、党委工作机构、基层党组织和党员的监督作用，善用企业监事会、审计、法律、财务等监督力量，发挥职工群众监督、社会监督和舆论监督作用，推动各类监督有机贯通、相互协调，形成监督合力，提高监督效能。

5. 国有企业党委（党组）的功能定位和主要职责是什么？

党章第三十三条明确规定：国有企业党委（党组）发挥领导作用，把方向、管大局、保落实，依照规定讨论和决定企业重大事项。国有企业和集体企业中党的基层组织，围绕企业生产经营开展工作。

《中国共产党国有企业基层组织工作条例（试行）》规定，国有企业党委（党组）主要有七项职责：一是加强企业党的政治建设，坚持和落实中国特色社会主义根本制度、基本制度、重要制度，教育引导全体党员始终在政治立场、政治方向、政治原则、政治道路上同以习近平同志为核心的党中央保持高度一致。二是深入学习和贯彻习近平新时代中国特色社会主义思想，学习宣传党的理论，贯彻执行党的路线方针政策，监督、保证党中央重大决策部署和上级党组织决议在本企业贯彻落实。三是研究讨论企业重大经营管理事项，支持股东（大）会、董事会、监事会和经理层依法行使职权。四是加强对企业选人用人的领导和把关，抓好企业领导班子建设和干部队伍、人才队伍建设。五是履行企业党风廉政建设主体责任，领导、支持内设纪检组织履行监督执纪问责职责，严明政治纪律和政治规矩，推动全面从严治党向基层延伸。六是加强基层党组织建设和党员队伍建设，团结带领职工群众积极投身企业改革发展。七是加强党组织自身建设，领导企业思想政治工作、精神文明建设、统一战线工作，领导企业工会、共青团、妇女组织等群团组织。

6. 国有企业党支部的功能定位和主要职责是什么？

2019 年 12 月中共中央印发的《中国共产党国有企业基层

组织工作条例（试行）》明确规定，国有企业党支部（党总支）以及内设机构中设立的党委围绕生产经营开展工作，发挥战斗堡垒作用。主要有六项职责：一是学习宣传和贯彻落实党的理论和路线方针政策，宣传和执行党中央、上级党组织和本组织的决议，团结带领职工群众完成本单位各项任务。二是按照规定参与本单位重大问题的决策，支持本单位负责人开展工作。三是做好党员教育、管理、监督、服务和发展党员工作，严格党的组织生活，组织党员创先争优，充分发挥党员先锋模范作用。四是密切联系职工群众，推动解决职工群众合理诉求，认真做好思想政治工作。领导本单位工会、共青团、妇女组织等群团组织，支持它们依照各自章程独立负责地开展工作。五是监督党员、干部和企业其他工作人员严格遵守国家法律法规、企业财经人事制度，维护国家、集体和群众的利益。六是实事求是对党的建设、党的工作提出意见建议，及时向上级党组织报告重要情况。按照规定向党员、群众通报党的工作情况。

案例阅读

国网电力空间技术公司：
加强临时党支部建设　打造电力雄鹰

中共国网电力空间技术有限公司西北分公司党总支因地制宜成立SG1151高高原生产作业机组临时党支部（以

下简称党支部），不断探索和研究直升机在高高原地区巡视作业的方式方法，发挥空天融合技术优势，持续创新、突破极限，不断创造直升机电力作业的世界纪录，以实际行动响应国家“援藏”“援青”“支边”的号召。

坚持党的全面领导，坚决做到“两个维护”。党支部始终坚持党的全面领导，深入学习宣传贯彻落实党的二十大精神，深刻领悟“两个确立”的决定性意义，把新时代党的治藏方略作为行动指南，落实国家西部大开发战略，党支部书记坚决落实“一岗双责”，坚持集中教育与经常性教育相结合，坚持不懈用党的创新理论凝心铸魂。在海拔 5231 米的唐古拉山口组织开展“旗帜领航 守护光明天路”主题党日活动，庄严宣誓入党誓词；在西藏加查县，联合国网西藏超高压分公司党支部，共同开展党建活动；在西藏林芝县，机组组织开展“紧跟总书记足迹，做到两个维护”主题学习教育活动。承担“开展高海拔直升机作业研究并推广应用”，实现了高海拔藏区四大联网线路直升机航巡作业全覆盖，有效舒缓了高海拔地区因人力资源缺乏、自然环境恶劣、传统运维方式难等高高原地区电网运维难题。

全面实施旗帜领航，大力弘扬雄鹰品牌。党支部聚焦支撑服务电力保供、安全生产等重点任务，结合“三个支撑、三个服务”新发展方向，推动党建与业务深度融合，深化党支部与项目管理双融入，全面实施“党建+安全生产”工程，在青海震后巡察等攻坚任务中，机组党员干部充分发挥党员先锋模范作用，持续发扬“缺氧不缺革命精神，海拔高斗志更高”的老西藏精神。党支部在西藏贡觉县小学为近千名中小学生开展了“航空科普进校园 共筑少年强国梦”的宣讲活动，为国家未来种下了航空梦的种子。

坚持守正创新，全面推动融合发展。高高原地区，直升机作业海拔高、地势起伏大、天气变化快、高寒缺氧、安防管控严、社情复杂，党支部充分考虑高高原作业机组点多、线长、面广的蛙跳式作业特点，开拓创新、科技引领，加装直升机氧气设备，打造移动氧吧，针对习服调整、作业保障、机组转场等供氧场景和环境、气候、海拔等因素，实现了作业机组成员空中、地面全员、全场景、全流程供氧保障全覆盖。使用新型双光吊舱开展常规航巡任务，较原单科目作业综合效率提升35.7%，百公里查缺数提升15.2%，大大提升高高原航巡安全水平和作业效率。自主形成多项保障高高原作业成果。

7. 如何加强国有企业党的政治建设？

国有企业党组织必须把党的政治建设摆在首位，担负起党的政治建设责任，提高政治站位，强化政治引领，增强政治能力，涵养政治生态，防范政治风险，坚决落实党中央决策部署，推动企业聚焦主责主业，服务国家发展战略，全面履行经济责任、政治责任、社会责任。

2019年1月印发的《中共中央关于加强党的政治建设的意见》对国有企业如何加强党的政治建设作出了深刻阐述，提出了基本要求。例如，在坚定政治信仰方面，强调完善国有企业党的领导体制，要求建立健全国有企业党委（党组）发挥领导作用的制度规定，将坚持党的全面领导的要求载入国有企业章程；健全党对国有企业实施领导的制度规定，确保其始终在党的领导下积极主动、独立负责、协调一致地开展工作。又如，在提高政治能力方面，提出强化国有企业政治导向，要求国有企业必须始终坚持党的领导，坚决贯彻执行党的路线方针政策，认真落实党中央关于推进国有企业改革发展的决策部署，切实加强本单位党的建设工作，充分发挥党组织重要作用，保证本单位工作坚持正确政治方向、取得良好政治效果。国有企业要做到加强党的政治建设，推进改革发展，就必须把《意见》提出的基本要求落到实处。

一是坚持用党的创新理论武装党员干部职工。突出政治教育和政治训练，推动习近平新时代中国特色社会主义思想进企业、进车间、进班组、进头脑，引领职工群众听党话、跟党走。开展中国特色社会主义和实现中华民族伟大复兴中国梦宣传教育，加强爱国主义、集体主义、社会主义教育，抓好形势政策教育。

二是坚持以社会主义核心价值观引领企业文化建设。传承弘扬国有企业优良传统和作风，培育家国情怀，增强应对挑战的斗志，提升产业兴国、实业报国的精气神。深化文明单位创建，组织开展岗位技能竞赛，开展群众性文化体育活动，弘扬劳模精神、工匠精神，大力宣传、表彰先进典型，发挥示范引领作用，造就有理想守信念、懂技术会创新、敢担当讲奉献的新时代国有企业职工队伍。

三是把思想政治工作作为经常性、基础性工作。把解决思想问题同解决实际问题结合起来，多做得人心、暖人心、稳人心的工作，积极构建和谐劳动关系，努力将矛盾化解在基层。健全落实企业领导人员基层联系点、党员与职工结对帮带等制度，定期开展职工思想动态分析，有针对性做好人文关怀和心理疏导。注意在企业改革重组、化解过剩产能、处置“僵尸企业”和企业破产等过程中，深入细致做好思想工作，解决职工群众困难，引导职工群众拥护支持改革，积极参与改革。

四是坚持党建带群建，充分发挥群团组织桥梁纽带作用。推动群团组织团结动员职工群众围绕企业改革发展和生产经营建功立业，多为职工群众办好事、解难事，维护和发展职工群众利益。

8. 国有企业如何贯彻落实新时代党的组织路线?

习近平总书记2018年7月在全国组织工作会议上鲜明提出新时代党的组织路线，强调以组织体系建设为重点。他指出，各级党委要理顺体制，完善机制，把党的领导贯彻落实到位，把党的建设落到实处；要优化组织设置，理顺隶属关系，创新活动方式，扩大党的组织覆盖和工作覆盖；要加强党建工作，推动党组织全面进步、全面过硬。国有企业必须认真贯彻新时代党的组织路线，推进党的组织建设，坚持建强基层党组织不放松，为加强党对国有企业的全面领导、做强做优做大国有企业提供坚强的组织保证。

一是在指导思想上，强调坚决拥护“两个确立”，增强“四个意识”、坚定“四个自信”、做到“两个维护”，坚持党要管党、全面从严治党，突出政治功能、提升组织力。

二是在组织设置上，要牢固树立大抓基层的鲜明导向，以增强党组织政治功能和组织功能为重点，及时调整和优化党组织设置，做到哪里有职工群众哪里就有党员，哪里有党员哪里就有党的组织，哪里有党的组织哪里就有健全的组织生活和党的组织作用的充分发挥。党员人数100人以上的，设立党委。党员人数不足100人、确因工作需要的，经上级党组织批准，也可以设立党委。党员人数 50 人以上、100 人以下的，设立党总支。党员人数不足 50 人、确因工作需要的，经上级党组织批准，也可以设立党总支。正式党员 3 人以上的，成立党支部。正式党员 7 人以上的党支部，设立支部委员会。在临时工程项目、研发团队成立临时党组织，做到项目在哪里、党的组织和工作就推进到哪里。在推进混合所有制改革过程中同步设置或者调整党的组织、有效开展党的工作。

三是在干部和人才培养上，要求坚持党管干部、党管人才原则，培养高素质专业化企业领导人员队伍和人才队伍。落实对党忠诚、勇于创新、治企有方、兴企有为、清正廉洁的要求，做好选配企业领导人员工作，加大优秀年轻领导人员培养选拔力度，加强企业领导人员管理监督，保证党对干部人事工作的领导权和对重要干部的管理权。实施人才强企战略，健全人才培养、引进、使用机制，重点做好企业经营管理人才、专业技术人才、高技能人才以及特殊领域紧缺人才工作，激发和保护企业家精神，营造鼓励创新创业的良好环境。

四是在工作开展上，要求坚持和推动党建工作与企业生产经营深度融合，积极适应新形势新任务新要求，找准服务生产经营、凝聚职工群众、参与基层治理的着力点，推进基层党建理念创新、机制创新、手段创新，以高质量党建工作推动企业各项生产经营任务落实，以企业改革发展成果检验党组织工作成效。

五是在基础保障上，要求根据实际需要设置党务工作机构，配备一定比例专兼职党务工作人员，通过纳入管理费用、党费留存等渠道，保障企业党组织工作经费，并向生产经营一线倾斜。纳入管理费用的部分，一般按照企业上年度职工工资总额 1% 的比例安排，由企业纳入年度预算。整合利用各类资源，建好用好活动阵地，确保党组织有机构管事、有人干事、有经费办事。①

9. 如何加强国有企业党支部书记、党务工作队伍和党员队伍建设？

选优配强党支部书记。“火车跑得快，全靠车头带。”历史和现实都表明，抓支部关键要抓书记。要突出政治标准，按照组织程序，采取多种方式，选拔符合条件的优秀党员担任党支部书记。选优配强国有企业党支部书记，要从以下几个方面下功夫。一要规范党支部书记选任条件。党支部书记应当具备良好政治素质，热爱党的工作，具有一定的政策理论水平、组织协调能力和群众工作本领，敢于担当、乐于奉献，带头发挥先锋模范作用，在党员、群众中有较高威信，一般应当具有 1 年以上党龄。二要明确党支部书记工作职责。党支部书记主持党

① 《以高质量党建推动国有企业高质量发展——中央组织部负责人就颁布〈中国共产党国有企业基层组织工作条例（试行）〉答记者问》，《人民日报》2020 年 1 月 7 日。

支部全面工作，督促党支部其他委员履行职责、发挥作用，抓好党支部委员会自身建设，向党支部委员会、党员大会和上级党组织报告工作。党支部书记每年应当向上级党组织和党支部党员大会述职，接受评议考核，考核结果作为评先评优、选拔使用的重要依据。三要拓宽党支部书记选拔渠道。国有企业党支部书记一般由本部门本单位主要负责人担任，也可以由本部门本单位其他负责人担任。根据工作需要，上级党组织可以选派党员干部担任专职党支部书记。四要强化党支部书记教育培训。上级党组织应当经常对党支部书记、副书记和其他委员进行培训。党支部书记培训纳入党员、干部教育培训规划，对新任党支部书记应当进行任职培训。中央组织部组织开展党支部书记示范培训，国有企业一般根据党组织隶属关系，分层分类开展党支部书记全员轮训。党支部书记每年至少参加 1 次县级以上党组织举办的集中轮训。新任党支部书记一般应当在半年内完成任职培训。注意统筹安排，防止频繁参训，确保党支部书记做好日常工作。注重发挥优秀党支部书记传帮带作用。

建强党务工作机构和队伍。随着全面从严治党不断深入，国有企业党建工作的标准越来越高，对党务工作队伍的专业素养和专业能力也提出了更高要求。从实践情况看，国有企业党的工作机构设置不统一、名称不规范、职能不聚焦、人员力量不足等问题比较突出。要坚持精干高效和有利于加强党建原则，设置党建机构、配备党务力量，着力建设一支对党忠诚、为党负责、政治过硬、业务精通、纪律严明、作风纯正的高素质党务工作队伍。一要规范机构设置。国有企业党委根据实际需要设立办公室、组织部、宣传部等工作机构；领导人员管理和基层党组织建设一般由一个部门统一负责，分属两个部门的应当由同一个领导班子成员分管。二要加大人员配备力度。按照不少于同级部门平均编制、不低于在岗职工人数 1% 比例配备专职党务干部，具备潜力的“好苗子”尽早放到党务岗位历练培养，坚决杜绝把安置照顾人员放到党务工作岗位，确保党建工作有人抓、有人管。选优配强党组织书记，把党支部书记岗位作为培养选拔企业领导人员的重要台阶；选拔政治素质好、熟悉经营管理、作风正派、在职工群众中有威信的党员骨干做企业党建工作，把党务工作岗位作为培养企业复合型人才的重要平台；中央企业党委（党组）配备专职副书记，规模较大、职工和党员人数较多的中央企业所属企业（单位）和地方国有企业党委可以配备专职副书记。三要强化素质提升。对党务工作人员的培训应当突出党的基本理论、基本政策、基本知识及党务工作基本要求，党的优良传统和作风，党规党纪等内容。要求加强对党务工作人员的培训，确保党务工作人员每年至少参加 1 次集中培训，解决有热情没招数、想干不会干等问题。

建强党员队伍。围绕建设信念坚定、政治可靠、结构合理、素质优良、纪律严明、作用突出的党员队伍，做好发展党员和党员教育、管理、监督、服务工作。一是加强教育培训。坚持把学习贯彻习近平新时代中国特色社会主义思想作为首要政治任务，组织开展党内集中教育和党员经常性教育，坚持组织培训和个人自学相结合，强化政治理论教育、党的宗旨教育、党章党规党纪教育和革命传统教育，组织引导党员认真学习党史、新中国史、改革开放史、社会主义发展史、中华民族发展史，推进“两学一做”学习教育常态化制度化，把不忘初心、牢记使命作为加强党的建设的永恒课题和全体党员、干部的终身课题，推进党史学习教育常态化制度化，形成长效机制。二是严肃党的组织生活。认真召开民主生活会和组织生活会，提高“三会一课”质量，落实谈心谈话、民主评议党员和主题党日等制度，增强党内政治生活的政治性、时代性、原则性、战斗性。党支部每年至少召开 1 次组织生活会，一般安排在第四季度，也可以根据工作需要随时召开。党支部一般每年开展 1 次民主评议党员。党支部委员之间、党支部委员和党员之间、党员和党员之间，每年谈心谈话一般不少于 1 次。国有企业党员领导人员应当定期为党员讲党课，党委（党组）书记每年至少讲 1 次党课。党支部每月相对固定 1 天开展主题党日，组织党员集中学习、过组织生活、进行民主议事和志愿服务等。坚持重温入党誓词、重温入党志愿书等有效做法。国有企业党员领导人员应当带头参加所在党支部或者党小组组织生活。三是严格监督管理。严格做好党籍管理、组织关系管理、党费收缴使用管理、日常监督等工作。加强和改进青年党员、农民工党员、出国（境）党员、流动党员、劳务派遣制员工党员的管理服务。有针对性做好离退休职工党员、兼并重组和破产企业职工党员管理服务工作。从政治、思想、工作、生活上关心关爱党员，建立健全党内关怀帮扶机制，在重要节日、纪念日等走访慰问功勋荣誉表彰奖励获得者，经常联系关心因公伤残党员、老党员、生活困难党员和因公殉职、牺牲党员的家庭，帮助解决实际问题。严格执行党的纪律，对违犯党的纪律的党员，按照党内有关规定及时进行教育或者处理。严肃稳妥处置不合格党员，保持党员队伍先进性和纯洁性。四是做好党员发展工作。按照控制总量、优化结构、提高质量、发挥作用的总要求，把政治标准放在首位，落实发展党员 5 个阶段 25 个步骤要求，重视在生产经营一线、青年职工和高知识群体中发展党员，力争每个班组都有党员。注重把生产经营骨干培养成党员，把党员培养成生产经营骨干。对技术能手、青年专家等优秀人才，党组织应当加强联系、重点培养。五是推动发挥作用。紧密结合企业生产经营开展党组织活动，设立党员责任区、党员示范岗、党员突击队、党员服务队，引导党员创先争优、攻坚克难，积极参与志愿服务，注意发挥党员在区域化党建和基层治理中的重要作用。

10. 国有企业如何加强党对工会和妇女工作的领导？

我国工运事业是在党的领导下发展起来的，是党的事业的重要组成部分，工会工作是党治国理政的一项经常性、基础性工作。工会工作做得好不好、有没有取得明显成效，关键看有没有坚持正确政治方向；坚持正确政治方向，就是要坚持中国共产党领导和我国社会主义制度。坚持自觉接受党的领导是做好工会工作的根本政治原则和根本政治保证，是工会的优良传统，是工会的工作准则和具体要求。国有企业各级党委（党组）要加强和改进对工会工作的领导，把党政所需、职工所急、工会所能的事更多地交给工会去办，及时帮助解决实际困难，为工会履职创造有利条件。在国有企业，妇女工作是工会工作的重要组成部分，妇女组织是国有企业凝聚人心、汇聚力量的重要方面。党的二十大通过的党章修正案进一步明确提出，国有企业党组织要领导妇女组织。国有企业党委（党组）领导妇女组织，有利于加强对妇女的团结凝聚，推动国有企业妇女组织高质量发展。

*始终坚持正确政治方向。*工会组织首先是政治组织，工会工作首要是政治工作。国有企业各级工会组织要深入学习贯彻习近平新时代中国特色社会主义思想，深入学习贯彻习近平总书记关于工人阶级和工会工作的重要论述，在思想上政治上行动上同以习近平同志为核心的党中央保持高度一致。要深刻领会党中央关于工人阶级和工会工作重要论述的精神实质，结合实际落实到工会工作全过程和各方面。要贯彻落实党中央关于妇女事业发展的决策部署，切实把党的意志和主张贯彻到女职工工作的全过程、各方面，牢牢把握女职工工作正确政治方向。

*强化党的创新理论武装。*加强理论武装是管根本、保方向的基础工作，只有理论上清醒才能保证政治上坚定。国有企业各级工会组织要完善学习制度，深入开展习近平新时代中国特色社会主义思想的学习培训，在学懂弄通做实上下功夫，增强企业员工对党的基本理论、基本路线、基本方略的政治认同、思想认同、情感认同。要创新思想政治工作，持续推动党的创新理论走进职工当中，教育引导企业员工紧密团结在党的周围，不断巩固党长期执政的阶级基础和群众基础。要深入研究和把握妇女思想政治状况、群体心理动态、价值取向情况，开展针对性强、精准度高的思想政治引领工作。

*广泛凝聚团结奋斗伟力。*围绕中心、服务大局是工会组织的光荣传统。国有企业各级工会组织要牢牢抓住为实现中华民族伟大复兴的中国梦而奋斗这个时代主题，围绕推动高质量发展，广泛深入开展各种形式的劳动和技能竞赛，深化群众性创新活动，激发亿万职工建功立业、创新创造的智慧和力量。深化产业工人队伍建设改革，发挥牵头抓总作用，落实思想引领、建功立业、素质提升等各项措施，健全技能形成和职业发展体系，培养造就更多的大国工匠和高技能人才。做好劳模评选表彰和服务工作，选树宣传“大国工匠”“最美职工”，引导广大职工争当劳动模范、能工巧匠，营造尊重劳动、尊重知识、尊重人才、尊重创造的浓厚氛围。落实科技创新巾帼行动，加强女职工数字技能培训，培育女职工创新工作室，助力女职工成长成才。

维护职工的合法权益。维护职工合法权益、竭诚服务职工群众是工会组织的基本职责。国有企业各级工会要坚持以职工为中心的工作导向，完善以普惠性服务和精准帮扶为重点的服务体系，为职工群众提供贴心服务。突出国有企业工会主体作用，健全以职工代表大会为基本形式的企业民主管理制度，推进厂务公开、业务公开。国有企业在重大决策上要听取职工意见，涉及职工切身利益的重大问题必须经过职代会审议。坚持和完善职工董事制度、职工监事制度，鼓励职工代表有序参与公司治理。健全劳动关系协商协调工作机制，夯实和谐劳动关系基础，坚决维护劳动领域政治安全。依法维护国有企业女性劳动者劳动报酬、休息休假、劳动保护、社会保险等权益。

坚持和完善体制机制。坚持工会接受同级党委和上级工会双重领导、以同级党委领导为主的组织领导体制。国有企业党委（党组）要肩负起政治责任，把领导工会和妇女组织作为重要工作内容，加强调查研究，掌握相关底数，听取意见建议，明晰工作思路，建立健全工作制度机制；要把党的路线方针政策和决策部署落实到工会和妇女各项工作中去，把党的意志和主张落实到广大职工中去。

11. 国有企业如何加强党对共青团和青年工作的领导？

中国共产党一经诞生，就把关注的目光投向青年，把革命的希望寄予青年，始终把青年工作作为党的一项极为重要的工作。作为党的助手和后备军，以及党的青年工作的重要力量，共青团从诞生之日起，就以党的旗帜为旗帜、以党的意志为意志、以党的使命为使命，把坚持党的领导深深融入血脉之中，形成了区别于其他青年组织的根本特质和鲜明优势。听党话、跟党走始终是共青团坚守的政治生命，党有号召、团有行动始终是一代代共青团员的政治信念。历史充分证明，只有坚持党的领导，共青团才能团结带领青年前进，推动中国青年运动沿着正确政治方向前行。

党的十八大以来特别是全国国有企业党的建设工作会议以来，国有企业广大青年立足岗位、拼搏奉献，彰显了新时代中国青年的昂扬风貌。新时代新征程，国有企业加强党对共青团和青年工作的领导，要以习近平新时代中国特色社会主义思想为指导，坚决把思想和行动统一到习近平总书记关于青年和共青团工作的重要论述精神上来；坚持党的全面领导，严守政治纪律和政治规矩，把政治标准、政治要求贯彻到团的全部工作和建设之中；坚持党管青年原则，领导和支持团组织认真履行引领凝聚青年、组织动员青年、联系服务青年的职责，以带好思想政治建设、基层组织建设、团干部队伍建设、团青作用发挥为重点，进一步加强党建带团建，大力弘扬五四精神，着力建设高素质青年人才队伍，为做强做优做大国有资本和国有企业、发挥国有经济战略支撑作用、加快建设世界一流企业贡献更大青春力量。

加强思想政治建设。坚持用党的创新理论武装团员青年，突出政治教育和政治训练，实施青年大学习行动，持续推动习近平新时代中国特色社会主义思想在国有企业青年中大学习大普及大落实，团委书记列席同级党委（党组）理论学习中心组学习。开展党内集中教育时，同步安排团组织开展学习教育，引导团委青年用党的创新理论武装头脑、指导实践、推动工作。把形势任务教育纳入团员青年思想教育重要内容，组织青年积极参加形势任务教育，同级党组织书记每年为团员青年作形势辅导报告，每年定期开展团员青年思想动态调研分析。积极培育和践行社会主义核心价值观，传承弘扬国有企业优良传统和作风，传承弘扬大庆精神（铁人精神）、“两弹一星”精神、载人航天精神、探月精神等国有企业先进精神，通过宣讲会等形式，讲好国企故事、传播国企声音，激励青年建功立业。组织团员青年深入学习党史、新中国史、改革开放史、社会主义发展史、中华民族发展史，利用国资国企红色教育、地方红色资源等，开展主题团日活动，引导青年传承国企红色基因，增强应对挑战的斗志，提升产业兴国、实业报国的精气神。支持团组织参与精神文明建设和企业文化建设，开展群众性文化体育活动，弘扬劳模精神、工匠精神，造就有理想、守信念，懂技术、会创新，敢担当、讲奉献的新时代国有企业青年职工队伍。

加强基层组织建设。把团的建设纳入同级党的建设总体规划，同部署、同落实、同检查、同考核，做到党团建设同步谋划、党团组织同步设置、党团力量同步配备、党团工作同步开展。从实际出发，适应深化国有企业改革要求和国有企业团员青年流动分布情况设置团组织。团员 3 人以上的，成立团支部。团员 7 人以上的团支部，设立支部委员会。团员人数 50 人以上、100 人以下的，设立团总支。团员人数不足 50 人、确因工作需要的，经同级党组织和上级团组织批准，也可以设立团总支。团员人数 100 人以上的，设立团委。团员人数不足 100 人、确因工作需要的，经同级党组织和上级团组织批准，也可以设立团委。为期 6 个月以上的工程项目、研发团队等，具备条件的，应当成立团组织。国有企业团的支部委员会一般由 3 至 5 人组成，设书记 1 人，必要时可以设副书记 1 人；国有企业团的总支部委员会一般由 5 至 7 人组成，设书记 1 人，可以设副书记和组织委员、宣传委员、纪律委员等若干委员。国有企业团的基层委员会一般不设常务委员会。团员在 2000 人以上或下设团委的国有企业基层团组织，可以设立常务委员会。不设常务委员会的国有企业团的基层委员会一般由 7 至 9 人组成；设常务委员会的国有企业团的基层委员会一般由 15 至 21 人组成，其中常务委员 5 至 9 人。国有企业团的基层委员会设书记 1 人，副书记 1 至 3 人。国有企业团（总）支部委员会一般由团员大会选举产生，每届任期 2 年或 3 年；国有企业团的基层委员会由团员大会或者团员代表大会选举产生，每届任期 3 年至 5 年，一般应当与同级党组织保持一致。国有企业基层团组织严格执行任期制度，任期届满应当按期进行换届选举，选举结果须报同级党组织和上级团组织批准。为执行某项任务临时组建的机构，团组织关系不转接的，经上级团组织批准，可以成立临时团组织。临时团组织班子成员由批准其成立的团组织指定。

加强团干部队伍建设。遵照信念坚定、为民服务、勤政务实、敢于担当、清正廉洁的好干部标准和坚定理想信念、心系广大青年、提高工作能力、锤炼优良作风的重要要求，突出知青年、懂青年、爱青年，建立一支来源广泛的专职、挂职、兼职相结合的国有企业团干部队伍。有计划地把各个岗位上的优秀青年职工选拔到团的岗位上经受锻炼，鼓励青年党员兼任企业团的干部为党做青年群众工作。国有企业应结合实际配备一定数量的专职团干部。青年职工在 3000 人以上的国有企业，其团委一般至少配备 2 名专职团干部和 2 至 3 名以共青团工作为主的团干部；青年职工在 5000 人以上的国有企业，由企业党组织按照比例适当增加团干部职数。国有企业所属企业（单位）也要配齐配强团干部。定期组织开展团干部培训，建立健全国有企业团干部调训、轮训制度，对新任职国有企业基层团组织书记应当在 1 年内进行任职培训。

注重发挥团青作用。共青团的工作是在党的领导下进行的，但这并不是说党的组织可以包办代替团组织的活动。国有企业各级党组织要支持团组织紧密结合企业生产经营开展活动，把开展青年突击队、青年志愿服务，青年文明号、青年岗位能手、青年安全生产示范岗，职业技能竞赛、创新创效活动等作为提升企业团建质量的重要抓手，引导团员青年争当生产经营的能手、创新创业的先锋、提高效益的标兵、攻坚突击的骨干。注重培养树立宣传青年典型，对工作有显著成绩的团员青年给予表彰表扬。完善推优入党工作机制，落实“28 周岁以下青年入党，一般应当从团员中发展，发展团员入党一般应当经过团组织推荐”要求，使团员成为党组织发展青年党员的主要来源。密切联系服务青年，广泛听取意见建议，及时了解青年思想动态，把解决思想问题同解决实际问题结合起来，千方百计为青年办实事、解难事，让广大青年真切感受到党的关爱就在身边、关怀就在眼前。企业在制定和推行涉及青年利益的重大改革措施时，应当有共青团和青年职工代表参加，广泛听取青年职工的意见。企业职代会中的青年职工代表应当占有一定的比例。

12. 国有企业如何加强党对统一战线工作的领导?

统一战线，是指中国共产党领导的、以工农联盟为基础的，包括全体社会主义劳动者、社会主义事业的建设者、拥护社会主义的爱国者、拥护祖国统一和致力于中华民族伟大复兴的爱国者的联盟。新时代新征程做强做优做大国有企业，提升企业核心竞争力，必须团结一切可以团结的力量，充分发挥统一战线凝聚人心、汇聚力量的政治优势。党的二十大通过的党章修正案首次提出，国有企业党组织加强自身建设，要领导统一战线工作。做好新时代国有企业统一战线工作，必须加强党的全面领导，把握着力重点，构建大统战工作格局，不断提升工作能力，助力国有企业高质量发展。

（1）必须加强党对国有企业统一战线工作的全面领导

统一战线是党领导的统一战线，在统一战线工作中实行的政策、采取的措施都要有利于坚持和巩固党的领导地位和执政地位。确保国有企业党组织在统一战线工作中总揽全局、协调各方，保证统一战线工作始终沿着正确政治方向前进。

要把统一战线工作纳入国有企业党委（党组）的重要议事日程，定期研究、检查和总结；要把统一战线工作纳入国有企业党委（党组）主要领导人员的检查考核内容，作为选拔任用国有企业领导人员的重要依据；要把统一战线理论、政策纳入国有企业党委（党组）中心组学习内容、国有企业宣传计划和国有企业党校培训内容，提高国有企业领导人员的统一战线理论政策水平；要把统一战线工作经费纳入国有企业年度经费预算，为国有企业统一战线工作提供必要的物力、财力保障。

国有企业党委（党组）主要负责人要认真履行统一战线工作第一责任人职责，党委（党组）领导班子成员要严格落实统一战线工作“三个带头”，即要带头学习宣传和贯彻落实统一战线理论方针政策和法律法规、带头参加统一战线重要活动、带头广交深交党外朋友，密切同国有企业统一战线成员联系，彰显统一战线的独特优势。

（2）明确国有企业统一战线工作的职责和主要内容

国有企业统一战线工作的职责是：贯彻落实党的统一战线方针政策，充分调动党外人士的积极性，为企业中心工作服务；及时了解、反映企业中统一战线各方面人士的思想动态和意见建议；协调企业中统一战线各方面的关系，及时化解矛盾；发现、选拔、培养、举荐党外代表人物，协助企业党委（党组）和上级有关部门做好党外人士的政治安排、实职安排。

国有企业统一战线成员①具有总体上量大面广、以党外知识分子为主体、海内外联系日益密切三大特点，他们分布于生产运营的各个岗位，做好联络、服务他们的工作，涵盖了所有统一战线工作内容。因此，国有企业各级党组织要针对不同成

---

① 国有企业统一战线成员主要包括：国有企业中的党外知识分子，各民主党派成员，无党派人士，非公有制经济人士，出国和归国留学人员，少数民族职工，信教职工，香港、澳门同胞及其亲属，台湾同胞、去台湾人员留在大陆的亲属和回大陆定居的台胞，海外侨胞和归侨侨眷，原工商业者，起义和投诚的原国民党军政人员等。重点是做好具有高级职称的党外专家、技术骨干，各级党外人大代表、政协委员，民主党派基层组织和统战团体的负责人，企业董事会、监事会及经营管理层中的党外人士或非公有制经济人士等方面代表人士的工作。

员，有重点地开展统一战线工作。

一是做好党外知识分子工作。党外知识分子工作是国有企业统一战线工作的重点，要在全面贯彻党的知识分子政策的基础上，引导他们将实现个人价值与促进国有企业发展结合起来。建立健全信息网络，收集、反映党外知识分子的意见和建议，鼓励他们参与企业民主管理、民主监督和民主决策。努力为党外知识分子发挥才干创造条件，鼓励和支持他们在国有企业改革发展中特别是高质量发展中发挥积极作用。

二是做好出国和归国留学人员工作。国有企业统一战线部门要积极协助有关部门落实留学人员的各项政策规定，营造拴心留人的良好环境，充分发挥留学人员人才荟萃、智力密集的优势，推动更多的出国和归国留学人员以各种方式为企业服务，发挥他们加强国有企业国际交流的特殊作用。

三是加强对民主党派成员的政治引导。支持民主党派成员依法、依各自的章程和依企业规章制度开展活动，鼓励他们为国有企业发展积极建言献策，从而不断提升国有企业现代化治理水平。帮助民主党派成员提高思想政治素质，为民主党派基层组织在企业中发展成员把好政治关，帮助他们解决工作中的实际问题。

四是做好无党派人士工作。加强无党派人士队伍建设，适当保留一些党外优秀人才作为无党派人士的骨干。加大培养力度，为他们的成长进步搭建舞台、创造条件。鼓励他们在企业民主管理、民主监督和民主决策中发挥积极作用，支持他们在社会主义政治文明建设中作出贡献。

五是做好民族和宗教工作。尊重各少数民族职工的风俗习惯，以铸牢中华民族共同体意识为“纲”，以民族团结进步教育为抓手，切实增强“五个认同”；全面贯彻党的宗教信仰自由政策，坚持我国宗教中国化方向，维护信教职工的合法权益，积极引导信教职工投身国有企业高质量发展建设；要及时防范化解民族宗教领域风险隐患，切实维护企业和职工的利益。

六是做好港澳台侨工作。以联谊活动为纽带，推动企业中的港澳同胞和眷属加强与港澳企业界等方面人士的交流、交往与合作，为国有企业发展拓展更大的空间，为维护和促进香港特别行政区、澳门特别行政区的繁荣、稳定和发展作出贡献，也为祖国和平统一赢得更多的民意基础和民心走向。做好台胞台属工作，发挥他们在吸引台资、扩大对台交流、推进祖国统一进程中的作用。加强与企业中归侨、侨眷的联系，保护他们的合法权益，支持他们与海外开展经济、科技、文化方面的交流合作和各种联谊活动。

七是发现、培养、使用、管理党外代表人士，健全领导干部与党外代表人士联谊交友制度。加强党外代表人士的培养和教育工作，选拔和推荐德才兼备的党外代表人士担任国有企业各级领导职务，协助做好有关党外代表人士的政治安排和实职安排工作。将党外代表人士后备队伍建设纳入国有企业经营管理人才队伍建设的总体规划。

（3）国有企业必须构建大统战工作格局

统战工作是全党的工作，必须全党重视，大家共同来做。国有企业必须构建党委（党组）统一领导、统战机构牵头协调、有关方面各负其责的大统战工作格局；各部门要增强统战意识，齐抓共管，形成强大合力。统战任务重的大型国有企业党委（党组）应明确机构和人员负责统一战线工作。企业党委实行常委制的，同级党委常委中应有同志分管统战工作；实行委员制的，应有同级党委委员分管统战工作。统战机构要加强自身建设，发挥参谋、协调、督促等重要作用；统战工作人员要努力提高政治判断力、政治领悟力、政治执行力，讲求工作艺术，改进工作方法，展现统战机构和统战工作人员的良好形象。

（4）切实加强国有企业统一战线工作队伍建设

要把热爱统战工作、年富力强、有一定理论政策水平和实际工作经验的优秀人员，选拔充实到统一战线工作队伍中来，打造政治坚定、业务精通、作风过硬的统一战线工作队伍。要加强对国有企业统战工作人员的培养、教育，有计划地安排他们参加各级统战部门、社会主义学院和党校举办的培训班，或采取以会代训、考察学习等方式，交流经验，全面提高素质，要关心国有企业统战工作人员的成长，做好安排、使用、交流工作，帮助他们解决思想、工作和生活上遇到的困难和问题。

13. 如何从严管理国有企业领导人员?

党要管党，首先是管好干部。习近平总书记在全国国有企业党的建设工作会议上强调，国有企业领导人员是党的干部，必须做到对党忠诚、勇于创新、治企有方、兴企有为、清正廉洁。党和人民把国有资产交给国有企业领导人员经营管理，是莫大的信任。信任是最大的关怀，但信任不能代替监督，关心不能忘了严管。好干部是选出来的，更是管出来的。建设高素质专业化国有企业领导人员队伍，必须抓严抓实教育管理监督。

加强理论武装，坚定理想信念。严格执行“第一议题”、党委（党组）理论学习中心组学习、“三会一课”、谈心谈话等制度，深入学习习近平新时代中国特色社会主义思想，加强对国有企业领导人员的党性教育、宗旨教育、警示教育，严明政治纪律和政治规矩，引导他们不断提高思想政治素质，增强党性修养，从思想深处拧紧螺丝，自觉做共产主义远大理想和中国特色社会主义共同理想的坚定信仰者和忠实实践者，深刻领悟“两个确立”的决定性意义，增强“四个意识”、坚定“四个自信”、做到“两个维护”，始终在思想上政治上行动上同以习近平同志为核心的党中央保持高度一致，永葆共产党人政治本色。

突出政治标准，严格选拔任用。选什么样的人、用什么样的人，体现用人导向，影响用人生态，关系企业风气。发挥党组织的领导和把关作用，突出政治标准和专业能力，坚持正确选人用人导向。大力发现培养选拔适应新时代要求的优秀年轻领导人员，用好各年龄段领导人员。严格提出工作方案、确定考察对象、考察或者背景调查、集体讨论决定和依法依规任职选拔任用工作程序。针对内部推选、外部交流、公开遴选、竞聘上岗、公开招聘、委托推荐等不同选拔方式，规范考察对象产生方式。坚持实践标准，注重精准识人，全面考察人选素质、能力、业绩和廉洁从业等情况，防止“带病提拔”。实行任职承诺制度，新任国有企业领导人员就忠诚干净担当等作出承诺。

加强工作统筹，推动干部交流。推进干部交流，是我们党干部工作的一个老传统、好传统，也是国有企业领导人员管理的成功实践，需要继续坚持和完善。董事长、总经理在同一职位任职满 9 年且还能任满 3 年以上的，一般应当交流。纪委书记、总会计师一般应当交流任职。企业领导人员要在党务工作岗位与经营管理岗位之间轮岗交流，有计划地选派企业领导人员到市场开拓前沿、经营困难企业、重大专项攻坚、重大改革推进的关键岗位上锻炼，使其拓宽视野、开阔思路、增长才干，提高解决实际问题的能力。

完善考评体系，加强考核评价。考核评价是企业领导人员管理的重要环节，是考准考实企业领导人员德才表现、选准用好企业领导人员的基础，是严管和厚爱、激励和约束的重要依据。要突出“抓改革、强党建、促发展”导向，从综合、业绩、党建三个维度，进一步完善考核评价体系。在综合考核评价方面，对企业领导班子重点考核评价政治素质、经营业绩、团结协作、作风形象和党建工作等情况，对企业领导人员重点考核政治表现、能力素质、工作业绩、廉洁从业和履行“一岗双责”等情况。在经营业绩考核方面，按照企业功能定位、发展目标和责任使命，对标同行业先进企业，提高考核的针对性和有效性。区别企业领导人员岗位职责和履职特点，实现领导班子成员全覆盖。在党建工作责任制落实情况考核方面，明确考核对象、考核内容、考核周期、考核方式等，以此促进企业党委（党组）和企业领导人员履行管党治党责任，发挥企业党委（党组）领导作用，推动企业改革发展和党的建设两手抓、两手硬。

突出监督重点，从严监督管理。贯彻党要管党、全面从严治党方针，国有企业没有特殊、没有例外。要突出监督重点，强化对关键岗位、重要人员特别是“一把手”的监督管理，完善“三重一大”决策监督机制，严格日常管理，整合监督力量，形成监督合力。一是完善领导人员管理监督体系，坚持以党内监督为主导，贯通财务监督、审计监督、职工群众监督等各类监督，优化监督资源、增强监督合力、提高监督效能。二是上级党组织及其组织部门、纪检监察机关要全方位、多角度、近距离了解识别企业领导人员，加强日常管理监督，把管思想、管工作、管作风、管纪律统一起来，做到真管真严、敢管敢严、长管长严。三是企业党委（党组）以党章为根本遵循，加强和规范党内政治生活，认真开展民主生活会、组织生活会等，增强党内政治生活的政治性、时代性、原则性、战斗性，营造风清气正的良好政治生态。四是对企业“三重一大”事项集体决策和中央企业领导人员兼职、出国管理、配偶子女经商办企业等作出明确规定，[①] 严格执行个人有关事项报告、述责述廉制度，规范和制约权力运行，从源头上防范廉政风险，促进企业领导人员家风建设。加强对财务管理、人事安排、项目审批、资金分配等关键岗位的监督，认真查找廉洁风险点，建立健全廉洁风险防控机制，督促相关人员依法履行职责。

14. 国有企业如何将党管人才要求落实到高技能人才、专业技术人才队伍建设上？

高技能人才队伍和专业技术人才队伍，是人才队伍的重要组成部分。踏上新征程，要全面贯彻习近平总书记关于做好新时代人才工作的重要思想，坚持党管人才，立足新发展阶段，

---

① 《建设高素质专业化中央企业领导人员队伍——中共中央组织部、国务院国资委党委负责人就修订印发〈中央企业领导人员管理规定〉答记者问》，《人民日报》2018 年 9 月 30 日。

贯彻新发展理念，服务构建新发展格局，推动高质量发展，深入实施新时代人才强国战略，健全高技能人才和专业技术人才培养、使用、评价、激励制度，构建党委领导、政府主导、政策支持、企业主体、社会参与的高技能人才和专业技术人才工作体系。打造一支爱党报国、敬业奉献、技艺精湛、素质优良、规模宏大、结构合理的高技能人才和专业技术人才队伍，为全面推进中华民族全面复兴、全面建设社会主义现代化国家提供坚强有力人才支撑。

（1）加强高技能人才队伍建设

高技能人才是指具有高超技艺和精湛技能，能够进行创造性劳动，并对社会作出贡献的人，主要包括技能劳动者中取得高级技工、技师和高级技师职业资格的人员。加强高技能人才队伍建设，对于巩固和发展工人阶级先进性、增强国家核心竞争力和科技创新能力、缓解就业结构性矛盾、推动高质量发展，具有重要意义。

一是加大高技能人才培养力度。国有企业要结合实际将高技能人才培养规划的制定和实施情况纳入考核评价体系。深化产教融合、校企合作，开展订单式培养、套餐制培训，创新校企双制、校中厂、厂中校等方式。完善项目制培养模式，针对不同类别不同群体高技能人才实施差异化培养项目。通过名师带徒、技能研修、岗位练兵、技能竞赛、技术交流等形式，开放式培训高技能人才。建立技能人才继续教育制度，推广求学圆梦行动，定期组织开展研修交流活动，促进技能人才知识更新与技术创新、工艺改造、产业优化升级要求相适应。围绕国家重大战略、重大工程、重大项目、重点产业对高技能人才的需求，实施高技能领军人才培育计划，加大急需紧缺高技能人才培养力度。

二是完善技能导向的使用制度。国有企业可设立技能津贴、班组长津贴、带徒津贴等，支持鼓励高技能人才在岗位上发挥技能、管理班组、带徒传技。根据需要建立高技能领军人才"揭榜领题"以及参与重大生产决策、重大技术革新和技术攻关项目的制度。实行"技师+工程师"等团队合作模式，在科研和技术攻关中发挥高技能人才创新能力。注重青年高技能人才选用，高技能人才配置状况应作为生产经营性企业及其他实体参加重大工程项目招投标、评优和资质评估的重要因素。国有企业在工资分配上要发挥向高技能人才倾斜的示范作用。完善科技成果转化收益分享机制，对在技术革新或技术攻关中作出突出贡献的高技能人才给予奖励。畅通为高技能人才建立企业年金的机制，鼓励和引导企业为包括高技能人才在内的职工建立企业年金。企业要关心关爱高技能人才，依法保障高技能人才合法权益，合理确定劳动报酬。

三是建立技能人才职业技能等级制度和多元化评价机制。形成由学徒工、初级工、中级工、高级工、技师、高级技师、特级技师、首席技师构成的"八级工"职业技能等级（岗位）

序列。符合条件的国有企业自主确定技能人才评价职业（工种）范围，自主设置岗位等级，自主开发制定岗位规范，自主运用评价方式开展技能人才职业技能等级评价。打破学历、资历、年龄、比例等限制，对技能高超、业绩突出的一线职工，可直接认定高级工以上职业技能等级。对解决重大工艺技术难题和重大质量问题、技术创新成果获得省部级以上奖项、“师带徒”业绩突出的高技能人才，可破格晋升职业技能等级。

四是建立高技能人才表彰激励机制。加大高技能人才在全国劳动模范和先进工作者、国家科学技术奖等相关表彰中的评选力度，积极推荐高技能人才享受政府特殊津贴。注重依法依章程推荐高技能人才为人民代表大会代表候选人、政治协商会议委员人选、群团组织代表大会代表或委员会委员候选人。进一步提高高技能人才在职工代表大会中的比例，支持高技能人才参与企业管理。建立高技能人才休假疗养制度，鼓励支持分级开展高技能人才休假疗养、研修交流和节日慰问等活动。

（2）加强专业技术人才队伍建设

专业技术人才是指从事专业技术工作、具有相应专业技术水平和能力要求及从事专业技术管理工作且已评聘技术职务（职称）的人员。国有企业专业技术人才是推动国有企业高质量发展的重要力量。

一是改革专业技术人才评价机制。坚持德才兼备，突出以品德、能力、业绩和贡献为主的评价导向，建立体现专业技术人才工作实际和特点的评价标准。克服唯学历、唯论文等倾向，提高履行岗位职责的实践能力、工作业绩、工作年限等评价权重。对论文、科研等不作硬性要求，可用能够体现专业技术工作业绩和水平的技术推广总结、工程项目方案、专利成果等替代。改进职称评价方式，建立以同行评价为基础的评价机制，灵活采用考试、评审、考评结合、考核认定等不同评价方式，严格规范评价程序，加强评价全过程监督，提高评价质量和公信力。

二是加大专业技术人才激励力度。支持专业技术人才转移转化科技成果，落实成果转化收益分配有关规定。坚持精神奖励和物质奖励相结合，建立以政府奖励为导向、单位奖励为主体、社会奖励为补充的专业技术人才奖励体系。对长期在基层工作、贡献突出的专业技术人才，按照国家有关规定优先给予表彰奖励。开展优秀专业技术人才表彰奖励工作，充分保护和调动广大专业技术人才工作热情和创新创业积极性。

三是增强企业聚集人才的能力和活力。按照建立现代企业制度的要求，使企业真正成为技术创新和吸纳人才的主体。中央管理的国有重要骨干企业，要率先加强企业研究开发机构的建设，加大对技术创新、人才开发的投入。鼓励和引导专业技术人才向企业流动。

四是加速培养专业技术骨干和青年人才。重点抓好高层次骨干人才的培养，特别要注意发现和培养一批站在世界科技前沿、勇于创新和创业的学术技术带头人，具有宏观战略思维、能够组织重大科技攻关项目的科技管理专家，精通国际经济贸易运作规则和法律、能够参与国际竞争的高级专业人才。注重发现具有潜质的青年专业技术人才，为他们提供施展才华的舞台。要重视培养年轻人的创新精神和实践能力，鼓励他们在科学研究和生产实践中努力拼搏。要大力倡导团结协作、集体攻关的团队精神，努力培养青年科学家群体。要注意正确处理好现有人才与引进人才的关系，创造各类优秀青年人才平等竞争、脱颖而出、健康成长的机制。

五是加强继续教育。以改善知识结构、增强创新能力、提高综合素质为目标，加强专业技术人员继续教育工作，进一步强化继续教育对提升专业技术人才能力素质的主渠道作用。落实继续教育有关规定，国有企业专业技术人才每年参加继续教育时间累计不少于 90 学时，用人单位保障其参加继续教育权利和学习期间各项待遇。推进继续教育制度与工作考核、岗位聘用、职称评聘等人事管理制度的衔接。

（3）加强高技能人才与专业技术人才职业发展贯通

2020 年 12 月，人力资源社会保障部发布了《关于进一步加强高技能人才与专业技术人才职业发展贯通的实施意见》，为国有企业打通高技能人才与专业技术人才职业发展通道，加强创新型、应用型、技能型人才培养提供了政策支撑。

一是扩大贯通领域。以支持高技能人才参加工程系列职称评审为工作重点，将贯通领域扩大为工程、农业、工艺美术、文物博物、实验技术、艺术、体育、技工院校教师等职称系列。支持高技能人才取得经济、会计、统计、审计、翻译、出版、通信、计算机技术与软件等专业技术人员职业资格。

二是完善高技能人才职称评价标准。淡化学历要求，对两类人才贯通的职称系列，具备高级工以上职业资格或职业技能等级的高技能人才，均可参加职称评审，不将学历、论文、外语、计算机等作为高技能人才参加职称评审的限制性条件。按照国家有关规定取得高级工职业资格或职业技能等级后从事技术技能工作满 2 年，可申报评审相应专业助理级职称；取得技师职业资格或职业技能等级后从事技术技能工作满 3 年，可申报评审相应专业中级职称；取得高级技师职业资格或职业技能等级后从事技术技能工作满 4 年，可申报评审相应专业副高级职称。高技能人才参加职称评审应在现工作岗位上近 3 年年度考核合格。强化技能贡献，高技能人才参加职称评审突出职业能力和工作业绩，注重评价科技成果转化应用、执行操作规程、解决生产难题、参与技术改造革新、工艺改进、传技带徒等方面的能力和贡献。技能竞赛获奖情况、行业工法、操作法、完成项目、技术报告、经验总结、行业标准等创新性成果均可作为职称评审的重要内容。建立绿色通道，对为国家经济发展和重大战略实施作出突出贡献，具有绝招、绝技、绝活，并长期坚守在生产服务一线岗位工作的高技能领军人才，采取特殊评价办法，建立职称评审绿色通道。获得中华技能大奖、全国技术能手，担任国家级技能大师工作室带头人，享受省级以上政府特殊津贴的高技能人才，或各省（区、市）人民政府认定的“高精尖缺”高技能人才，可直接申报评审正高级或副高级职称。

三是创新高技能人才职称评价机制。综合采用理论知识考试、技能操作考核、业绩评审、面试答辩、竞赛选拔等多种方式评价高技能人才。支持有条件的地区和单位对高技能人才单独分组、单独评审。支持高技能人才密集、技术实力较强、内部管理规范的规模以上企业自主开展高技能人才职称评审。积极吸纳优秀高技能人才参加相关职称评审委员会、专家库，参与制定评价标准。

四是鼓励专业技术人才参加职业技能评价。符合职业技能评价条件的专业技术人才，可按有关规定申请参加相应职业（工种）的职业技能评价。专业技术人才取得助理级、中级、副高级职称，累计工作年限达到申报条件的，可分别申请参加与现岗位相对应职业（工种）的高级工、技师、高级技师职业技能评价。取得职业资格或职业技能等级 1 年后，可按累计工作年限申报相应职业（工种）晋级评价。专业技术人才参加职业技能评价，注重操作技能考核。具有所申报职业相关专业毕业证书的，可免于理论知识考试。具有相应职业（工种）技能等级水平的优秀人才可直接申报该职业（工种）的职业技能等级评价。国有企业可根据国家职业技能标准和行业企业评价规范，结合本单位实际，制定本单位专业技术人才参加职业技能评价的标准条件。

五是加强评价制度与用人制度衔接。高技能人才依据技术技能水平自愿参加职称评审，鼓励取得职称的高技能人才坚守在生产服务一线。探索建立企业内部技能岗位等级与管理、技术岗位序列相互比照，专业技术岗位、经营管理岗位、技能岗位互相衔接机制。国有企业对在聘的高级工、技师、高级技师在学习进修、岗位聘任、职务职级晋升、评优评奖、科研项目申报等方面，比照相应层级专业技术人员享受同等待遇。鼓励用人单位研究制定高技能领军人才职业发展规划，实行高技能领军人才年薪制、股权期权激励，设立高技能领军人才特聘岗位津贴、带徒津贴等，按实际贡献给予高技能人才绩效奖励，切实提高高技能人才待遇水平。

案例阅读

国网天津市电力公司：多措并举建设新时代技能人才队伍[①]

国网天津市电力公司聚焦时代所需、事业所需、发展

① 苏瀚宸:《百舸争流千帆竞——国网天津电力人才培养侧记》,参见央广网,https://www.cnr.cn/tj/jwbb/20220826/t20220826_525988015.shtml。

所需，把培养技能人才作为工作的重中之重。

战略驱动典型引领，“头雁”带“群雁”塑造优秀人才队伍。首创“三维发现选树、三级组织联动、三级递进培育”重大典型培树路径，坚持以“头雁”带“群雁”，实施劳动竞赛，举办班组微讲堂和职工大讲堂。近年来，在生产一线培养选拔了960名技能骨干、37名高级专家，107人次获评省部级及以上人才称号。

围绕中心服务大局，为公司发展提供强有力人才支撑。国家电网公司与天津市联合启动实施“1001工程”，携手打造能源革命先锋城市。不仅建强了一张电网，更拉起了一支具有“推土机”精神的“群体先进”人才队伍。41名先进典型获得国家级、国网公司级、天津市级劳动模范等称号，各级组织共获得省部级以上荣誉87次。2022年7名技能员工当选天津市技术能手，数量位居天津市所有单位之首。

高端引领整体推进，多措并举培养高素质人才。成立专家咨询委员会，聘请院士专家为高级顾问，创新技能人才创新团队与院士团队共建机制。创新“双碳”训练营、跨专业百日训练营等载体，面向新型电力系统超前储备技能人才。创新“理论讲解＋案例剖析＋现场问答＋随堂考试”四位一体授课模式，磨炼岗位核心技能。在国网系统首个建成集人工智能、智慧物联、大数据分析等于一体的数字技术实训平台，依托津门湖新能源车综合服务中心，打造了国内首家以智慧充电、智能车联网为主体的“产学研”全业态创新研发实训基地。领导职务、职员职级、专家人才三条通道并行互通、转换衔接，实现各类人才发展纵向贯通、横向联通；创新构建“技能骨干、优秀专家、高级专家、首席专家”四级技能人才成长通道，创新设置成长性薪酬激励，让一流人才获得一流待遇。

15. 国有企业如何落实全面从严治党主体责任和监督责任？

全面从严治党是新时代党的建设的鲜明主题。党的十八大以来，以习近平同志为核心的党中央把全面从严治党纳入“四个全面”战略布局，从制定和落实中央八项规定开局破题，持之以恒正风肃纪，开展史无前例的反腐败斗争，以“得罪千百人、不负十四亿”的使命担当祛疴治乱，刹住了一些长期没有刹住的歪风，纠治了一些多年未除的顽瘴痼疾，管党治党宽松软状况得到根本扭转，全面从严治党取得了历史性、开创性成就，产生了全方位、深层次影响。

全面从严治党，核心是加强党的领导，基础在全面，关键在严，要害在治。“全面”就是靠全党、管全党、治全党，覆盖党的建设各领域各方面各环节，重点是抓住“关键少数”。“严”就是真管真严、敢管敢严、长管长严。“治”就是从党中央到基层党支部，都要肩负起主体责任，党委书记要把抓好党建当作分内之事、必须担当的职责；各级纪委要担负起监督责任，敢于瞪眼黑脸，勇于执纪问责。

落实全面从严治党要求，要害在明晰主体责任。国有企业党组织履行党的建设主体责任。党委（党组）领导班子成员应当强化责任担当，狠抓责任落实，增强落实全面从严治党责任的自觉和能力，带头遵守执行全面从严治党各项规定，自觉接受党组织、党员和群众监督，在全面从严治党中发挥示范表率作用。党委（党组）每年年初应向批准其设立的党组织书面报告上一年度落实全面从严治党主体责任情况。党委（党组）书记履行本单位全面从严治党第一责任人职责，做到重要工作亲自部署、重大问题亲自过问、重点环节亲自协调、重要案件亲自督办；管好班子、带好队伍、抓好落实，支持、指导和督促领导班子其他成员、下级党委（党组）书记履行全面从严治党责任，发现问题及时提醒纠正。领导班子其他成员根据工作分工对职责范围内的全面从严治党工作负重要领导责任，按照“一岗双责”要求，领导、检查、督促分管部门和单位全面从严治党工作，对分管部门和单位党员干部从严进行教育管理监督。党的纪律检查机关在履行全面从严治党监督责任同时，应当通过重大事项请示报告、提出意见建议、监督推动党委（党组）决策落实等方式，协助党委（党组）落实全面从严治党主体责任。

落实全面从严治党要求，监督责任是重要保障。强化政治监督，加强对党的理论和路线方针政策以及重大决策部署贯彻落实的监督检查。严格落实中央八项规定及其实施细则精神，坚决反对形式主义、官僚主义、享乐主义和奢靡之风。加强对制度执行的监督，加强对企业关键岗位、重要人员特别是主要负责人的监督，强化对权力集中、资金密集、资源富集、资产聚集的重点部门和单位的监督，突出“三重一大”决策、工程招投标、改制重组、产权变更和交易等重点环节的监督，严肃查处侵吞挥霍国有资产、利益输送等违规违纪问题。问题严重的，应当及时向上级党组织报告。强化日常管理和监督，建立健全党内监督制度机制，充分发挥内设纪检组织、党委工作机构、基层党组织和党员的监督作用。加强对企业领导人员的党性教育、宗旨教育、警示教育，落实谈心谈话制度，加大提醒、函询、诫勉等力度，通过巡视巡察、考察考核、调研督导、处理信访举报、抽查核实个人有关事项报告等方式，督促企业领导人员依规依法用权、廉洁履职。善用企业各种监督力量，包括监事会、审计、法律、财务等监督力量，发挥职工群众监督、社会监督和舆论监督作用，推动各类监督有机贯通、相互协调，形成监督合力，提高监督效能。国有企业内设纪检组织履行监督执纪问责职责，协助党委（党组）推进全面从严治党、加强党风建设和组织协调反腐败工作，精准运用监督执纪“四种形态”，坚决惩治和预防腐败。各级纪委监委派驻国有企业的纪检监察机构根据授权履行纪检、监察职责，代表上级纪委监委对企业党委（党组）实行监督，督促推动国有企业党委（党组）落实全面从严治党主体责任。

16. 国有企业如何一体推进不敢腐、不能腐、不想腐？

坚持不敢腐、不能腐、不想腐一体推进，是习近平新时代中国特色社会主义思想的重要内容，是反腐败斗争基本方针和新时代全面从严治党的重要方略。党的十八大以来，以习近平同志为核心的党中央把全面从严治党纳入“四个全面”战略布局，开展了史无前例的反腐败斗争，不敢腐、不能腐、不想腐一体推进，“打虎”“拍蝇”“猎狐”多管齐下，反腐败斗争取得压倒性胜利并全面巩固，开辟了党的自我革命新境界。

一体推进不敢腐、不能腐、不想腐，蕴含着“惩、治、防”辩证统一关系。不敢腐、不能腐、不想腐，既各有侧重，又相辅相成，是一个相互融合、交互作用的有机整体。不敢腐是前提，失去了高压震慑，纪法规定、思想教育就是空中楼阁；不能腐是关键，缺失了制度和监督，就会“牛栏关猫”、为所欲为；不想腐是根本，离开了党员、干部的自觉自律，不敢腐、不能腐的效果就会大打折扣。一体推进不敢腐、不能腐、不想腐，必须把握内在联系，注重统筹联动，增强总体效果。

国有企业一体推进不敢腐、不能腐、不想腐，必须贯彻落实新时代党的建设总要求，紧密结合企业改革发展实际，坚持稳中求进总基调，准确把握总体目标、基本原则和基本路径。

准确把握国有企业一体推进不敢腐、不能腐、不想腐的总体目标。进一步巩固扩大反腐败斗争压倒性胜利成果：国有企业腐败蔓延势头得到有效控制，腐败存量大幅减少，腐败增量有效遏制，取得职工群众比较满意的进展和成效；“四风”问题得到有效治理，纪律约束和惩戒作用充分发挥；权力运行的制约和监督机制不断健全，依法合规治企水平有效提升；党员干部廉洁自律意识和拒腐防变能力得到增强，党的优良作风得到大力弘扬；不敢腐、不能腐、不想腐体制机制更加完善。

准确把握国有企业一体推进不敢腐、不能腐、不想腐的基本原则。一是坚持强化党的统一领导、履行全面从严治党责任。各级党组织要发挥对党风廉政建设和反腐败斗争统一领导作用，始终保持鲜明政治立场和坚强政治定力。认真履行全面从严治党主体责任，大力支持纪检监察机构开展工作，坚决把党风廉政建设和反腐败斗争进行到底。二是坚持惩治腐败的高压态势、深化标本兼治。既要坚持有腐必反、有贪必肃，坚持无禁区、全覆盖、零容忍，坚持重遏制、强高压、长震慑，坚决遏制腐败蔓延势头，又要深化标本兼治，扎紧制度笼子，强化对权力的制约和监督，促进权力廉洁规范运行。三是坚持惩前毖后、治病救人。坚持抓早抓小，运用好监督执纪“四种形态”，把“四种形态”体现到对党员干部日常监督管理全过程，达到惩处极少数、教育大多数的政治效果和社会效果。四是坚持继承发展、改革创新。一体推进不敢腐、不能腐、不想腐，要对已有体制机制完善与发展，既要注重总结和借鉴过去的反腐倡廉好做法、好经验，又要顺应形势变化，果断纠正现有体制机制的弊端。要有的放矢、改革创新，在实践中积极探索行之有效的工作方法和途径，努力激发体制机制的活力。坚持突出重点、整体推进。既要整体谋划、系统推进，又要抓住关键环节、突出工作重点，集中力量解决当前体制机制不优、不好的突出问题，全面加强和改进国有企业党风廉政建设和反腐败工作。

准确把握国有企业一体推进不敢腐、不能腐、不想腐的基本路径。一是加强党对党风廉政建设和反腐败工作统一领导。落实党委（党组）主体责任，建立责任清单，完善具有国有企业特色的责任体系；坚持刚性考核，强化结果运用，完善具有针对性和操作性的考评体系；坚持“一案双查”，严肃追责问责，完善具有执行力和震慑力的追究体系。落实纪委监督责任，发挥党内监督专门机关职能，通过强化政治监督，抓重大决策监督、抓关键环节监督、抓监督方式创新，强化对同级党委（党组）的监督。二是改革纪检监察体制。推动党的纪律检查工作双重领导体制具体化、程序化、制度化，加强上级纪委对下级纪委的领导，推动全面从严治党向基层延伸；依据授权行使监察权，确保对监察对象监督的全覆盖。深入推进“转职能、转方式、转作风”，聚焦主业主责，严格执行监督执纪工作规则，严明监督执纪工作纪律，严肃查处纪检监察干部违纪违规问题，持之以恒建设忠诚干净担当的纪检监察队伍。三是创新巡视工作体制。深化政治巡视，坚持发现问题、形成震慑不动摇，建立巡视巡察上下联动的监督网。理顺巡视工作领导体制，提高巡视工作的独立性。明确巡视办、巡视组的权责边界，协调处理巡视领导小组与党委（党组）、纪委以及巡视办的关系，形成党委（党组）负责、巡视领导小组主业的格局。切实抓好巡视整改“后半篇文章”。健全巡视工作考核机制，探索适应巡视工作需要的干部人才建设机制，不断提升巡视人才队伍专业化水平。四是建设符合中国特色现代企业制度要求的监督治理体系。一方面，通过开展上级巡视、外部审计等方式，发挥国有资产监管机构专业化监管优势，强化对国有企业的垂直管理、外部监督，保证监督的权威性、有效性；另一方面，构建以党内监督为统领的主次分明、责任明确的国有企业大监督格局，整合监督资源，形成监督合力，确保权力在监督下运行。

第三章　落实国有企业领导人员“20 字”要求

1. 如何理解新时代对国有企业领导人员提出的“20字”要求?

2013年6月，习近平总书记在全国组织工作会议上提出了“信念坚定、为民服务、勤政务实、敢于担当、清正廉洁”新时代好干部标准。2016年10月，习近平总书记在国有企业党的建设工作会议上强调，国有企业领导人员是党在经济领域的执政骨干，是治国理政复合型人才的重要来源，肩负着经营管理国有资产、实现保值增值的重要责任，必须做到对党忠诚、勇于创新、治企有方、兴企有为、清正廉洁，即国有企业领导人员“20字”要求，这是新时代好干部标准在国有企业的具体化。

对党忠诚。这是党对国有企业领导人员的第一要求。如果这条不过关，其他都不过关。国有企业领导人员必须旗帜鲜明讲政治，牢记自己的第一职责是为党工作，深刻领悟“两个确立”的决定性意义，不断增强“四个意识”、坚定“四个自信”、做到“两个维护”。坚持党对国有企业的领导，自觉做到党中央提倡的坚决响应、党中央决定的坚决照办、党中央禁止的坚决不做，把爱党、忧党、兴党、护党落实到经营管理各项工作中，用实际行动把坚定不移听党话、矢志不渝跟党走融入灵魂和血脉、见诸思想和行动。

勇于创新。这是党对国有企业领导人员最紧迫的时代要求。面对日趋激烈的国内外市场竞争，国有企业领导人员必须具有强烈的创新意识和创新自信，敢闯敢试、敢为人先、开拓进取，善于在危机中育先机、于变局中开新局，把创新创业同市场需求结合起来，不断提高企业核心竞争力，团结带领广大干部职工开创企业发展新局面。

治企有方。这是党对国有企业领导人员业务能力最根本的要求。国有企业领导人员必须具有较强的治企兴企能力，善于把握市场经济规律和企业发展规律，懂经营、会管理、善决策，拓展国际视野，培养战略思维，提升专业能力，能调动方方面面的积极性办好企业。

兴企有为。这是党对国有企业领导人员精气神最重要的要求。国有企业领导人员必须具有正确的业绩观，始终坚定搞好国有企业的信心和决心，勇于担当、积极作为，勤奋敬业、真抓实干，迎难而上、百折不挠，努力创造优异的工作业绩。

清正廉洁。这是党对国有企业领导人员当好国有资产守护者最基本的要求。国有企业领导人员必须牢记谨慎用权，坚持依法治企、合规经营，严守底线，公私分明，诚实守信，廉洁从业，有良好职业操守和个人品行，自觉接受监督，当好国有资产的忠诚卫士。

2. 为什么对党忠诚是国有企业领导人员的首要标准？

对党忠诚是忠诚捍卫“两个确立”、坚决做到“两个维护”的必然要求。党内所有的政治问题，归根到底就是对党是否忠诚。党的十八大以来，针对一段时间党的领导弱化、虚化、淡化、边缘化问题，党中央把加强党的集中统一领导作为全党共同的政治责任，不断完善党的领导制度体系，使全党思想上更加统一、政治上更加团结、行动上更加一致。保持党的团结统一，要求全党必须做到对党忠诚。国有企业领导人员作为党在经济领域的执政骨干，要始终在政治立场、政治方向、政治原则、政治道路上同以习近平同志为核心的党中央保持高度一致，忠诚党的信仰，忠诚党的组织，忠诚党的理论和路线方针政策，严守党的政治纪律和政治规矩，不断增强维护党中央权威和集中统一领导的思想自觉、政治自觉、行动自觉。要把对党忠诚体现在贯彻落实习近平总书记重要指示批示精神和党中央决策部署的行动上，体现在履职尽责、做好本职工作的实效上，体现在日常言行上，保证上下拧成一股绳，心往一处想，劲往一处使。

对党忠诚是贯彻新时代党的组织路线和选人用人的首要标准。组织路线要为政治路线服务，选拔党的干部，毫无疑义要突出政治标准，这是政党的政治属性决定的。选人用人必须把好政治关，把是否忠诚于党和人民，是否具有坚定理想信念，是否增强“四个意识”、坚定“四个自信”、做到“两个维护”，是否全面贯彻执行党的理论和路线方针政策，作为衡量干部的第一标准。党的十八大以来，习近平总书记创造性地提出新时代党的组织路线，强调突出德才兼备、以德为先、任人唯贤，大力培养忠诚干净担当的高素质干部队伍。他还鲜明提出了新时代好干部标准和“三严三实”“四有”“四个铁一般”等要求，归结起来就是干部首先要在政治上达标，选人用人首先要看政治素质，首先要看是否对党忠诚。2018年修订印发的《中央企业领导人员管理规定》强调，中央企业领导人员必须旗帜鲜明讲政治，牢固树立“四个意识”，坚决维护习近平总书记党中央的核心、全党的核心地位，坚决维护党中央权威和集中统一领导，坚决执行党和国家的方针政策。

对党忠诚是弘扬伟大建党精神的重要内容。在庆祝中国共产党成立100周年大会上，习近平总书记精辟概括伟大建党精神的深刻内涵，明确要求永远把伟大建党精神继承下去、发扬光大。对党忠诚、不负人民是其重要内容。我们党一路走来经历了无数艰险和磨难，任何困难都没有压垮我们，任何敌人都没能打倒我们，靠的就是千千万万党员的忠诚。新中国成立以来，国有企业大力弘扬伟大建党精神，在创造物质财富的同时，也创造了巨大的精神财富。社会主义革命和建设时期的大庆精神（铁人精神）等影响了一代又一代人。以国有企业为载体的“两弹一星”精神、载人航天精神、青藏铁路精神、探月精神、新时代北斗精神等被纳入中国共产党精神谱系。这些精神以伟大建党精神为源头，无一不蕴含着对党忠诚、不负人民的内在要求，为兴企强企提供了丰厚的精神滋养。新征程上大量矛盾问题叠加交织，各种风险挑战严峻复杂，国有企业领导人员要深刻领会伟大建党精神的丰富内涵，大力弘扬国企精神，保持对党忠诚，坚守人民立场，增强政治判断力、政治领悟力和政治执行力，不断在国际国内的严峻挑战和新时代党的伟大实践中淬炼出对党忠诚、不负人民的道德和情怀。

对党忠诚是党员干部的首要政治品质和政治生命线。理想信念是立党兴党之基，也是党员干部安身立命之本。衡量干部是否有理想信念，关键看是否对党忠诚。对党忠诚是对理想信念坚定的最好诠释。天下至德，莫过于忠。国有企业领导人员要忠诚干净担当，忠诚始终是第一位的。要坚定信念、任事担当，牢记自己的第一职责是为党工作，牢固树立政治意识、大局意识、核心意识、看齐意识，把爱党、忧党、兴党、护党落实到经营管理各项工作中。要发挥好模范带头作用，带头践行党员义务，带头讲政治，带头拥护“两个确立”、做到“两个维护”，以“关键少数”带动“绝大多数”，始终在思想上政治上行动上同以习近平同志为核心的党中央保持高度一致。

3. 如何锤炼对党忠诚的政治品格？

习近平总书记指出：“对党忠诚，不是抽象的而是具体的，不是有条件的而是无条件的，必须体现到对党的信仰的忠诚上，必须体现到对党组织的忠诚上，必须体现到对党的理论和路线方针政策的忠诚上。”[①] 国有企业领导人员是本单位管党治党的骨干力量和“关键少数”，要带头锤炼对党忠诚的政治品格，发挥好风向标的作用。

忠诚于党的信仰，做政治坚定的明白人。习近平总书记指出，一名干部有了坚定的理想信念，站位就高了，心胸就开阔了，就能坚持正确政治方向，做到“风雨不动安如山”。[②] 国有企业领导人员要在真学真信中坚定理想信念。这个理想信念，就是马克思主义信仰、共产主义远大理想、中国特色社会主义共同理想。有了坚定理想信念，才能经得住各种考验，走得稳、走得远；没有理想信念，或者理想信念不坚定，就经不起风吹浪打，关键时刻就会私心杂念丛生，甚至临阵脱逃。形成坚定

---

① 习近平：《论坚持党对一切工作的领导》，中央文献出版社 2019 年版，第 171 页。

② 习近平：《论党的宣传思想工作》，中央文献出版社 2020 年版，第 360 页。

理想信念，既不是一蹴而就的，也不是一劳永逸的，而是要在斗争实践中不断砥砺、经受考验。坚定理想信念是终身课题，需要常修常炼，要信一辈子、守一辈子。国有企业领导人员必须旗帜鲜明讲政治，坚决维护习近平总书记党中央的核心、全党的核心地位，坚决维护党中央权威和集中统一领导。坚定理想信念，必须把理想信念建立在科学基础之上。国有企业领导人员要真正把马克思主义这个看家本领学精悟透用好，把理论武装作为终身必修课，使学习马克思主义理论的过程成为不断强化理想信念和初心使命的过程。习近平新时代中国特色社会主义思想是当代中国马克思主义、二十一世纪马克思主义，是中华文化和中国精神的时代精华，是党员干部砥砺理想信念和初心使命的最好教材。要把学懂弄通做实习近平新时代中国特色社会主义思想作为首要政治任务，多读原著、勤学原文、深悟原理，准确把握这一思想的科学内涵、核心要义、实践要求，深入领会习近平总书记关于坚定理想信念、牢记初心使命的重要论述和要求，深刻感悟习近平总书记的坚定信仰信念、深厚人民情怀、强烈历史担当、求真务实作风，感悟党的创新理论的真理力量、实践力量、人格力量，夯实理想信念和初心使命的思想根基。

忠诚于党的组织，做严守政治纪律和规矩的老实人。党员干部要牢记自己的第一身份是共产党员，第一职责是为党工作，牢固树立组织观念，无条件执行“四个服从”，即党员个人服从党的组织，少数服从多数，下级组织服从上级组织，全党各个组织和全体党员服从党的全国代表大会和中央委员会，这是党的政治纪律的核心内容。要严守党的政治纪律和政治规矩，始终在政治立场、政治方向、政治原则、政治道路上同以习近平同志为核心的党中央保持高度一致。这种一致必须是发自内心、坚定不移的，任何时候任何情况下都要站得稳、靠得住。国有企业领导人员必须维护党中央权威，在任何时候任何情况下都必须在思想上政治上行动上同以习近平同志为核心的党中央保持高度一致；必须维护党的团结，坚持五湖四海，团结一切忠实于党的同志；必须遵循组织程序，重大问题该请示的请示，该汇报的汇报，不允许超越权限办事；必须服从组织决定，决不允许搞非组织活动，不得违背组织决定；必须管好亲属和身边工作人员，不得默许他们利用特殊身份谋取非法利益。培养选拔干部要坚持把政治标准放在首位，把严把紧政治关这个首要之关。要大力选拔坚定拥护“两个确立”、坚决做到“两个维护”的干部，坚决把那些政治上的“墙头草”“骑墙派”“两面人”，那些违反党的政治纪律和政治规矩、存在“七个有之”等问题的人挡在门外，确保选出来的干部政治上信得过、靠得住、能放心。

忠诚于党的理论和路线方针政策，做贯彻落实的带头人。忠诚不是挂在嘴上、写在纸上的，而是要体现在实际行动上。习近平总书记强调：“对党忠诚必须始于足下。如果连本职工作都没做好，不担当不作为，把党组织交给的‘责任田’撂荒了甚至弄丢了，那就根本谈不上‘两个维护’！”[①]党员、干部要把对党忠诚体现在贯彻党中央决策部署的具体行动上，确保党的理论和路线方针政策落地见效。国有企业领导人员要坚决贯彻落实习近平总书记重要指示批示精神和党中央决策部署，自觉把企业改革发展放到党和国家事业大局中去谋划、去推进，切实履行好在经济领域为党工作的职责使命。“十三五”期间，大批国有企业领导人员投身脱贫攻坚和乡村振兴实践，累计有1450名扶贫干部支援新疆建设，1968名扶贫干部支援西藏建设，用实际行动践行了对党的绝对忠诚。

4. 为什么勇于创新是党对国有企业领导人员最紧迫的时代要求？

创新是一个民族进步的灵魂，是一个国家兴旺发达的不竭动力，也是中华民族最深沉的民族禀赋。党的二十大报告将“实施科教兴国战略，强化现代化建设人才支撑”单独成章，凸显了科技工作在现代化建设中的战略定位。习近平总书记多次对科技创新工作作出重要论述，为国有企业创新指明了方向，

① 《习近平著作选读》第二卷，人民出版社2023年版，第255页。

提出了更高要求。

深刻认识创新在我国现代化建设全局中的核心地位，是构建新发展格局、实现高质量发展的必由之路。科技创新是人类社会发展的重要引擎。在革命、建设、改革各个历史时期，我们党都高度重视科技事业。从革命时期高度重视知识分子工作，到新中国成立后吹响“向科学进军”的号角，到改革开放提出“科学技术是第一生产力”的论断；从进入21世纪深入实施知识创新工程、科教兴国战略、人才强国战略，不断完善国家创新体系、建设创新型国家，到党的十八大后提出创新是第一动力、全面实施创新驱动发展战略、建设世界科技强国，科技事业在党和人民事业中始终具有十分重要的战略地位，发挥了十分重要的战略作用。党的十九大确立了到2035年跻身创新型国家前列的战略目标，党的十九届五中全会提出了坚持创新在我国现代化建设全局中的核心地位，把科技自立自强作为国家发展的战略支撑。立足新发展阶段、贯彻新发展理念、构建新发展格局、推动高质量发展，必须深入实施科教兴国战略、人才强国战略、创新驱动发展战略，完善国家创新体系，加快建设科技强国，实现高水平科技自立自强。党的二十大报告提出，必须坚持科技是第一生产力、人才是第一资源、创新是第一动力。全面建设社会主义现代化强国，实现第二个百年奋斗目标，必须走自主创新之路。国有企业大多处在关系国家安全、国民经济命脉和国计民生的重要行业和关键领域，对于我国发展起到重要的支撑作用。必须坚持面向世界科技前沿、面向经济主战场、面向国家重大需求、面向人民生命健康，坚定创新自信，紧抓创新机遇，勇攀科技高峰，破解发展难题，自觉肩负起光荣历史使命，加快实现高水平科技自立自强，为建设世界科技强国、实现中华民族伟大复兴作出新的更大贡献。

深刻认识自主创新是责任使命所在，是应对风险挑战和维护国家利益的必然选择，是增强企业核心竞争力的必然要求。创新是当今时代的重大命题，是应对许多全球性挑战的有力武器。当前，世界正在经历百年未有之大变局，新一轮科技革命和产业变革加速发展，科技创新已成为国际战略博弈的主要战场，围绕科技制高点的竞争空前激烈。现在，我国正处于政治最稳定、经济最繁荣、创新最活跃的时期，党的坚强领导和我国社会主义制度的政治优势，基础研究和应用基础研究实现重大突破，面向国家重大需求的战略高技术研究取得重要成果，应用研究引领产业向中高端迈进，为我们加快建设世界重要人才中心和创新高地创造了有利条件。面对原始创新能力还不强、关键技术“卡脖子”等难题，中央企业等国有企业要勇挑重担、敢打头阵，勇当原创技术的“策源地”、现代产业链的“链长”，掌握更多关键核心技术，抢占行业发展制高点。

深刻认识强化企业科技创新主体地位是提升国家创新体系整体效能的关键所在。党的二十大对强化企业科技创新主体作出了明确部署，企业在国家创新体系里面的地位进一步提高，要在全链条创新中发挥更大作用。创新就是生产力，企业赖之以强，国家赖之以盛。世界科技强国竞争，比拼的是国家战略科技力量。企业在国家科技创新体系中占有十分重要的地位，加强企业主导的产学研深度融合，有利于加快科技成果向现实生产力转化，提升产业化水平，发挥创新要素集聚效应，构建协同高效创新体系。强化企业科技创新主体地位，优化创新布局，推动创新链产业链资金链人才链深度融合，更好把科技力量转化为产业竞争优势，提升国家创新体系整体效能。国有企业要持续坚持创新驱动发展战略，强化在科技创新决策、研发投入、科研组织、成果转化等方面的主体地位，努力成为科技领军企业，发挥好企业“出题人”“答题人”“阅卷人”作用。

延伸阅读

要时不我待推进科技自立自强

科技兴则民族兴，科技强则国家强。历史经验表明，科技革命总是能够深刻改变世界发展格局。16、17世纪的科学革命标志着人类知识增长的重大转折。18世纪出现了蒸汽机等重大发明，成就了第一次工业革命，开启了人类社会现代化历程。19世纪，科学技术突飞猛进，催生了由机械化转向电气化的第二次工业革命。20世纪前期，量子论、相对论的诞生形成了第二次科学革命，继而发生了信息科学、生命科学变革，基于新科学知识的重大技术突破层出不穷，引发了以航空、电子技术、核能、航天、计算机、互联网等为里程碑的技术革命，极大提高了人类认识自然、利用自然的能力和社会生产力水平。一些国家抓住科技革命的难得机遇，实现了经济实力、科技实力、国防实力迅速增强，综合国力快速提升。

在绵延5000多年的文明发展进程中，中华民族创造了闻名于世的科技成果。我们的先人在农、医、天、算等方面形成了系统化的知识体系，产生了以四大发明为代表的一大批发明创造。近代以后，由于国内外各种原因，我国屡次与科技革命失之交臂，从世界强国变为任人欺凌的半殖民地半封建国家，我们的民族经历了一个多世纪列强侵略、战乱不止、社会动荡、人民流离失所的深重苦难。在那个国家积贫积弱的年代，多少怀抱科学救国、教育救国理想的人们报国无门，留下了深深的遗憾。

经过新中国成立以来不懈努力，我国科技发展取得举世瞩目的伟大成就，尤其党的十八大以来，我国科技实力正在从量的积累迈向质的飞跃、从点的突破迈向系统能力提升。“嫦娥五号”实现地外天体采样返回，“天问一号”开启火星探测，“怀柔一号”引力波暴高能电磁对应体全天监测器卫星成功发射，“慧眼号”直接测量到迄今宇宙最强磁场，500米口径球面射电望远镜首次发现毫秒脉冲星等；

战略高技术领域取得新跨越，“海斗一号”完成万米海试，“奋斗者”号在马里亚纳海沟成功坐底，北斗卫星导航系统全面开通，中国空间站全面建成，“长征五号”遥三运载火箭成功发射等；高端产业取得新突破，首架C919大飞机正式交付，时速600公里高速磁浮试验样车成功试跑，最大直径盾构机顺利始发等；民生科技领域取得显著成效，医用重离子加速器、磁共振、彩超、CT等高端医疗装备国产化替代取得重大进展；国防科技创新取得重大成就，3艘国产航母下水，第五代战机歼20正式服役，东风17弹道导弹研制成功等。2023年，世界知识产权组织发布的全球创新指数显示，我国创新能力综合排名第12位。[①]

当前，世界正经历百年未有之大变局，全球科技创新进入密集活跃期，新一轮科技革命和产业变革正在重构全球创新版图、重塑全球经济结构。以人工智能、量子信息、移动通信、物联网、区块链为代表的新一代信息技术加速突破应用，以合成生物学、基因编辑、脑科学、再生医学等为代表的生命科学领域孕育新的变革，融合机器人、数字化、新材料的先进制造技术正在加速推进制造业

---

① 世界知识产权组织编:《2023年全球创新指数》，世界知识产权组织网站，https://www.wipo.int/edocs/pubdocs/en/wipo-pub-2000-2023-section1-en-gii-2023-at-a-glance-global-innovation-index-2023.pdf。

向智能化、服务化、绿色化转型，以清洁高效可持续为目标的能源技术加速发展将引发全球能源变革，空间和海洋技术正在拓展人类生存发展新疆域。信息、生命、制造、能源、空间、海洋等的原创突破为前沿技术、颠覆性技术提供了更多创新源泉，学科之间、科学和技术之间、技术之间、自然科学和人文社会科学之间日益呈现交叉融合趋势，科学技术从来没有像今天这样深刻影响着国家前途命运，从来没有像今天这样深刻影响着人民生活福祉。

我们要看到，我国科技领域仍然存在一些亟待解决的突出问题，特别是同党的二十大提出的新任务新要求相比，我国原始创新能力还不强，创新体系整体效能还不高，科技创新资源整合还不够，科技创新力量布局有待优化，科技投入产出效益较低，科技人才队伍结构有待优化，科技评价体系还不适应科技发展要求，科技生态需要进一步完善。这些问题，很多是长期存在的难点，需要继续下大气力加以解决。在这种情况下，我们必须更强调自主创新。

实践反复告诉我们，关键核心技术是要不来、买不来、讨不来的。只有把关键核心技术掌握在自己手中，才能从根本上保障国家经济安全、国防安全和其他安全。在激烈的国际竞争面前，在单边主义、保护主义上升的大背景下，我们必须走出适合国情的创新路子，特别是要把原始创新能力提升摆在更加突出的位置，努力实现更多“从 0 到 1”的突破。

我们要充分发挥我国社会主义制度能够集中力量办大事的显著优势，健全新型举国体制，强化以国家实验室、国家科研机构、高水平研究型大学、科技领军企业为主的国家战略科技力量，特别是要推动国有企业完善创新体系、增强创新能力、激发创新活力，促进产业链创新链深度融合，提升国有企业原创技术需求牵引、源头供给、资源配置、转化应用能力，打造原创技术“策源地”，使我国在重要科技领域成为全球领跑者，在前沿交叉领域成为开拓者，力争尽早成为世界主要科学中心和创新高地。

5. 如何提升国有企业科技创新能力？

国有企业作为国民经济发展的重要支柱，是践行新发展理念、实施国家重大科技创新部署的骨干力量和国家队。2023 年 4 月，二十届中央全面深化改革委员会第一次会议审议通过了《关于强化企业科技创新主体地位的意见》，指出强化企业科技创新主体地位，要坚持系统观念，对技术创新决策、研发投入、科研组织、成果转化全链条整体部署，对政策、资金、项目、平台、人才等关键创新资源系统布局，一体推进科技创新、产业创新和体制机制创新。要聚焦国家战略和产业发展重大需求，加大企业创新支持力度，推动企业在关键核心技术创新和重大原创技术突破中发挥作用。

*加强关键核心技术攻关和提升基础研究原创能力。*国有企业领导人员要始终胸怀“国之大者”，强化企业在国家技术创新决策中的主体地位，坚持“四个面向”，以放眼世界的眼光和全球领先的标准，立足企业实际，加大对传统制造业改造、战略性新兴产业，对集成电路、工业母机、人工智能、生物技术等关键领域，对粮食安全、能源安全、产业链供应链安全等基础保障性领域的科技投入，明确关键核心技术发展主攻方向、实现路径和重点任务，开展具有前瞻性和战略性的重大科研项目，通过引进消化吸收再创新、集成创新、更高层次的原始创新等途径，逐步实现关键核心技术“跟跑”“并跑”“领跑”，实现关键核心技术自主可控，提升产业链供应链韧性和安全水平。要充分认识国有企业在科技自立自强中的特殊地位和作用，发挥国有企业人、财、物等资源优势，有效整合行业上下游创新资源，加强基础研究前瞻规划，统筹部署需求导向和自由探索类基础研究，超前谋划科技创新项目，勇于承担重大科技创新课题，联合高校、科研院所等建设基础学科研究中心，提升基础研究原创能力，打造原创技术“策源地”，为科技强国建设展现国有企业担当。

提高科技研发投入产出效率和增强科技创新体系效能。国有企业领导人员要注重强化企业在科研投入、成果转化方面的主体地位，重视研发经费投入，进一步优化研发投入结构，突出科技产出、科技成果、科技转化、科技产业，构建以实效为导向的科技创新工作体系，健全成果转移转化机制，加速技术迭代升级，建立更加有效的科技成果收益分享机制，让科技成果有市场、让科研人员有回报。要在更大范围、更深程度参与国家科技创新决策，强化重大工程牵引，用好国家实验室、创新联合体等平台，支持有条件的企业整合转制科研院所、应用类科研单位，组建行业研究院，引领产学研的深度融合。要把握好科技自立自强与国际科技交流合作的关系，重点聚焦规则、规制、管理和标准等领域，主动融入全球创新网络，推动国际组织和国际标准建设，积极参与全球科技治理，扩大国际科技交流合作。

深化科研体制改革和强化科技人才培养。国有企业领导人员要以激发科技创新动力为核心，不断完善科研管理、科技评价、人才培养机制，推动创新链、产业链、资金链、人才链深度融合，加强企业主导的产学研深度融合，依靠创新培育壮大发展新动能。要赋予科研人员更大的技术路线决定权、经费支配权、资源调度权等，完善考核评价制度，分类制定项目考核指标，为科研人员创造更加宽松的科研环境，确保科研项目“松绑”。要完善科技人才战略布局，以科技项目为载体，依托重大科技任务和重大创新平台建设培养造就科技领军人才，依托重点科技项目研发培养青年科技人才，依托科技创新主体和载体建设培养创新人才。要健全科技创新人才引进培养、考核评价、提拔晋升等制度体系，落实高薪引人、股权拴人、感情留人等有效措施，利用股权激励、期权分配和技术入股等股权激励制度，激发科研人员的创新活力和创造动力。

案例阅读

国家电网有限公司：奋力开创科技工作新局面[①]

作为科技创新国家队，国家电网有限公司（以下简称“国家电网”）认真贯彻落实党中央、国务院关于科技创新的重大决策部署，努力抢占能源电力科技创新制高点，为建设新型电力系统、推动能源转型、服务“双碳”目标提供坚强科技支撑。

瞄准关键核心，打造原创技术“策源地”。发挥企业出题者作用，推进重点项目协同和研发活动一体化，连续攻克特高压输电、柔性直流输电、大电网安全、新能源并网消纳等关键核心技术，实现我国电网技术从“跟跑”“并

① 辛保安：《为建设科技强国贡献国家电网智慧和力量》，《科技日报》2022 年 5 月 23 日；刘芳芳：《动力澎湃——国家电网有限公司奋力开创科技工作新局面》，《国家电网》2023 年第 4 期。

跑”向“领跑”的跨越。创新构建全球规模最大的“新能源云”平台，接入风光场站超过283万座，为新能源规划建设、并网消纳、交易结算提供全过程一站式服务。“张北的风点亮北京的灯”，建成世界上首个风、光、储、输一体化的张北柔性直流电网工程，创造12项世界第一，成为绿色冬奥的闪亮名片。着力打通科技成果向现实生产力转化的通道，自主研发的压接型绝缘栅双极型晶体管（IGBT）器件在工程中得到全面应用，并已实现规模化生产和大范围推广。积极推动先进技术向标准转化，在世界上率先建立特高压、智能电网标准体系，累计牵头立项国际标准百余项，覆盖新型电力系统新兴技术领域，融入全球治理体系，提升国际话语权和影响力。

强化协调创新，集中力量提升攻关能力。国家电网携手30余家骨干企业、知名高校及社会团体，发起成立新型电力系统技术创新联盟，充分发挥新型举国体制优势，围绕新型电力系统重大技术需求，开展联合攻关、标准制定、经验交流和成果共享，推动我国引领全球电力科技发展。建设一批双创示范中心和双创科技园，打造了线上线下两大平台，在国家双创示范基地建设评估中获企业示范基地第一名。充分发挥多元创新主体力量，以需求为引领、应用为导向、工程为依托，实施“大兵团”联合作战，形成“多级创新”机制。在特高压技术攻关过程中，牵头组织30多位院士、3000多名科研人员、11家权威机构共同调研论证，联合国内主要电力科研单位和9所高校共同研究设计，500多家企业、10多万人共同推进工程建设，200多家设备厂商共同研制设备，实现了与行业发展的同向聚合。

健全科技体制，激发创新创造活力。积极创新专家人才体系建设，建立多渠道、多层次的人才引进和培养机制，推进高端人才引领、电力工匠塑造、青年人才托举“人才培养三大工程”，创新建立中国电力科学研究院院士和国网首席专家制，激励引导更多科研人员投身科研工作，形成青蓝相接、人才辈出的良好局面。推行“揭榜挂帅”、项目总师、容错纠错三项科技攻关机制，推行“赛马制”、预算成本制，建立学术聘任、津补贴、创新科研支持三项人才激励制度，在中国电力科学研究院等直属科研单位全面实施股权和分红激励，创新创业的内生动力得到有效激发，先后成立4600多个创新工作室。多措并举为高端人才“搭台子”、为技能人才“铺路子”、为青年人才“架梯子”，致力打造结构合理、梯次递进的专业人才梯队。目前，国家电网拥有两院院士7人、国家级专家人才382人、享受国务院政府特殊津贴人员141人，组建71支重点领域科技攻关团队。

6. 为什么治企有方是党对国有企业领导人员业务能力最根本的要求？

企业发展关键在人，关键在干部。国有企业领导人员必须具有较强的治企能力，善于把握市场经济规律和企业发展规律，懂经营、会管理、善决策，有国际视野、战略思维、专业能力，能够调动方方面面积极性办好企业。

治企有方是遵循市场经济规律和企业发展规律的必然要求。市场经济、企业发展有其自身的规律，不以人的意志为转移。遵守规律就会事半功倍、水到渠成；违背规律就会走上歧途、遭受挫折，甚至付出巨大的代价。国有企业本质上是企业，是自主经营、自负盈亏、自我约束、自我发展的独立市场主体，和其他所有制企业一样，都需要遵循市场经济规律和企业发展规律。习近平总书记高度重视对经济规律的认识和把握，强调各级领导干部要围绕经济社会发展重大问题加强学习和调研，提高把握和运用市场经济规律、自然规律、社会发展规律的能力。他提出，发展必须是遵循经济规律的科学发展，必须是尊重自然规律的可持续发展，必须是遵循社会规律的包容性发展。当前，我国经济运行仍面临不少风险挑战。从国际看，俄乌冲突延宕发酵，全球贸易形势不容乐观，大宗商品价格高位波动，粮食和能源安全问题突出，世界经济可能面临滞胀局面；从国内看，经济恢复基础尚不牢固，需求收缩、供给冲击、预期转弱三重压力仍然较大，经济社会风险点增多。国有企业领导人员只有坚持市场导向，认识规律、掌握规律、遵循规律，始终按照市场规律、企业发展规律办事，才能带领企业在激烈的市场竞争中立于不败之地。

治企有方是推动国有企业高质量发展的迫切需要。当前，国企改革三年行动已见成效。但也要看到，我国经营性国有资产规模大，一些企业资产收益率不高、创新能力不足，同国有资本和国有企业做强做优做大、发挥国有经济战略支撑作用的要求不相适应。习近平总书记指出，“要根据形势变化，以提高核心竞争力和增强核心功能为重点，谋划新一轮深化国有企业改革行动方案”，“要坚持分类改革方向，处理好国企经济责任和社会责任关系，健全以管资本为主的国资管理体制，发挥国有资本投资运营公司作用，以市场化方式推进国企整合重组，打造一批创新型国有企业。要完善中国特色国有企业现代公司治理，真正按市场化机制运营，加快建设世界一流企业”。[①] 面对新形势、新任务、新要求，国有企业领导人员要提高自身经营管理水平，懂经营、会管理、善决策，提高科学决策、民主决策的能力，不断增强作决策、做工作、抓管控的原则性、系

① 习近平：《当前经济工作的几个重大问题》，《求是》杂志 2023 年第 4 期。

统性、预见性、创造性，切实提高企业核心竞争力，有效推动国有企业做强做优做大。

治企有方是国有企业领导人员更好践行责任担当的能力要求。习近平总书记在企业家座谈会上的重要讲话中指出，企业家爱国有多种实现形式，但首先是办好一流企业，带领企业奋力拼搏、力争一流，实现质量更好、效益更高、竞争力更强、影响力更大的发展。国有企业是中国特色社会主义的重要物质基础和政治基础，是我们党执政兴国的重要支柱和依靠力量。国有企业领导人员肩负着实干兴邦、实干兴企的崇高使命和历史重任，无论干事创业还是攻坚克难，不仅需要宽肩膀，也需要铁肩膀；不仅需要政治过硬，也需要本领高强。俗话说：“绳短不能汲深井，浅水难以负大舟。”国有企业领导人员要具有国际视野，能够立足中国，放眼世界，提高把握国际市场动向和需求特点的能力，提高把握国际规则能力，提高国际市场开拓能力，提高防范国际市场风险能力，带动企业在更高水平的对外开放中实现更好发展，促进国内国际双循环。要具有战略思维，能够高瞻远瞩、深谋远虑，胸怀大局、审时度势，牢牢掌握工作主动权，切实做到因势而谋、应势而动、顺势而为，不断开创工作新局面。要具有专业能力，不断提高改革攻坚能力、应急处突能力、群众工作能力、抓落实能力，创造性地开展工作，实现好、维护好、发展好职工利益，充分调动和发挥方方面面的积极性、主动性。

7. 如何做到治企有方?

习近平总书记在二十届中央全面深化改革委员会第一次会议上强调，要加强和改进国有经济管理。加强管理是企业发展的永恒主题，是企业实现基业长青的重要保障。国有企业领导人员要做到治企有方，必须立足自身、苦练内功，从先进的管理中要质量、要效益、要增长。

加强战略管理，提升战略引领能力。针对目前国有企业存在的战略管理意识不强、投资决策不科学、主责主业不突出、国际化经营水平不高等问题，进一步强化战略管理意识，紧紧围绕落实国家战略和提升企业核心竞争力的要求，科学谋划战略定位、主攻方向和业务结构，切实强化战略规划的刚性约束和有效落实。强化投资管理，健全完善战略规划、商业计划、投资决策、项目实施、考核评价等紧密衔接的管理体系，实施投资全周期管理，提高投资的科学性和有效性。强化主业管理，推动各类资源要素向主责主业集中，严控非主业投资，加快剥离非主业非优势业务，清理处置低效无效资产。强化国际化经营，积极稳妥实施“走出去”，构建更加适应国际化经营需要的管理机制，有序融入世界产业链和创新生态圈，不断增强全球话语权和影响力。

*加强组织管理，提升科学管控能力。*针对目前国有企业存在的总部定位不清晰、机构设置不匹配、授权放权不充分、流程运转不顺畅、管理方式不合理等问题，进一步明确总部职能定位，科学设置组织架构，探索推行“扁平化”“大部门制”“项目制”管理，建立健全目标明确、边界清晰、权责对等、精简高效的组织体系；分类开展授权放权，综合考虑所出资企业发展阶段、行业特点、治理能力、管理基础等因素，给予不同范围、不同程度的授权放权，全面激发企业活力。完善组织运行机制，进一步压缩管理链条、优化工作流程，确保组织高效运转、快速响应。转变行政化管理方式，依据股权关系，通过法人治理结构，依法履职行权，提升企业管理市场化、法治化水平。加强组织文化建设，着力培育传承国有企业优良传统、体现时代特征的企业文化，积极履行社会责任，塑造良好企业形象，不断增强企业凝聚力、向心力和软实力。

*加强运营管理，提升精益运营能力。*针对目前国有企业存在的精细化管理能力不强、成本和质量管控不到位、运营效率不高等问题，进一步树立全员参与、协同高效、持续改善的精益管理理念，将精益管理运用到研发设计、生产制造、供应链管理、营销服务等全流程全链条，以最小资源投入创造更多更大价值；加强现场管理，对生产现场各要素进行合理有效的计划、组织、协调、控制，实现生产的安全、优质、高效、环保、低耗和均衡。着力优化供应链管理，持续提升采购的集约化、

规范化、信息化、协同化水平，实现采购优质优价和全生命周期总成本最低。完善营销管理和用户服务体系，科学制定营销策略，创新服务模式，不断提升服务质量和品牌形象，提高客户忠诚度和满意度。

加强财务管理，提升价值创造能力。针对目前国有企业存在的集团财务管控薄弱、“两金”规模较大、资金使用效率不高、资本运营能力不足等问题，进一步构建一体化财务管控体系，深入推进资金集中统一管理，完善全面预算管理和财务信息化建设，实现财务信息贯通和管控落地；充分挖掘和有效利用财务资源，持续优化资本结构、强化“两金”管控、加强成本费用控制，不断提高资源配置效率。建立健全资本管理体系，有效利用多层次资本市场，通过股权运作、并购重组、基金投资、培育孵化等方式，提高资本的流动性和回报率，促进国有资本保值增值。加强市值管理，依托上市公司平台有效整合资源、盘活存量资产，提高上市公司透明度，不断提升价值创造能力。

加强科技管理，提升自主创新能力。针对目前国有企业存在的关键核心技术受制于人、创新效率不高、科技领军人才不足、创新体制机制有待完善等问题，进一步加强科技创新战略规划，强化新兴技术和战略必争领域前瞻性布局，加大研发投入，提升知识产权工作水平，打造长板优势；完善技术创新体系，形成基础研究、应用基础研究、技术创新、成果转化及高新技术产业化相配套的梯次研发体系，加强高水平研发平台建设，加快突破一批关键核心技术。提高协同创新水平，加强产学研用合作，积极融入全球创新网络，推进国有企业创新联合体建设，打造高水平双创平台，组建共性技术研发平台和技术创新战略联盟。完善体制机制，强化创新考核引导，健全人才引进培养评价激励机制，促进科技成果转移转化，营造良好创新生态。

加强风险管理，提升合规经营能力。针对目前国有企业存在的风险防范意识不强、内控体系不完善、合规管理不到位、责任追究力度不够等问题，进一步强化风险防控意识，抓好各类风险的监测预警、识别评估和研判处置，坚决守住不发生重大风险的底线；加强内控体系建设，充分发挥内部审计规范运营和管控风险等作用，构建全面、全员、全过程、全体系的风险防控机制；推进法律管理与经营管理深度融合，突出抓好规章制度、经济合同、重大决策的法律审核把关，切实加强案件管理，着力打造法治国企；健全合规管理制度，加强对重点领域、重点环节和重点人员的管理，推进合规管理全面覆盖、有效运行。加强责任追究体系建设，加快形成职责明确、流程清晰、规范有序的工作机制，加大违规经营投资责任追究力度，充分发挥警示惩戒作用。

加强人力资源管理，提升科学选人用人能力。针对目前国有企业存在的人力资源规划不清晰、三项制度改革落实不到位、人才队伍活力不足、高层次领军人才缺乏等突出问题，进一步强化规划引领，坚持人力资源管理与企业战略、业务发展同步谋划，充分发挥市场作用，围绕人力资源的获取、配置、利用、保留和开发等核心环节持续探索创新，提高人力资源对企业战略目标的支撑作用。完善市场化选人用人机制，拓展人才引进渠道，着力推行经理层任期制和契约化管理，积极探索职业经理人制度，加快建立和实施以劳动合同管理为基础、以岗位管理为核心的市场化用工制度。健全薪酬分配激励机制，全面推行岗位绩效工资制度，统筹运用多种中长期激励方式，鼓励支持知识、技术、管理等生产要素有效参与分配，充分激发各类人才的活力动力。加强人才培养和梯队建设，以创新型、专业化、高层次人才为重点，把握不同类别人才特点因才施策，持续优化人才成长路径和队伍结构，全面提升人才队伍素质。

加强信息化管理，提升系统集成能力。针对目前国有企业存在的信息化管理缺乏统筹规划、信息化与业务“两张皮”、信息系统互联互通不够、存在安全隐患等问题，结合“十四五”网络安全和信息化规划制定和落实，以企业数字化智能化升级转型为主线，进一步强化顶层设计和统筹规划，充分发挥信息化驱动引领作用；促进业务与信息化的深度融合，推进信息系统的平台化、专业化和规模化，实现业务流程再造，为企业生产经营管理和产业转型升级注入新动力。打通信息“孤岛”，统一基础数据标准，实现企业内部业务数据互联互通，促进以数字化为支撑的管理变革。加强网络安全管理体系建设，落实安全责任，完善技术手段，加强应急响应保障，确保不发生重大网络安全事件。

8. 为什么兴企有为是党对国有企业领导人员精气神最重要的要求?

培育世界一流企业，需要一大批兴企有为的企业家。国有企业领导人员必须有搞好国有企业的精气神，勇担当，善作为，勤奋敬业、真抓实干，迎难而上、百折不挠，努力创造优异业绩。

*兴企有为是履行国有企业政治责任的必然要求。*现代经济发展表明，企业强则国家强，企业兴则国家兴。党的二十大擘画了全面建成社会主义现代化强国、以中国式现代化全面推进中华民族伟大复兴的宏伟蓝图，明确了新时代新征程党和国家事业发展的目标任务。国有企业多数处在关系国家安全和国民经济命脉的重要行业和关键领域，在统筹推进“五位一体”总体布局和协调推进“四个全面”战略布局，应对风险挑战、构建新发展格局、推进中国式现代化中承担着重大责任和使命，地位重要、作用关键。国有企业领导人员要从巩固党的执政基础和执政地位的高度，心系“国之大者”，把企业发展放在国

之大计、党之大计的高度谋划部署推进，把企业发展同国家繁荣、民族兴盛、人民幸福紧密结合在一起，坚决肩负起党和人民赋予的新使命新任务，大力弘扬企业家精神，加快建设世界一流企业，为全面建设社会主义现代化国家、全面推进中华民族伟大复兴作出新的更大贡献。

*兴企有为是履行国有企业经济责任的必然要求。*国家富强在于经济，经济繁荣在于企业。党的二十大报告提出："高质量发展是全面建设社会主义现代化国家的首要任务。发展是党执政兴国的第一要务。没有坚实的物质技术基础，就不可能全面建成社会主义现代化强国。"国有企业是经济组织，是我国公有制经济的中坚支柱，同时也是整个国民经济的重要基础，承担着重要的经济责任，同其他所有制形式的企业一样，要参与市场竞争，讲求经济效益，努力生产更多符合社会和人民需要的产品，创造更多的财富，为国家综合实力的增强作出积极贡献。创造价值是企业的天职和存在意义，国有企业也不例外。国有企业领导人员肩负着实现国有资产保值增值、掌握核心技术、整合国内国际资源、壮大国家综合实力的重任，必须牢记使命，坚持有利于国有资产保值增值、有利于提高国有经济竞争力、有利于放大国有资本功能的方针，持续深化国资国企改革，完善中国特色现代企业制度，加快国有经济布局优化和结构调整，提高经营管理水平，自觉做到忠诚履职、奋发图强、兴企有为，不断提升企业核心竞争力，实现质量更好、效益更高、竞争力

更强、影响力更大的发展，推动国有资本和国有企业做强做优做大。

兴企有为是履行国有企业社会责任的必然要求。国有企业属于全民所有，是党领导人民实现共同富裕和美好生活的重要物质基础，必须坚决贯彻落实党中央决策部署，把维护人民群众根本利益作为企业发展的出发点和落脚点，在履行社会责任中义不容辞、责无旁贷。同时，国有企业在关系国计民生、国民经济命脉的重要行业和关键领域发挥着基础保障作用，我国油、气、水、电等基础能源资源供给，电信、铁路、航空等基础网络运营主要都是由国有企业承担，因此，国有企业必须积极履行社会责任，当好服务社会、保障民生的排头兵、先锋队。国有企业领导人员要牢记初心使命，具备更强的社会责任感和道德责任感，坚持以人民为中心的发展思想，在满足人民日益增长的美好生活需要中作出更大贡献。

兴企有为是国企领导人员的基本素质和职责要求。担当责任，是我们党的优良作风和优秀品格，也是国有企业领导人员的基本素质和职责要求。担当和作为是一体的，不作为就是不担当，有作为就要有担当。做一项工作，发展一项事业，都要敢于担当。把国有企业做强做优做大，最重要的还是要有一种为国家为人民真诚奉献的精神、一个坚强有力的领导班子、一支勇于攻坚克难的高素质干部队伍、一支充分组织起来的职工队伍。没有精神、没有领导力、没有队伍，任何国有企业都是办不好的。面对日趋激烈的国内外市场竞争，国有企业领导人员要敢于迎难而上，勇于承担责任，遇到问题不回避，遇到困难不躲避，遇到风险不逃避，带领广大干部职工开创企业发展新局面。

9. 如何做到兴企有为？

兴企有为是党对国有企业领导人员精气神最重要的要求。国有企业领导人员必须具有正确的业绩观，始终保持干事创业的热情，勇担当，善作为，工作业绩突出。

树立和践行正确业绩观。坚决贯彻创新、协调、绿色、开放、共享的发展理念，坚持创新驱动、转型升级、提质增效，正确处理当前利益与长远发展的关系，勤奋敬业，真抓实干，推动企业高质量发展，全面履行经济责任、政治责任和社会责任。重点协调好“四个关系”。一是国有企业发展的速度、质量和效益的关系，发展速度要建立在结构优化、效益提升的基础之上。二是处理好短期效益和长期效益的关系，统筹考虑当前发展和未来发展的需要，既积极实现当前的考核目标，又为未来的发展创造有利条件。三是处理好经济效益和核心竞争力的关系，经济效益是企业核心竞争力的重要内容，没有利润的增加，就谈不上核心竞争力的提升。但核心竞争力的内容，除利润的增加外，还包括企业的技术开发能力、市场开拓能力、资源占有和配置能力、价值创造能力等更为丰富的内容。四是处理好经济效益和社会效益的关系。要按照市场经济的要求，重成本、讲回报，在创造企业效益的同时，努力提高社会效益，增强价值创造能力。国有企业领导人员要切实提高政治站位，坚守初心使命，更加自觉地把工作置于党和国家大局中去谋划、去推进，重点关注“三个聚焦”。一是聚焦党和国家中心任务，忠诚履行党和国家赋予的职责使命。二是聚焦“国之大者”开展工作，立足新发展阶段，完整、准确、全面贯彻新发展理念，主动围绕中心、服务大局，找准找实服务保障新时代新征程党的使命任务的切入点和着力点。三是聚焦主责主业，牢记党和国家设立国有企业的初心初衷，推动要素资源向主业集中，持续增强企业核心业务盈利能力和市场竞争力。

发扬斗争精神，依靠顽强奋斗打开事业发展新天地。敢于斗争、敢于胜利，是中国共产党人鲜明的政治品格，也是我们党不断从胜利走向胜利的政治优势。党的百年历史生动诠释了斗争精神的丰富内涵，展现了党踔厉奋发、勇毅前行的精神状态和真抓实干、求真务实的优良作风。当前，世界百年未有之大变局加速演进，世纪疫情影响深远，逆全球化思潮抬头，单边主义、保护主义明显上升，来自外部的风险挑战始终存在并日益凸显。我国发展进入战略机遇和风险挑战并存、不确定难预料因素增多的时期，各种“黑天鹅”“灰犀牛”事件随时可能发生，需要应对的风险挑战、防范化解的矛盾问题比以往更加严峻复杂。历史反复证明，以斗争求安全则安全存，以妥协求安全则安全亡；以斗争谋发展则发展兴，以妥协谋发展则发展衰，要在坚决斗争中赢得战略主动。国有企业领导人员要带头发扬斗争精神，始终保持箭在弦上的备战姿态，既当好指挥员，又当好战斗员，团结一切可以团结的力量，始终保持干事创业的热情，打开事业发展新天地。

以时时放心不下的责任感、勇担当善作为的精气神为党和人民履好职、尽好责。习近平总书记强调，干部敢于担当作为，这既是政治品格，也是从政本分。[①] 担当作为就要真抓实干、埋头苦干，决不能坐而论道、光说不练。做事总是有风险的，天底下哪有那么多四平八稳、顺风顺水的事。正因为有风险，才需要担当。只有豁得出去、敢闯敢干，下定“明知山有虎，偏向虎山行”的决心，真刀真枪干，矛盾和困难才可能得到解决。[②] 国有企业领导人员要始终牢记“国之大者”，不断提高政治判断力、政治领悟力、政治执行力，深刻领悟党的理论路线方针政策，开动脑筋、主动作为、大胆作为，创造性开展工作，真正让党中央决策部署落地见效。要加强思想淬炼、理论训练、

① 习近平:《努力造就一支忠诚干净担当的高素质干部队伍》，《求是》杂志 2019 年第 2 期。

② 《习近平谈治国理政》第四卷，外文出版社 2022 年版，第 529—530 页。

政治历练、实践锻炼，以"术业有专攻"的态度掌握好与本职工作相关的新知识新技能，努力成为国有企业经营管理方面的"行家里手"。要统筹好发展和安全，保持强烈的忧患意识、风险意识，加强对各种风险隐患的研判，做足预案，下好先手棋，打好主动仗，及时精准拆弹，增强防范化解风险的意识和本领。

10. 为什么清正廉洁是党对国有企业领导人员当好国有资产守护者最基本的要求？

古人常言："公生明，廉生威"，"奢靡之始，危亡之渐"。对党的干部来说，职务有高低，能力有大小，但是清正廉洁却不能可有可无。国有企业领导人员廉洁从业，直接关系到国有资产的保值增值、企业的改革发展稳定、职工群众的利益以及党和政府的形象，必须坚守住清正廉洁这个最基本要求。

清正廉洁是当好国有资产守护者的最基本资格。国有企业是党和政府改善民生的重要资源。国有企业领导人员受国家委派，担负着企业决策和经营管理的重任，掌管着企业的人权、事权、财权，是国有资产的忠诚卫士。必须时刻摆正位置，记住自己国有资产守护者的身份，记住自己是党员干部，不是私营企业主，更不是"老板"，是在替国家掌管全民资产；绝不能把国有企业视为自己的私人领地，把国有资产当作个人所有，想怎么折腾就怎么折腾，公器私用、化公为私、监守自盗，致使国家利益遭受损失，造成国有资产流失。一旦越过底线，离出事也就不远了。国有企业领导人员必须敬畏权力、管好权力、慎用权力，严守底线，公私分明，诚实守信，廉洁从业，守住自己的政治生命，保持拒腐蚀、永不沾的政治本色，自觉接受监督，当好国有资产的忠诚卫士，让人民群众共享国企国资改革发展的成果。

清正廉洁是党员干部的最基本标准。党章明确规定，中国共产党党员永远是劳动人民的普通一员。除了法律和政策规定范围内的个人利益和工作职权以外，所有共产党员都不得谋求任何私利和特权。这是对共产党员本质的界定，也是对共产党员的基本要求。对于一名党员干部来说，在德、能、勤、绩、廉中，廉洁与其他几项的关系就好比“1”和“0”的关系，一旦廉洁出了问题，再强的能力也等于零，再高的水平也白费，再大的功劳也是徒劳。群众看党员，党员看干部。国有企业领导人员是党在经济领域的执政骨干，是“关键少数”，是引领党风和社会风气的重要风向标，是人民群众观察党风的重要窗口，必须做到洁身自爱、公道正派、坚守底线，才能取信于民，才能赢得人心。

清正廉洁是做人的最基本底线。一个人廉洁自律不过关，做人就没有骨气，做事就没有硬气，这是千古不变的道理。清廉是福，贪欲是祸。国有企业领导人员走上管理岗位，大多是想干一番事业、实现自身价值。但如果在廉洁问题上翻了船，最终只会一失万无，被人戳脊梁骨。欲望的背后是陷阱，贪婪的尽头是毁灭，这是一笔再清楚不过的“廉洁账”。行得端、走得正，才能行得稳、走得远，说话才能有底气，做事才能硬气，职工才会服气。国有企业领导人员廉洁自律这根弦永远不能松，否则就会“一次做让步，次次守不住”。要增强政治敏锐性和政治鉴别力，重视家教家风，以身作则管好配偶、子女，本分做人、干净做事。年轻干部要扣好廉洁从业的“第一粒扣子”，勤掸“思想尘”、多思“贪欲害”、常破“心中贼”，以内无妄思保证外无妄动，保持清廉本色，方能行稳致远。

11. 如何做到清正廉洁?

清正廉洁是我们党的政治本色，是中国共产党人的政治品格。作为国有企业领导人员，要时刻绷紧廉洁自律这根弦，做到“清”“正”“廉”“洁”。

“清”即定位要清、头脑清醒。作为国有企业领导人员，使命光荣、责任重大。要清醒认识“我是谁”。必须明白自己是党的人，第一身份是党员，自己的标志性颜色是“红色”，是党和人民的信任才让自己有了干事创业、实现理想抱负的平台，是党赋予自己管理国有资产的权力，才有了为人民服务的机会。要清楚自己的角色是“管家”，时刻牢记党赋予的使命、人民给予的重任、推动企业高质量发展的责任。在企业生产经营活动中，一定严格按照法定权限和相关程序办事。要清楚自己不是“东家”。从一些违法违纪的国有企业领导人员的案例中可以看出，他们误把自己当“东家”，丢掉了全心全意为人民服务的根本宗旨，靠企吃企、以权谋私、奢侈浪费，丧失党性原则，最终滑向犯罪的深渊，让人警醒。

“正”即为人正直、处事公正。人生在世，贵在立身。立身处世，最讲“正”字。作为国有企业领导人员，要自觉做到讲政治、讲正气，做人正派、对人公平、办事公正。如果国有企业领导人员不能伸张正义、不敢主持公道，那么这个企业必然乌烟瘴气，职工就会迷失工作方向，丧失工作积极性；如果不敢批评和制止歪风邪气，不敢大胆管理，表面上看班子和单位一团和气，实际上班子软弱涣散，无威信可言，无战斗力可谈，那结果必然是领导说话无人理，部署工作无人抓，制定措施无人落。国有企业领导人员要坚持依法治企、合规经营，模范遵守商业道德、社会公德，维护公平竞争的市场经济秩序，自觉接受人民监督，打造阳光国企。

“廉”即遵规守纪、廉洁从业。习近平总书记强调：“作为党的干部，就是要讲大公无私、公私分明、先公后私、公而忘私，只有一心为公、事事出于公心，才能坦荡做人、谨慎用权，才能光明正大、堂堂正正。"[①] 国有企业领导人员要用党纪国法严格约束自己，严格执行廉洁从业各项规定，守住信念防线、道德防线、法纪防线，处理好"公"与"私"的关系，切实维护国家和出资人利益，不得有滥用职权、损害国有资产权益的行为；忠实履行职责，不得有利用职权谋取私利以及损害本企业利益的行为；正确行使经营管理权，防止可能侵害公共利益、企业利益行为的发生；勤俭节约，依据有关规定进行职务消费。带头落实管党治党政治责任，认真履行"一岗双责"，对职责范围内的党风廉政建设工作负起责任，一体推进不敢腐、不能腐、不想腐。

"洁"即洁身自好、当好表率。一个人能否廉洁自律，最大的诱惑是自己，最难战胜的敌人也是自己。国有企业领导人员要经常对照党章检查自己的言行，加强党性修养，陶冶道德情操，永葆共产党人政治本色。不论在私底下、无人时、细微处，都要做到慎欲慎权慎微慎独，不被欲望牵着鼻子，不当权力的奴隶，不让小节毁了大节，不放纵、不越轨、不逾矩，本分做人、干净做事。正确处理个人与集体的关系、局部与整体的关系，胸怀坦荡、无私奉献，面对逆境不失态，在挫折的磨砺中千锤百炼；面对顺境不骄纵，静得下心学习，沉得下心干事，不断洗涤思想上心灵上的灰尘。发挥"风向标"作用，以

① 《习近平谈治国理政》第一卷，外文出版社2018年版，第394页。

上率下，做良好政治生态和社会风气的引领者、营造者、维护者。

12. 如何理解和把握“三个区分开来”，进一步激励国有企业领导人员担当作为?

2016 年 1 月 18 日，习近平总书记在省部级主要领导干部学习贯彻党的十八届五中全会精神专题研讨班上首次提出“三个区分开来”，指出要把干部在推进改革中因缺乏经验、先行先试出现的失误和错误，同明知故犯的违纪违法行为区分开来；把上级尚无明确限制的探索性试验中的失误和错误，同上级明令禁止后依然我行我素的违纪违法行为区分开来；把为推动发展的无意过失，同为谋取私利的违纪违法行为区分开来。

为全面贯彻落实习近平总书记“三个区分开来”的重要要求，2016 年中央纪委驻国资委纪检组制定下发了《关于中央企业纪检工作贯彻落实习近平总书记“三个区分开来”重要思想的指导意见》，旗帜鲜明支持中央企业党员干部敢于担当、积极作为，树立正确执纪导向，保护干事创业积极性。2018 年，中共中央办公厅印发的《关于进一步激励广大干部新时代新担当新作为的意见》指出，“建立健全容错纠错机制，宽容干部在改革创新中的失误错误”，这是党中央首次从制度层面作出规定。总的是按照习近平总书记提出的“三个区分开来”要求来把握，具体工作中要妥善把握事业为上、实事求是、依纪依法、容纠并举等“四个原则”，结合动机态度、客观条件、程序方法、性质程度、后果影响以及挽回损失等“六个要件”，对干部的失误错误进行综合分析，对该容的大胆容错，不该容的坚决不容。对给予容错的干部，考核考察要客观评价，选拔任用要公正合理。[①]

鼓励先行先试，严禁明知故犯。改革开放 40 多年来，我国经济社会发展取得了举世瞩目的伟大成就，一条基本经验就是先行先试。在新的历史条件下，国有企业如何贯彻落实新发展理念，把党的二十大确定的一系列重大战略部署落到实处，如何开展国企改革顶层设计等重大方向性问题，没有现成的经验可循，这就需要鼓励国有企业领导人员先行先试改革，“敢为天下先”。但同时也要看到，由于没有先例可循，不可避免在先行先试中出现失误和错误，因此需要对失误和错误进行具体分析，区别对待。比如有的干部在先行先试中已经发现错了却知错不改、将错就错，对这种明知故犯的错误就不能宽容。

鼓励探索性试验，严禁我行我素。当前国资国企改革已进入攻坚期和深水区，推出的改革创新事项、推动发展的举措，

① 《努力以新担当新作为创造属于新时代的光辉业绩——中组部负责人就〈关于进一步激励广大干部新时代新担当新作为的意见〉答记者问》，《人民日报》2018 年 5 月 22 日。

很多都是前无古人的首创原创性事项，需要国有企业领导人员不断摸索试验，一切从实际出发，大胆开拓，锐意进取，“摸着石头过河”，争取实现更多从“0”到“1”的突破。按照“三个区分开来”的要求，对由于不可抗力、难以预见等因素，不是主观故意的；经过科学决策、民主决策程序的，不是个人专断、一意孤行的；处置突发事件临机决断、事后及时履行报告程序的等等在探索性试验中出现的失误和错误，经研究认定可以容错。同时，进行探索性试验也要有红线，对于党纪国法和上级已经明确限制或禁止的事，国有企业领导人员绝不能置若罔闻，不顾国家法律和上级规定蛮干，这种行为并不是正常的探索性试验，而是胡作非为。比如在国有企业混合所有制改革中，个别领导人员以改革名义暗箱操作、低价贱卖，造成国有资产流失，这种错误与因经验不足出现的失误完全不同，必须予以追责。

鼓励推动发展，严禁谋取私利。国有企业领导人员手中有权，但权力是国家赋予的，姓“公”不姓“私”。在加快建设世界一流企业、推动企业高质量发展的过程中，只要国有企业领导人员一切出以公心，守住廉洁从业这个底线，运用手中的权力为党尽责、为民谋利，在推动发展中无意间办了错事，组织上不会求全责备。但是不能拿容错当“保护伞”，搞纪律“松绑”，如果在推进改革、推动发展中夹带私心，谋取私利，就符合追责的条件。

习近平总书记“三个区分开来”的重要论断，给作风正派、锐意进取的国有企业领导人员吃了定心丸，真正做到为担当者担当、为负责者负责、为干事者撑腰，对于大力弘扬实干之风起到了非常重要的作用。只有坚持“三个区分开来”，形成允许改革有失误、但不允许不改革的鲜明导向，才能激励广大国有企业领导人员担当新使命，展现新作为，创造出属于新时代的光辉业绩。

13. 新时代国有企业领导人员如何弘扬企业家精神？

党的十八大以来，习近平总书记高度重视企业家群体在国家发展中的重要作用，强调市场活力来自于人，特别是来自于企业家，来自于企业家精神。2017 年 9 月，中共中央、国务院印发《关于营造企业家健康成长环境弘扬优秀企业家精神更好发挥企业家作用的指导意见》，这是中央首次以专门文件明确企业家精神内涵。《意见》对弘扬优秀企业家精神提出要求，即弘扬企业家爱国敬业遵纪守法艰苦奋斗的精神、创新发展专注品质追求卓越的精神、履行责任敢于担当服务社会的精神。2021 年 9 月，企业家精神成为第一批纳入中国共产党人精神谱系的伟大精神。2022 年 10 月，党的二十大报告鲜明指出：“完善中国特色现代企业制度，弘扬企业家精神，加快建设世界一流企业。”2023 年 3 月，习近平总书记在看望参加全国政协十四届一次会议的民建、工商联界委员时强调，要弘扬优秀企业家精神，做爱国敬业、守法经营、创业创新、回报社会的典范。

改革开放以来，一大批有胆识、勇创新的企业家茁壮成长，形成了具有鲜明时代特征、民族特色、世界水准的中国企业家队伍。国有企业优秀企业家身上既有企业家的共同特质，又体现着国有企业领导人员的鲜明特征，对党忠诚、勇于创新、治企有方、兴企有为、清正廉洁。

要有深厚的爱国情怀。企业营销无国界，企业家有祖国。习近平总书记指出，“优秀企业家必须对国家、对民族怀有崇高使命感和强烈责任感，把企业发展同国家繁荣、民族兴盛、人民幸福紧密结合在一起，主动为国担当、为国分忧”。① 爱国是近代以来我国优秀企业家的光荣传统，爱国情怀是企业家应有的价值追求。国有企业家是在党的培养下成长起来的，对党和国家有着很深厚的感情，对党给予的信任和重托要有强烈的使命感和责任感，加倍珍惜党和国家提供的施展才华的舞台，懂感恩、知回报，把为党工作的赤子情怀同企业改革发展紧密结合起来，把个人价值实现同党和国家的事业紧密结合起来，团结带领国有企业广大干部职工带头贯彻执行党中央决策部署，

① 《习近平著作选读》第二卷，人民出版社 2023 年版，第 321 页。

主动服务国家战略，落实国家宏观调控政策，带领企业奋力拼搏、力争一流，实现质量更好、效益更高、竞争力更强、影响力更大的发展。要在应对重大自然灾害、突发事件的抗击救援，乡村振兴、改善民生的项目实施等方面挺身而出、主动作为，充分体现出为国家为人民真诚奉献的精神。

要有敢为人先的创新精神。企业家精神的根本特征是创新精神，创新是引领发展的第一动力，企业家创新活动是推动企业创新发展的关键，创新就要敢于承担风险。敢为天下先是战胜风险挑战、实现高质量发展特别需要弘扬的品质。企业家要做创新发展的探索者、组织者、引领者，勇于推动生产组织创新、技术创新、市场创新，重视技术研发和人力资本投入，有效调动员工创造力，努力把企业打造成为强大的创新主体。当前，在我国经济发展过程中，国有企业已经成为创新驱动发展的关键力量，有能力、有条件在创新引领方面有更大作为。许多国有企业家本身是从技术带头人、项目总师成长起来的，要在一些关系国民经济命脉、产业发展安全的“卡脖子”关键核心技术上冲锋在前。国有企业家的创新还要体现在国企改革机制转换过程中，敢闯敢试、敢为人先，创新体制机制和管理模式，走出一条中国特色国有企业改革发展新路。

要做诚信守法的表率。人无信不立，业无信不兴。企业和企业家更是如此。社会主义市场经济是信用经济、法治经济。企业家要同方方面面打交道，调动人、财、物等各种资源，没有诚信寸步难行。企业家要做诚信守法的表率，带动全社会道德素质和文明程度提升。国有企业家作为企业的领导者，作为整个班子的班长、整个企业的关键，要把诚信守法作为精神底色和行为准则，以上率下、以身作则、身体力行，牢记谨慎用权，严守底线，公私分明，做守法经营的典范。

要切实履行社会责任、真诚回报社会。企业既有经济责任、法律责任，也有社会责任、道德责任。只有真诚回报社会、切实履行社会责任的企业家，才能真正得到社会认可，才是符合时代要求的企业家。国有企业家要自觉做履行政治责任、经济责任、社会责任的模范；要植根产业链、供应链谋求创新和发展，努力稳定生产、稳定就业岗位，善于在危机中育新机、于变局中开新局，努力激发广大员工创造力，引领企业走出生产经营困境，实现新的发展。国有企业是促进共同富裕的重要力量，国有企业家要自觉践行以人民为中心的发展思想，担负起促进共同富裕的社会责任；要推动构建全体员工利益共同体，让企业发展成果更公平惠及全体员工。

要不断拓展国际视野。有多大的视野，就有多大的胸怀。企业家要立足中国，放眼世界，提高把握国际市场动向和需求特点的能力，提高把握国际规则能力，提高国际市场开拓能力，提高防范国际市场风险能力，带动企业在更高水平的对外开放中实现更好发展，促进国内国际双循环。习近平总书记在党的十九大报告中首次提出培育具有全球竞争力的世界一流企业。

国有企业领导人员要把建设世界一流企业作为一项全局性、战略性、引领性的重大任务来抓，努力走在前、作表率。积极响应全球发展倡议，以高质量共建“一带一路”为重点，充分利用国内国际两个市场、两种资源，积极稳妥开拓国际市场，打造更多具有全球影响力的高质量境外投资合作项目，增强面向全球的资源配置和整合能力，加快提升国际化经营能力和国际竞争力，拓展加快建设世界一流企业的空间。

14. 新时代国有企业领导人员需要高度重视提高哪些思维能力？

党的十八大以来，习近平总书记站在新时代推进中国特色社会主义伟大事业的战略高度，强调领导干部要不断提高实现伟大目标迫切需要的各种思维能力。当前，世界百年未有之大变局加速演进，我国发展面临新的战略机遇、新的战略任务、新的战略阶段、新的战略要求、新的战略环境，需要应对的风险和挑战、需要解决的矛盾和问题比以往更加错综复杂。越是目标远大、任务艰巨，越是形势复杂、挑战严峻，越需要培养造就一支高素质专业化国有企业领导人员队伍。党的二十大报告提出，我们要“不断提高战略思维、历史思维、辩证思维、系统思维、创新思维、法治思维、底线思维能力，为前瞻性思考、全局性谋划、整体性推进党和国家各项事业提供科学思想方法”。

提高战略思维能力。战略思维能力是高瞻远瞩、统揽全局，善于把握事物发展总体趋势和方向的能力。习近平总书记强调：“战略上判断得准确，战略上谋划得科学，战略上赢得主动，党和人民事业就大有希望。一百年来，党总是能够在重大历史关头从战略上认识、分析、判断面临的重大历史课题，制定正确的政治战略策略，这是党战胜无数风险挑战、不断从胜利走向胜利的有力保证。”[①] 对国有企业领导人员来说，提高战略思维能力就要坚持战略方向，把谋事和谋势、谋当下和谋未来统一起来，因应情势发展变化，及时调整战略策略，加强对企业中远期改革发展的战略谋划，牢牢掌握战略主动权。要保持战略定力，咬定青山不放松，不为各种风险所惧，朝着既定的战略目标，坚定不移向前进。

提高历史思维能力。历史思维能力是把握历史发展规律和大势，始终掌握历史主动，不断总结经验、提高本领，不断提高应对风险、迎接挑战、化险为夷的能力。习近平总书记多次强调，历史是最好的教科书，领导干部要多读一点历史。党的十八大以来的中共中央政治局集体学习多次以学习历史为主题。透析历史、反思历史、总结历史，我们可以从中吸取教训、总

---

① 《习近平谈治国理政》第四卷，外文出版社 2022 年版，第 31 页。

结经验，更能清醒头脑、明确方向。国有企业领导人员注重历史思维要以学习党的历史为重点，做到知史爱党、知史爱国，始终坚持唯物史观，把握历史规律、认清历史趋势、总结历史经验、牢记历史教训，发扬历史主动精神，在对历史深入思考中做好现实工作，不断把国有企业改革发展事业推向前进。要加强对国有企业改革发展沿革的学习，剖析经典案例，总结经验教训，不断提高领导能力和管理能力。例如，在国有企业创立、发展、重组等过程中，领导人员只有善于运用历史思维，怀有敬畏之心，才能在引进战略投资者、完善法人治理、推进职业经理制度和建立激励约束机制等方面贴近实际，少走弯路；只有善于运用历史思维，结合现实考量，企业才能在面对市场和进入市场的过程中保持理性和警醒，抓出实效，作出成效。

提高辩证思维能力。辩证思维能力是承认矛盾、分析矛盾、解决矛盾，善于抓住关键、找准重点、洞察事物发展规律的能力。进入新发展阶段，国内外环境的深刻变化既带来一系列新机遇，也带来一系列新挑战，是危机并存、危中有机、危可转机。国有企业的改革事业越是向纵深发展，就越要不断增强辩证思维能力。国有企业领导人员要坚持“两点论”和“重点论”的统一，善于厘清主要矛盾和次要矛盾、矛盾的主要方面和次要方面，区分轻重缓急，在兼顾一般的同时紧紧抓住主要矛盾和矛盾的主要方面，以重点突破带动整体推进，在整体推进中实现重点突破。要遵循对立统一规律、质量互变规律、否定之否定规律，善于把握发展的普遍性和特殊性、渐进性和飞跃性、前进性和曲折性，坚持继承和创新相统一，既求真务实、稳扎稳打，又与时俱进、敢闯敢拼。

提高系统思维能力。系统思维能力是把事物置于系统中加以考察，综合分析系统的整体与部分、整体与外部环境之间的相互联系、作用、制约关系，从而科学地把握事物本质，更有效地处理和解决问题的能力。中央全面深化改革委员会第十八次会议指出，要强化全局视野和系统思维，加强改革政策统筹、进度统筹、效果统筹，发挥改革整体效应。[①] 当前，我国发展环境面临深刻变化，国际环境错综复杂，经济社会发展中很多矛盾问题相互交织，国有企业领导人员要立足整体、着眼长远，系统考虑政治和经济、现实和历史、物质和文化、发展和民生、资源和生态、国内和国际等多方面因素，着力破除制约加快构建新发展格局的主要矛盾和问题，全面深化改革，推进实践创新、制度创新，不断扬优势、补短板、强弱项。面对新一轮国企改革深化提升行动，国有企业领导人员必须不断增强系统思维能力，围绕做强做优做大国有资本和国有企业这一根本目标，以提高核心竞争力和增强核心功能为重点，从全局谋划好政策体系与行动方案，把握好加快完善中国特色现代企业制度、健全管资本为主的国有资产监管体制、国有经济布局优化和结构

① 《完整准确全面贯彻新发展理念　发挥改革在构建新发展格局中关键作用》，《人民日报》2021 年 2 月 20 日。

调整等关键环节，统筹好改革与企业成长、企业价值链优化和价值创造之间的关系，更加重实质、讲实效、利长远。

*提高创新思维能力。*创新思维能力是破除迷信、超越过时的陈规，善于因时制宜、知难而进、开拓创新的能力。实现高质量发展，必须实现依靠创新驱动的内涵型增长。国有企业领导人员要善于把握机遇，不断推进知识创新、理论创新、方法创新，打破制约知识、技术、人才等创新要素流动的壁垒，让创新源泉充分涌流充分发挥，用创新思维解决实际问题。要充分发挥我国社会主义制度能够集中力量办大事的显著优势，打好关键核心技术攻坚战。要依托我国超大规模市场和完备产业体系，加速科技成果向现实生产力转化，提升产业链水平，维护产业链安全。要加大基础研究投入，鼓励长期坚持和大胆探索，为建设科技强国夯实基础。要大力培养和引进国际一流人才和科研团队，最大限度调动科研人员的积极性，提高科技产出效率。

*提高法治思维能力。*法治思维能力是增强法治观念、弘扬法治精神，带头尊崇和遵守宪法法律，自觉在法治轨道上想问题、作决策、办事情，不断提高运用法治思维和法治方式深化改革、推动发展、化解矛盾、维护稳定的能力。历史上正反两方面的经验告诉我们，国际国内环境越是复杂，改革开放和社会主义现代化建设任务越是繁重，越要运用法治思维和法治手段改善管理方式、提高管理能力，保证依法治企落到实处。当

前，一些国有企业领导人员还不善于运用法治思维和法治方式推进工作。国有企业领导人员心中无法、以言代法、以权压法是法治建设的大敌。国有企业领导人员必须强化法治意识，带头尊法学法守法用法，做制度执行的表率。要切实增强依法履职和依法办事的能力，建立企业重大经营决策合法性审查机制、重大决策责任追究制度及责任倒查机制；防范企业法律风险，严防国有资产流失，着力将法律服务融入企业转型升级、创新驱动和国际化经营；强化依法合规经营，严格执行“三重一大”等决策制度，认真落实职工参与、专家论证、风险评估、合法性审查、集体决策等程序要求，督促企业严格遵守国家法律法规和市场规则，重视财务管理、物资采购、内部审计等领域的定期自查，将依法治企要求嵌入岗位职责和业务流程并向各级子企业延伸。

提高底线思维能力。底线思维是从可能出现的最坏情况出发，调动一切积极因素使事物朝着预期目标发展的一种思维方法。党的十八大以来，习近平总书记多次强调要坚持底线思维，就是要告诫全党时刻牢记“安而不忘危，存而不忘亡，治而不忘乱”。[①] 当前，我国正处于一个大有可为的历史机遇期，发展形势总的是好的，但前进道路不可能一帆风顺，越是取得成绩的时候，越是要有如履薄冰的谨慎，越是要有居安思危的忧

① 《习近平著作选读》第二卷，人民出版社2023年版，第185—186页。

患意识。国有企业领导人员要坚持底线思维，统筹发展和安全，增强忧患意识和风险意识，做到见微知著、防患于未然。要坚守安全底线，把确保安全生产作为企业发展的一条底线、红线，紧盯企业发展中的关键环节、重点领域，坚持最严工作标准、最严管理措施、最严考核问责，将安全责任传递到每一个岗位、每一名职工。要坚守质量底线，树立质量意识，将其贯穿于企业发展的全过程；完善覆盖全业务范围的质量管理制度和流程，加强过程控制和检查；强化经营管理中的质量导向，制定质量提升的相关制度，形成质量提升的内驱动力。要坚守廉政底线，紧盯企业廉政建设的关键岗位、“关键少数”，严肃处理不廉、不公等问题，以作风大转变、效能大提升推动国有企业高质量发展。

第四章　加强和改进国有企业思想政治工作

1. 为什么国有企业要把思想政治工作作为经常性、基础性工作？

思想政治工作是国有企业的传家宝，要把思想政治工作作为企业党组织的一项经常性、基础性工作来抓。思想政治工作从根本上说是做人的工作，是党的优良传统、鲜明特色和突出优势，是一切工作的生命线。

思想政治工作是党的优良传统。回顾我们党在革命、建设和改革的各个历史时期，思想政治工作都发挥着不可替代的重要作用。新民主主义革命时期，党从认识到必须以武装的革命反对武装的反革命，到古田会议确立思想建党、政治建军原则，到 1942 年的整风运动实现了在以毛泽东同志为核心的党中央领导下全党新的团结和统一，这一时期的思想政治工作为新民主主义革命在全国的胜利奠定了重要的思想政治基础。社会主义革命和建设时期，党紧紧围绕当时的历史任务，不断加强思想政治工作，实现了一穷二白、人口众多的东方大国大步迈进社会主义社会的伟大飞跃。改革开放和社会主义现代化建设新时期，党和国家的工作中心实现战略转移，党大力加强思想政治工作和社会主义精神文明建设，团结带领人民群众解放思想，实事求是，团结一致向前看，实现了新中国成立以来党的历史上具有深远意义的伟大转折。进入新时代，我们党坚持用习近平新时代中国特色社会主义思想武装全党、教育人民，推动理想信念教育常态化制度化，培育和践行社会主义核心价值观，加强党史、新中国史、改革开放史、社会主义发展史、中华民族发展史和形势政策教育，加强社会主义法治教育，增强忧患意识、发扬斗争精神，采取一系列重大举措深入推进思想政治工作，动员全党全国各族人民满怀信心投身全面建设社会主义现代化国家新征程、推进中华民族伟大复兴历史伟业。

思想政治工作是党的鲜明特色和突出优势。思想政治工作归根到底是做人的工作、做人心的工作，让全党同志坚定理想信念团结奋斗，让人民群众听党话跟党走，让全党全国各族人民紧密团结在党中央周围，坚定信心、同心同德，埋头苦干、奋勇前进，这是我们党的鲜明特色，也是我们党的突出优势。党的十八大以来，习近平总书记作出一系列重要论述，丰富和发展了党对思想政治工作的规律性认识。习近平总书记强调，面对复杂变化的国内外形势，思想政治工作只能加强不能削弱，只能前进不能停滞，只能积极作为不能被动应对；改革推进到哪一步，思想政治工作就要跟进到哪一步；加强理想信念教育；把培育和弘扬社会主义核心价值观作为凝魂聚气、强基固本的基础工程；把思想政治工作贯穿所开展的各种活动，多做组织群众、宣传群众、教育群众、引导群众的工作，多做统一思想、凝聚人心、化解矛盾、增进感情、激发动力的工作。习近平总书记的重要论述，是做好思想政治工作的强大思想武器。

思想政治工作是一切工作的生命线。我们党历来高度重视国有企业思想政治工作。《中国共产党国有企业基层组织工作条例（试行）》中明确规定，把思想政治工作作为经常性、基础性工作，把解决思想问题同解决实际问题结合起来，多做得人心、暖人心、稳人心的工作，积极构建和谐劳动关系，努力将矛盾化解在基层。国有企业要发挥好“两个基础”“六个力量”的作用，很重要的一条就是做好思想政治工作，用习近平新时代中国特色社会主义思想武装党员、教育群众，引导广大职工在思想上政治上行动上自觉同以习近平同志为核心的党中央保持高度一致，不断提高思想认识和政治觉悟，不断夯实和扩大党对国有企业全面领导的群众基础，造就有理想守纪律、懂技术会创新、敢担当讲奉献的新时代国有企业职工队伍，确保各项工作在大局中谋划、在大局中推进，更好推动国有企业改革发展，为同心共圆中国梦凝聚国企之力。

2. 如何认识当前国有企业思想政治工作面临的新变化？

党的二十大报告指出：“从现在起，中国共产党的中心任务就是团结带领全国各族人民全面建成社会主义现代化强国、实现第二个百年奋斗目标，以中国式现代化全面推进中华民族伟大复兴。”当前，世界百年未有之大变局加速演进，我国发展进入了战略机遇和风险挑战并存、不确定难预料因素增多的时期。统揽伟大斗争、伟大工程、伟大事业、伟大梦想，战胜前进道路上的各种风险挑战，思想政治工作必须立足新的时代特点和历史方位，发挥好应有作用。国有企业要更好肩负起新时代新征程的使命任务，也要用好思想政治工作传家宝，坚持思想引领，坚持问题导向，坚持守正创新，更好融入新时代、适应新特点、满足新要求、解决新问题、汇聚新动力、开创新局面。

坚持党的领导、加强党的建设对国有企业思想政治工作提出了新的要求。党的二十大报告明确提出，要“坚持大抓基层的鲜明导向”，“推进以党建引领基层治理”，“推进国有企业、金融企业在完善公司治理中加强党的领导”。在这个过程中，思想政治工作发挥着重要作用。要切实提升思想政治工作的质量和水平，把思想政治工作同生产经营管理、人力资源开发、企业精神培育、企业文化建设等工作结合起来，在思想上解惑、精神上解忧、文化上解渴、心理上解压，为国有企业坚持党的领导、加强党的建设提供坚强思想政治保障。

数字化新技术给国有企业思想政治工作带来更多挑战。当今时代，数字技术作为世界科技革命和产业变革的先导力量，日益融入经济社会发展各领域全过程，深刻改变着生产方式、生活方式和社会治理方式。数字技术发展日新月异，各种社会思潮表现活跃，思想舆论呈现多元多样多变的态势。网络意识形态安全风险问题值得高度重视。网络已是当前意识形态斗争的最前沿。习近平总书记强调，“在互联网这个战场上，我们能否顶得住、打得赢，直接关系我国意识形态安全和政权安全”，“宣传思想阵地，我们不去占领，人家就会去占领”。[①]国有企业党组织要把维护网络意识形态安全作为守土尽责重要使命，充分发挥制度体制优势，坚持管用防并举，方方面面齐动手，坚决打赢网络意识形态斗争。要把网上舆论工作作为宣传思想工作的重中之重来抓，不断提高对互联网规律的把握能力、对网络舆论的引导能力、对信息化发展的驾驭能力、对网络安全的保障能力。做好网上舆论工作是一项长期任务，要创新改进网上宣传，运用网络传播规律，弘扬主旋律，激发正能量。

青年职工是国有企业中最有生气、最有闯劲、最少保守思想的群体，更需要深入细致的教育和引导。新时代的中国青年，更加自信自强、富于思辨精神，同时也面临各种社会思潮的现实影响，不可避免会在理想和现实、主义和问题、利己和利他、小我和大我、民族和世界等方面遇到思想困惑，更加需要以深入细致的思想政治工作，教育和引导他们用敏锐的眼光观察社会，用清醒的头脑思考人生，用智慧的力量创造未来。企业思

① 《习近平关于网络强国论述摘编》，中央文献出版社 2021 年版，第 51—52 页。

想政治工作要研究青年成长规律和时代特点，敏于把握青年脉搏，依据青年员工工作生活方式新变化新特点，探索工作新思路新模式，从政治上着眼、从思想上入手、从青年特点出发，帮助青年员工早立志、立大志，从内心深处厚植对党的信赖、对中国特色社会主义的信心、对马克思主义的信仰，注重从青年中发展党员，引导青年在思想洗礼、在实践锻造中不断增强做中国人的志气、骨气、底气。要做青年朋友的知心人、青年工作的热心人、青年群众的引路人，千方百计为青年员工办实事、解难事，主动想青年之所想、急青年之所急，为青年员工提供实实在在的帮助，让青年员工真切感受到关爱就在身边、关怀就在眼前。

3. 国有企业思想政治工作的基本内容和方法主要有哪些?

新时代加强和改进国有企业思想政治工作，要以习近平新时代中国特色社会主义思想为指导，全面贯彻党的二十大精神，围绕巩固马克思主义在意识形态领域的指导地位、巩固全党全国人民团结奋斗的共同思想基础这一根本任务，坚持思想引领、坚持聚焦和解决问题、坚持体现时代性要求，把思想政治工作作为治企兴企的重要方式，深入开展思想政治教育，提升质量和水平，推动守正创新发展，构建共同推进思想政治工作的大格局。思想政治工作的内容十分丰富，思想政治教育是思想政治工作任务的具体化，包括以下几项基本内容。

一是坚持用习近平新时代中国特色社会主义思想武装全党、教育人民。加强和改进国有企业思想政治工作，要紧紧抓住学习宣传贯彻党的二十大精神这个主线，坚持学思用贯通、知信行统一，推动习近平新时代中国特色社会主义思想进企业、进车间、进班组、进头脑，引领职工群众听党话、跟党走。健全用党的创新理论武装党员、教育职工工作体系，完善党委（党组）理论学习中心组等各层级学习制度，有计划地组织开展研讨班、读书班、宣讲团等。组织实施党的创新理论学习教育计划，适应不同群体和受众特点加强理论宣传普及，落实意识形态工作责任制。健全面向基层的理论普及工作体系，统筹用好广播、电视、报刊、网络、新媒体等渠道，采取职工喜闻乐见的方式，讲好党的创新理论的学理哲理道理情理。

二是推动理想信念教育常态化制度化。理想信念是中国共产党人的精神支柱和政治灵魂，也是保持党的团结统一的思想基础。国有企业要坚持把理想信念教育作为思想建设的战略任务，把习近平新时代中国特色社会主义思想作为砥砺理想信念和初心使命的最好教材，推动理想信念教育常态化制度化。引导广大党员职工牢记党的宗旨，要经常性组织开展专题学习、主题党日、仪式教育、党员政治生日等，通过学习经典、体会情怀、红色体验氛围浸润的结合，解决好世界观、人生观、价值观这个总开关问题，自觉做共产主义远大理想和中国特色社会主义共同理想的坚定信仰者和忠实实践者。在全体职工中广泛开展中国特色社会主义和中国梦宣传教育，加强爱国主义、集体主义、社会主义教育，弘扬党和人民在各个历史时期奋斗中形成的伟大精神，开展以劳动创造幸福为主题的宣传教育，加强马克思主义唯物论和无神论教育。

三是培育和践行社会主义核心价值观。社会主义核心价值观是凝聚人心、汇聚民力的强大力量。弘扬以伟大建党精神为源头的中国共产党人精神谱系，深入开展社会主义核心价值观宣传教育，坚持贯穿结合融入、落细落小落实，着力培养担当民族复兴大任的时代新人。国有企业要坚持以社会主义核心价值观引领企业文化建设，传承弘扬国有企业优良传统和作风，培育家国情怀，增强应对挑战的斗志，提升产业兴国、实业报国的精气神。要大力弘扬和践行社会主义核心价值观，加强教育引导、实践养成、制度保障，把社会主义核心价值观融入法治建设、融入社会发展、融入日常生活，成为职工日用而不觉的行为准则。要紧密结合企业实际，深入挖掘企业历史与文化资源，总结提炼并不断完善企业价值理念，增强企业文化号召力和影响力。要弘扬劳模精神、工匠精神，大力宣传、表彰先进典型，造就有理想守信念、懂技术会创新、敢担当讲奉献的新时代国有企业职工队伍。

四是加强“五史”和形势政策教育。坚持理论武装同常态化长效化开展党史学习教育相结合，以党史为重点系统学习党史、新中国史、改革开放史、社会主义发展史、中华民族发展史，引导干部职工不断学史明理、学史增信、学史崇德、学史力行。深入实施红色基因传承工程，旗帜鲜明反对历史虚无主义，继往开来走好新时代长征路。开展形势政策教育，围绕贯彻执行党和国家重大决策，推进落实重大任务，宣讲党的路线方针政策，解读世情国情党情，把思想和行动统一到党中央要求上来。把党内学习教育和全社会宣传教育相结合，针对不同职工群体的特点加强宣传普及，帮助职工群众正确认识新形势新任务新要求。

五是加强社会主义法治教育。深入学习宣传习近平法治思想，弘扬社会主义法治精神，传承中华优秀传统法律文化，引导全体职工做社会主义法治的忠实崇尚者、自觉遵守者、坚定捍卫者。要将培育法治文化作为法治建设的基础工程，使依法合规、守法诚信成为全体职工的自觉行为和基本准则。要开展宪法宣传教育，有针对性地宣传普及法律、法规和法理常识，增强全体职工法治观念。要发挥国有企业领导人员示范带头作用，带动和促进弘扬法治意识、养成依法办事习惯。要将法治学习作为入职学习、职业培训、继续教育的必修课，广泛宣传与企业经营管理和职工切身利益密切相关的法律法规。要总结法治建设典型做法、成功经验和进展成果，通过开展选树典型、评比表彰、集中宣传等形式，营造学习先进、争当先进、赶超先进的良好氛围。

六是增强忧患意识、发扬斗争精神。必须坚持底线思维，坚定斗争意志，增强斗争本领，以正确的战略策略应变局、育新机、开新局。新征程上，我国发展面临新的战略机遇、战略任务、战略环境，需要应对的风险挑战、需要解决的矛盾和问题比以往更加错综复杂。国有企业要做到居安思危、未雨绸缪，广泛开展防范化解重大风险宣传教育，增强应对挑战的斗志，全面加强国家安全教育，深入学习宣传总体国家安全观，加强全民国防教育，提高统筹发展和安全能力，增强全体职工国家安全意识和素养，筑牢国家安全人民防线。

人们在不同的历史条件和社会环境影响下会产生不同的思想观念，不同年龄、不同性别、不同职业群体的人会有不同的思想特点，由此决定了思想政治工作方法的多样性。坚持遵循思想政治工作规律，把显性教育与隐性教育、解决思想问题与解决实际问题、广泛覆盖与分类指导结合起来，因地、因人、因事、因时制宜开展工作。说理教育法。摆事实、讲道理，以理服人，尊重人、关心人、理解人、以情感人，是思想政治工作传统有效的方法。渐进说理，掰开谈理，叙事认理，形象比理。通常表现为口头和文字两种形式，前者如讲演、报告、讨论、谈话等，后者如报刊、论文、新闻报道等。情感交流法。以情感人，利用重要传统节日、重大节庆日纪念日开展形式多样的群众性文化体育活动。丰富职工群众精神文化生活，陶冶道德情操，不断增强对企业的归属感和认同感，建立互帮互助机制，增强集体荣誉感和归属感。个别引导法。有针对性地对个别人进行一对一指导。能够带动其他人的先进分子，学习困难、急需帮助的人，思想保守但影响力较强的人，更适合采用个别指导法。榜样示范法。深化文明单位创建，组织开展岗位技能竞赛。选树典型，抓住推荐、评选、宣传、推广等关键环节，完善先进模范发挥作用的长效机制。运用新闻媒体或宣传栏、电子屏、文化墙等灵活多样的形式，深化时代楷模、道德模范、最美人物、身边好人等学习宣传，充分发挥先进典型的示范引领作用。心理咨询法。健全落实企业领导人员基层联系点、党员与职工结对帮带等制度，定期开展职工思想动态分析，高度关注广大职工多方面心理感受和情绪反应，根据不同群体特点，提供及时有效的心理咨询服务，引导职工群众正确对待自己、他人、社会，正确对待困难、挫折和荣誉。切实关心职工群众在生产生活中遇到的实际问题，特别关心困难职工。思想政治工作的根本方法，是以人为本、实事求是和群众路线，是马克思主义立场观点方法在思想政治工作中的具体运用。在实际工作中，除上述方法外，还有创新载体、技术融合等方法。各种方法应当在实践中灵活运用，并不断完善。

4. 如何提升国有企业思想政治工作者队伍能力?

加强和改进新时代思想政治工作事关党的前途命运，事关国家长治久安，事关民族凝聚力和向心力。习近平总书记强调，要努力打造一支政治过硬、本领高强、求实创新、能打胜仗的宣传思想工作队伍。[①]为思想政治工作者队伍建设指明了方向，提供了根本遵循。在构建思想政治工作大格局中，国有企业发挥着重要的作用。企业思想政治工作队伍既包括以党务和宣传干部、政工干部和群团干部为主体的思想政治工作骨干队伍，又包括以党员干部、“五老”人员（老干部、老战士、老专家、老教师、老模范）、英雄模范、公众人物及行业代表人士为主体的兼职工作队伍，还包括以文明实践志愿者为主体的志愿服务工作队伍。打造一支怎样的思想政治工作者队伍，关系到企业能否用好“传家宝”、守好“生命线”，对于国有企业始终坚持党的领导、牢牢把握新征程党的中心任务、推动高质量发展意义重大。

加强理论学习，打造过硬的政治判断力、政治领悟力、政治执行力。思想政治工作是一项对理论修养、政治素养要求极高的

---

① 习近平:《论党的宣传思想工作》，中央文献出版社 2020 年版，第 342 页。

工作。只有在理论上深入了、清醒了、坚定了，才能不断增强做好思想政治工作的信心和本领。国有企业思想政治工作者要坚持用习近平新时代中国特色社会主义思想武装头脑，增进对习近平新时代中国特色社会主义思想的政治认同、思想认同、理论认同、情感认同，树立正确历史观，加强党史、新中国史、改革开放史、社会主义发展史、中华民族发展史和形势政策教育，牢牢把握国有企业政治属性，确保政治立场不移、政治方向不偏。

深入企业一线，增强洞察力、沟通力、感染力。思想政治工作本质上是做人的工作。必须坚持党的群众路线，深入开展调查研究，把思想政治工作同生产经营管理、人力资源开发等工作结合起来，积极主动与基层员工“打成一片”“用心交流”，多倾听他们的发言表态、真话心声，多观察他们的日常表现、工作情况，多感受他们的精神状态、思想情绪，多注重人文关怀和心理疏导，把党的正确主张变为企业员工的自觉行动，做业务上的内行人、企业员工身边的贴心人，把思想政治工作同企业精神培育、企业文化建设结合起来，开展以优秀企业文化为主题的实践活动，帮助企业员工树立良好的企业文化认知，充分激发工作热情。

注重文化宣传，不断提升舆论引导的传播力、影响力、公信力。国有企业宣传工作是党和国家宣传工作的重要阵地，做好国有企业宣传工作有助于弘扬主旋律、传播正能量，有助于打造国有企业优质品牌、塑造良好形象。国有企业思想政治工作者要尊重传播规律，灵活运用更符合网络传播规律、更应和广大员工心理的传播方式，提升思想政治工作的亲和力、感召力，释放思想政治工作的新活力、新效力。要坚持正确政治方向、舆论导向、价值取向，把思想政治工作融入企业主题宣传、形势宣传、政策宣传、成就宣传、典型宣传中，在企业内部广泛开展向劳动模范、自强模范、最美奋斗者、大国工匠等先进典型学习宣传活动；要深入企业一线，讲事实、说实话、道实情，探究真理、揭示真相、传播真知、传递真情。

树立斗争意识，发扬斗争精神，增强斗争本领，坚决打赢意识形态领域斗争主动仗。习近平总书记强调，思想舆论阵地一旦被突破，其他防线就很难守得住。在意识形态领域斗争上，我们没有任何妥协、退让的余地，必须取得全胜。[①] 随着我国基层社会结构、生产方式和组织形式发生深刻变化，各类组织特别是社会组织发展快、人员多、非常活跃，有些还带有政治色彩。国有企业党组织要牢牢抓住意识形态工作的主动权、领导权、话语权，深刻认识历史虚无主义、新自由主义、普世价值等错误思想观点的“真面目”，在主流引导上不失语、不跑调，在关键时刻不失位、不失责，尤其是在大是大非面前敢发声、会发声，不当旁观者，坚定不移捍卫马克思主义在意识形态领域的指导地位。

---

① 习近平:《论党的宣传思想工作》，中央文献出版社 2020 年版，第 23 页。

强化制度保障，持续完善国有企业加强思想政治工作的领导体制和工作机制。要强化党委（党组）主体责任，建立健全思想政治工作责任制，使思想政治工作和业务工作有机结合、相互促进。要牢固树立政工干部是企业人才的理念，按照稳定队伍、优化结构、提高素质的要求，实施企业思想政治工作队伍人才培养工程，结合企业实际，采取有针对性的措施吸引和选拔政治素质好、知识层次高、懂经营会管理的中青年干部和优秀高校毕业生到政工岗位上工作。制订实施企业政工干部培训计划，力争每5年轮训一遍。建立政工干部交流、轮岗制度，使他们在不同岗位经受锻炼、增长才干，成为复合型人才。

5. 国有企业思想政治工作如何坚持“三贴近”？

贴近实际、贴近生活、贴近群众是思想政治工作增强针对性、实效性和吸引力、感染力的根本途径，贯穿马克思主义的世界观和方法论。“三贴近”体现了实践第一的观点、人民群众是历史创造者的观点、以人为本的观点，具有十分丰富的思想内涵。

“三贴近”简洁明快，又具有丰富内涵。“三贴近”是一个相互联系的有机整体。实际，是社会生活的实际，人民群众的生活实际；生活，是丰富多彩的实际生活，人民群众的实际生活；群众，是社会实践中的群众，实际生活中的群众。实际是根基，生活是源泉，群众是出发点和落脚点。[①]国有企业思想政治工作只有始终坚持贴近实际、贴近生活、贴近群众，才能不断增强针对性、实效性和吸引力、感染力。

做贴近的人，暖心为先。坚持从群众中来到群众中去，形成情感认同。让职工群众感受温暖，就是要从物质利益保障、生活难题帮扶、个人情绪宣导等角度，主动关爱每一个人。把迎接新员工、拜师、退休、得奖、工程竣工的契机用好。运用“五必访”（员工生病住院时必访、女员工生育时必访、员工家庭有红白喜事时必访、员工家庭生活困难时必访、员工家庭不和睦时必访），体察员工情绪波动，或启发或倾听，做员工的知心朋友。

讲贴近的话，交心为要。用群众喜闻乐见的方式沟通，建立思想认同。用党的创新理论武装员工，根据不同的工作对象制定不同的工作内容，不能千篇一律，只靠空洞的“说教”，讲究教育的层次性，注意工作的渐进性，增强针对性和实效性、人情味和亲和力。合理运用“五必谈”（与新进员工谈、与离厂员工谈、与思想出现波动员工谈、与岗位变动员工谈、与犯错误员工谈）机制，在与职工群众谈心谈话中，表达赞许和期待，听取建议和诉求。

办贴近的事，凝心为上。用共同信念、共同价值观凝心聚

① 任仲平:《论“三贴近”》,《人民日报》2004 年 12 月 17 日。

力，保障职工队伍朝向共同愿景前进。把思想政治工作有效地融入企业生产经营工作中去，始终围绕生产经营工作来开展，以生产经营工作中的热点难点问题为着眼点和发力点。当进行重大决策时，重点放在聚焦企业长远发展战略和目标任务上；当企业面临生产经营困难特别是进行重组整合时，重点放在解疑释惑、厘清思路、增强信心、共渡难关上；当遇到重大突击性任务时，激发广大干部职工干事创业热情，做好本职工作。

6. 如何做好国有企业职工思想动态分析？

职工思想动态分析是国有企业思想政治工作的重要组成部分。为更好发挥职工思想动态分析的重要作用，需要不断提高这项工作的科学性和及时性。

加强制度建设。纳入企业党组织经常性工作，健全党员领导人员联系基层、党员联系群众的工作制度，可按“发现问题—解决方案—征求意见—落实跟踪”的工作思路完善职工思想动态分析管理机制。企业党委（党组）具有主体责任。国有企业领导人员要始终保持同职工群众的血肉联系，经常性地深入基层、现场、班组听真话、察实情，扑下身子干实事、谋实招、求实效。做好党和国家重大方针政策、企业发展战略和决策部署的宣传贯彻，倾听基层职工呼声，及时了解掌握职工思想动态。企业党支部是思想动态收集反馈的主要渠道。企业思想政治工作部门负责对系统各单位职工反映的问题进行整理分析，与相关职能部门定期进行沟通研究，形成分析报告报送企业党委（党组）。

深入调研分析。调研形式要多元。注重行为与感受相结合、定性与定量相结合、时效性和精确度相结合，灵活运用问卷调查、领导调研、个别走访、集体座谈、专题讨论、党建例会、职工代表巡视、不稳定因素摸排等方式，适当结合心理测试，有针对性地开展思想动态调研。调研次数要适当。一般来说，企业职工思想动态调研可分为常态化定期调研和专项调研。定期调研可根据企业规模和职工数量，分为月度、季度或年度，把握“事”和“时”两大要素。专项调研可对重要事件、在重大时间节点，对重要的思想动态进行专题调研分析，对重要问题和情况不明、伸缩性较大的信息跟踪调研分析。信息统计要准确。在分析问题设计时，可以采取选择题，通过信息技术手段进行统计，使结果简明扼要，易于归纳整理，便于制定可操作性方案。分析要全面。建立分层分级的分析机制，分析把握职工队伍工作的总体概况，发现存在的主要问题，找准影响职工队伍稳定的因素分析。

深化结果运用。撰写高质量的分析报告，为企业生产经营管理决策提供参考。要注重思想动态分析的深度、广度和准确度。要全面客观地反映情况，防止出现片面性问题甚至一叶障目。要及时反馈，防止信息滞后。把存在的问题进行分类，对干部职工反映的思想认识问题，加强政治引领和思想教育，注重人文关怀和心理疏导；对政策不明晰引起的问题，及时宣传、耐心讲解、答疑解惑；对工作、学习、生活方面的正当合理诉求提出解决思路和办法，真正把解决思想问题和解决实际问题结合起来。

案例阅读

国网江苏省电力有限公司：员工心态检测与养成系统的实践应用①

国网江苏省电力有限公司（以下简称“国网江苏电力”）围绕思想政治工作如何量化考核这一问题开展深入研究，把基于心理学的问卷测量技术和基于表情识别的智能感知技术加以跨学科整合，形成一套员工群体心态检测与养成系统，为分析党建工作、思想政治工作、企业文化工作成效提供了直观数据。

一是使用基于组织行为学原理设计的量表问卷对员工进行测量。问卷调查，通过手机App定期邀请员工进行微心理问卷测试，通过趣味测试、特色测试，收集员工问卷。

① 雍志娟：《国企党组织如何改进思想政治工作》，人民论坛网，http://www.rmlt.com.cn/2018/0226/512083.shtml。

组织调研，选择基层党支部书记、党小组长、班组长作为员工队伍心态调查的行为观察员，通过实际观察在对应的量表问卷中记录员工心态与情绪，以便于后台数据中心对采集来的员工数据进行分析研究。专业测量，在员工年度体检的同时，根据个人意愿，试行专业化的心理测量，形成员工年度心情报告。

二是基于大数据的实时动态分析。微信虚拟空间相对自由，员工在微信群内的交流言论能够较为真实地反映员工的思想动态。由于微信群的普遍广泛存在，覆盖了员工工作生活的方方面面，它已经成为员工大数据采集的重要渠道。通过对员工在微信群中的交流言论进行大数据分析，可以综合研判员工队伍的心态。

三是在企业基层员工日常工作所在地建立“心灵家园”“能量补充站”“开心室”等身心放松空间，偏重于身心放松功能的同时，开展群体心态的检测，同时兼具EAP援助功能。在这个空间里，配备身心按摩放松终端设备，通过对按摩设备硬件的改造，软件产品的加载，丰富设备的功能，使设备能对员工的心电、脑电等生理信号和数据进行采集与测量。

四是建立群体心态检测的工作机制，开展员工思想动态的定期分析研究工作。建立员工思想动态反映制度，各级党组织每季度要进行员工思想动态分析的反映工作，出具员工思想动态分析的报告。根据群体心态检测得到的可视化数据，对不同地域的党组织进行横向比较，对群体心态出现问题的党组织进行问责，让“红红脸、出出汗”成为常态；对不同类别的人群心态进行分析比较，构建不同人群心态的常模参数，用于指导国企党建针对不同人群的思想政治工作。

7. 如何调动国有企业干部职工的工作积极性？

充分调动广大职工积极性，增强国有企业活力，是党中央对深化国有企业改革的目标要求，也是搞好国有企业的本质要求。企业的本质和主体是人，因此增强国有企业活力的根源和核心是如何更加有效地调动广大干部职工的积极性。调动广大干部职工积极性，要以适当的待遇留人，但更需要以事业留人、以感情留人。

待遇留人。通过实行市场化的激励约束制度，通过职工持股、任期激励、股权激励、超额利润分享等中长期激励机制，打造鼓励创新、宽容失败的经营氛围，激发企业家的工作热情、积极性和创造力；要进一步完善任期激励、股权激励、超额利润分享等中长期激励机制，形成长期利益共同体，达到调动职业经理人工作积极性的效果；同时要推进全员绩效考核，合理拉开职工收入分配差距，做到奖惩分明，充分体现个人劳动价值，建立工资效益联动机制，打破平均主义大锅饭，切实做到职工收入能增能减，真正调动起广大职工的工作积极性。

事业留人。通过完善国有资产管理体制，以管资本为主推进国有资产监管机构职能转变，落实所有权与经营权分开，促使国有企业真正成为依法自主经营、自负盈亏、自担风险、自我约束、自我发展的独立市场主体，让企业家拥有更多的自主经营决策权限，提升企业家的责任感和使命感；积极推行职业经理人制度，培养和提拔有能力、有潜力的经理人，为广大干部职工发展提供机会和平台，用事业激励带动人。

感情留人。《中共中央、国务院关于深化国有企业改革的指导意见》指出，要“坚持全心全意依靠工人阶级，维护职工合法权益，为国有企业改革发展提供坚强有力的政治保证、组织保证和人才保证”。要构建和谐劳动关系和规范用工制度，切实保障职工的各项基本权益，包括取得劳动报酬的权利、休息休假的权利、获得劳动安全卫生保护的权利、享受社会保险和接受职业技能培训的权利；要健全劳动关系协调机制，全面实行劳动合同制度、推行集体协商和集体合同制度，健全协调劳动关系三方机制；要加强企业民主管理制度建设，完善以职工代表大会为基本形式的企业民主管理制度、推进厂务公开制度化和规范化；要健全劳动关系矛盾调处机制，健全劳动保障监察制度、健全劳动争议调解仲裁机制，让广大职工生活得有保障、有安全感，以企为家。

从激励性质上考虑，可以分为物质层面的“硬激励”和精神层面的“软激励”两种形式，二者相互促进，互为补充。

传统的“硬激励”需要注意以下两个方面：一是重视薪酬激励的功能。从工资结构的设计、发放方式的安排，到不同群体间收入水平的调节策略，都具有引导作用。要让薪酬、考核的制度符合企业的价值观，同时要公开向职工表达清楚企业的良苦用心和价值导向，不把薪酬方法隐秘化。二是注重用人的风向标作用。提拔干部、选拔专家都具有价值观功能，用对人，才能鼓舞人、传递价值观，尤其是行政人员具有天然的价值观标杆功能，必须防止只看重能力、业绩的倾向，坚持德才兼备。

丰富的“软激励”需要注意以下几个方面：注重时效性。当职工身上发生了符合企业价值观的典型行为后，应该在第一时间得到即时激励。注重显性化。企业可以建立非物质激励荣誉长廊、星光大道等场所，把各类重要典型人物和其事迹集中呈现，用来传扬荣誉背后的故事，成为职工心目中的荣誉殿堂。注重仪式感。为受到“软激励”的职工举行适当的褒奖仪式，是强化激励效果的重要手段。注重常规化。“软激励”有及时、易行的特征，但不能随意性设置、随意变更、随意取消。注重多元化。不断拓展让人耳目一新又方便实用的形式。比如，在公司停车场设置专用停车位、每月在食堂举办一次“与董事长同桌”活动、定制专属工作服、设立等级记功制度。

案例阅读

建科环能科技有限公司：机制改革激发内部活力

建科环能科技有限公司（以下简称“环能科技”）是中国建筑科学研究院下属科技型企业。长期以来，环能科技紧抓改革机遇，紧密围绕健全市场化选人用人机制，强化市场化激励力度，激发科技创新动能，持续纵深推进党建引领，全面实现经营模式转型升级。

强化党建引领，形成改革发展合力。推动党建与深化改革深度融合。严格落实党组织“第一议题”和理论学习中心组学习制度，强化党组织领导作用，确保改革沿着正确的方向推进。以青年委员会作为桥梁，与基层职工保持密切联系，深入了解改革过程中的难点和问题。推动党建与生产经营深度融合。找准责任机制上的结合点，实现党建工作与业务发展同部署、同落实、同考核。找准活动载体上的结合点，通过“环能大讲堂”等多种形式创新党建活动载体。找准实践推进上的结合点，组织党支部根据专业特长联合合作单位开展共建，在近零能耗、清洁取暖、生物安全等各项中心工作中发挥作用。加强人才的选拔、任用与考评，采用公开演讲和现场评议相结合的方式开展竞聘上岗。加强年轻人才培养，通过设置技术总监、青年领军人才岗位，充分发挥核心人才引领作用。推进“导师制”，以传帮带的形式，发掘青年人才潜力，大力构建多形式、多途径、立体化的人才培养格局。

打破院所思维，健全市场化经营机制。构建任用与考核联动的用人机制。建立干部升降级和退出机制。对中层管理者进行5级分档，根据年度综合考评排名结果对干部进行定级，并对连续处于末位的干部进行淘汰。构建岗位与职级联动的用工机制。全面推进定岗定编，形成“按需设岗，择优聘任，目标考核，聘约管理”的梯级专业技术岗位聘任制度。将技术岗位分为9级，职能岗位分为7级，对全体职工进行岗位聘任，实现岗位职级与薪酬联动；同步构建企业职工内部流动机制，通过调岗、轮岗、培训等多种方式支持职工发展，充分激发职工活力。

8. 国有企业如何培育和践行社会主义核心价值观？

人民有信仰，国家有力量，民族有希望。习近平总书记强调，只要是中国人，就应该自觉培育和践行社会主义核心价值观。[①] 社会主义核心价值观是社会主义核心价值体系的内核，

① 习近平：《论党的青年工作》，中央文献出版社2022年版，第82页。

体现社会主义核心价值体系的根本性质和基本特征，反映社会主义核心价值体系的丰富内涵和实践要求，是社会主义核心价值体系的高度凝练和集中表达。国有企业要把培育和践行社会主义核心价值观作为强基固本的灵魂工程，注重宣传教育、示范引领、实践养成相统一，使社会主义核心价值观融入企业生产生活和职工精神世界，全员参与，共同践行，有效推动社会主义核心价值观在国有企业践行落地。

深刻认识培育和践行社会主义核心价值观的重大意义。社会主义核心价值观是凝聚人心、汇聚民力的强大力量。富强、民主、文明、和谐是国家层面的价值目标，自由、平等、公正、法治是社会层面的价值取向，爱国、敬业、诚信、友善是公民个人层面的价值准则，这 24 个字是社会主义核心价值观的基本内容，为培育和践行社会主义核心价值观提供了基本遵循。面对世界范围思想文化交流交融交锋形势下价值观较量的新态势，面对改革开放和发展社会主义市场经济条件下思想意识多元多样多变的新特点，积极培育和践行社会主义核心价值观，对于巩固马克思主义在意识形态领域的指导地位、巩固全党全国人民团结奋斗的共同思想基础，对于促进人的全面发展、引领社会全面进步，对于集聚实现中华民族伟大复兴中国梦的强大正能量，具有重要现实意义和深远历史意义。

准确把握培育和践行社会主义核心价值观的重要原则。国有企业培育和践行社会主义核心价值观，要突出国有企业特色，结合职工队伍实际，坚持落细落小落实，把社会主义核心价值观贯穿于企业思想政治工作的各个方面。坚持以人为本，尊重群众主体地位，关注职工群众利益诉求和价值愿望，促进职工全面发展。坚持以理想信念为核心，抓住世界观、人生观、价值观这个总开关，牢固树立中国特色社会主义共同理想，着力铸牢职工群众的精神支柱。坚持联系实际，区分层次和对象，加强分类指导，找准与职工群众的思想共鸣点和利益交汇点，做到贴近性、对象化、接地气。坚持改进创新，善于运用职工群众喜闻乐见的方式，搭建平台、开辟渠道，增强工作的吸引力感染力。国有企业要把推动培育和践行社会主义核心价值观同实际工作融为一体、相互促进。开展各项生产经营活动，要遵循社会主义核心价值观要求，做到讲社会责任、讲社会效益、讲守法经营、讲公平竞争、讲诚信守约，形成有利于弘扬社会主义核心价值观的良好政策导向、利益机制和社会环境。

开展涵养社会主义核心价值观的实践活动。加强社会主义核心价值观宣传教育。借助各类传播载体，准确、科学、完整地宣传和普及社会主义核心价值观，教育引导职工深入理解和准确把握科学内涵和实践要求。广泛开展实践活动。弘扬爱国、敬业、诚信、友善的价值准则，明大德、守公德、严私德，加强社会公德、职业道德、家庭美德、个人品德教育，形成修身律己、崇德向善、礼让宽容的道德风尚。大力弘扬雷锋精神，广泛开展形式多样的学雷锋实践活动，采取措施推动学雷锋活动常态化。选树模范标杆。模范标杆是核心价值观在该企业的故事化、形象化演绎，提供核心价值观与具体行为的关联，使之更具温度和质感。人物的故事很容易引起情感共鸣，很容易被人们传诵、弘扬。深化群众性精神文明创建活动。开展以优秀企业文化为主题的实践活动，帮助企业员工树立良好的企业文化认知，增强凝聚力，充分激发工作热情。

加强对培育和践行社会主义核心价值观的组织领导。国有企业党委（党组）要把培育和践行社会主义核心价值观摆上重要位置，把握方向，制定政策，营造环境，切实负起政治责任和领导责任。建立健全培育和践行社会主义核心价值观的领导体制和工作机制，加强统筹协调，加强组织实施，加强督促落实，提高工作科学化水平。例如，以弘扬社会主义核心价值观为主线，建立完善典型个人和典型单位选树推广的宣传机制，发挥劳动模范、道德模范、"最美职工"等先进人物的示范带动作用，大力弘扬劳模精神、工匠精神，引导和培育健康文明、昂扬向上的职工文化。党员特别是国有企业领导人员要在培育和践行社会主义核心价值观方面带好头，以身作则、率先垂范，讲党性、重品行、作表率，为民、务实、清廉，以人格力量感召群众、引领风尚，助力形成人人践行社会主义核心价值观的生动景象。

9. 国有企业如何做好企业文化建设?

企业文化是一个企业在发展过程中形成的以企业精神和经营管理理念为核心，凝聚、激励企业各级经营管理者和职工归属感、积极性、创造性的人本管理理论，是企业的灵魂和精神支柱。先进的企业文化是企业持续发展的动力源泉，是企业核心竞争力的重要组成部分。国有企业要坚持以社会主义核心价值观引领企业文化建设，传承弘扬国有企业优良传统和作风，培育家国情怀，增强应对挑战的斗志，提升产业兴国、实业报国的精气神。

企业文化与传统文化相结合。要准确地把握时代的要求，处理好企业文化建设和社会主义核心价值观引领作用之间的协调性关系和细节性问题。注意继承发扬中华民族的优秀传统文化，挖掘整理企业长期形成的宝贵的文化资源，从我国国情和企业实际出发，正确制定和调整企业文化战略，并适应社会主义市场经济的需要，用发展的观点和创新的思维对原有的企业精神、经营理念进行整合和提炼，赋予新的时代内涵，在保持已有共识的价值取向和行为方式的基础上，打造独具特色的企业文化体系。

物质文化与精神文化相结合。企业物质文化建设方面，提高企业的品牌建设、技术审美和物质形象，为职工创造良好的工作环境。企业精神文化建设方面，为职工营造自由和平等的企业氛围，树立诚信经营的企业道德观和可持续发展的企业利益观，落实诚信道德规范，将企业经济利益和社会声誉相互融合。企业制度文化建设方面，以制度规范来落实职工的职责、建立企业职工文化活动的制度、健全社会主义核心价值观的宣传普及方式等。企业行为文化建设，融入企业改革发展的全过程和生产经营管理的各个环节，规范企业与职工行为，减少发展阻力，在竞争中发挥优势。

理念培育与制度建设相结合。建设先进的企业文化是企业党政领导的共同职责，要把企业文化建设作为一项重要的工作纳入议事日程，与其他工作同部署、同检查、同考核、同奖惩，形成企业文化主管部门负责组织、各职能部门分工落实、职工广泛参与的工作体系。完善企业文化建设的运行机制，建立长效管理机制、考核评价机制、激励保障机制等，保证企业文化建设工作的顺畅运行。完善社会监督机制，通过政府机构、行业协会、新闻媒体、社会群众等各类企业外部主体，对企业及职工进行有效监督，更好地维护和塑造企业形象。企业文化来源于企业实践又服务于企业实践，注重把全体职工认同的文化理念融入具体的规章制度中，渗透到相关管理环节，建立科学、规范的内部管理体系，并采取相应的奖惩措施，在激励约束中实现价值导向，引导和规范员工行为。

共性认知与个性特点相结合。大型企业集团要处理好集团文化与下属企业文化的关系，注重在坚持共性的前提下体现个性化。要以统一的企业精神、核心理念、价值观念和企业标识规范集团文化，保持集团内部文化的统一性，增强集团的凝聚力、向心力，树立集团的整体形象。同时允许下属企业在统一性指导下培育和创造特色文化，为下属企业留有展示个性的空间。在企业兼并重组和改制的过程中，要采取多种有效措施，促进文化融合，减少文化冲突，求同存异，优势互补，实现企业文化的平稳对接，促进企业文化的整合与再造，推动兼并、重组、改制企业的创新发展。

领导主导与全员参与相结合。在企业文化建设过程中，要坚持把领导者的主导作用与全体职工的主体作用紧密结合。企业领导要站在促进企业长远发展的战略高度重视企业文化建设，对企业文化建设进行系统思考，出思想、出思路、出对策。坚持全心全意依靠职工群众办企业的方针，尊重劳动、尊重知识、尊重人才、尊重创造，用美好的愿景鼓舞人，用宏伟的事业凝聚人，用科学的机制激励人，用优美的环境熏陶人。从基层文化抓起，集思广益，群策群力，全员共建，努力使广大职工在主动参与中了解企业文化建设的内容，认同企业的核心理念，形成上下同心、共谋发展的良好氛围，推动社会主义核心价值观转化为思想自觉和行为习惯。

案例阅读

中国中化集团有限公司：战略转型期企业文化的重塑与建设[①]

中国中化集团有限公司（以下简称“中化集团”）企业文化围绕“科学至上”理念，从价值理念、行为规范、宣贯传播等层面进行系统重塑，设计出一套凝聚共识、深入人心的文化体系，并以此为基础开展广泛、持续的传播推广，促使“科学至上”真正成为整个企业的信仰和追求。

紧扣战略转型，坚持科学规划。中化集团正在加快发展成为一家以石油化工为基础、以生命科学和材料科学为引领、以环境科学为保障的世界一流综合性化工企业。在此过程中，中化集团紧密围绕“科学至上”价值理念开展文化宣贯和建设，逐步协同和引领各个业务单元的经营管理导向，并始终坚持科学规划、相融共进的工作原则，把企业文化工作与思想政治、职工培养及团队建设、品牌宣传等密切结合，并逐步融入各项经营管理活动之中。

建立工作机制，有效组织保障。企业文化建设是一项综合性、全局性系统工程，在文化建设过程中，中化集团

① 《战略转型期企业文化的重塑与建设——以中化集团“科学至上”企业文化为例》，《国资报告》2021 年第 4 期。

各单位明确了各自工作目标，各司其职、各负其责。集团总部重在顶层设计，指引文化建设方向；事业部是文化建设的责任主体，以集团制定的框架为基础，策划打造各具特色的文化活动。

完善文化体系，宣贯整体发力。中化集团新企业文化系统发布后不久，公司构建起行为规范体系，并完善视觉识别体系，为“科学至上”精神内核的对外呈现打开了窗口。

设计培训课程，组建讲师队伍。企业文化培训成为中化集团的重要培训内容。组建扩充讲师团队，以集团通用课程为基础，融入不同的案例和宣讲方法，提升培训效果。

结合党建活动，助力文化落地。中化集团各级党组织结合党建、宣传和群团建设等工作，组织开展了一系列文化活动，并积极开展“中化工匠”“两优一先”“中化劳模”等先进典型选树表彰。

创新文化传播，营造良好氛围。中化集团各级宣传部门全面推进企业文化传播工作，以形象、艺术、感人的形式让职工和社会公众直观感受、深入理解中化文化。

10. 国有企业如何做好先进典型的选树和培养？

先进典型是践行社会主义核心价值观的模范，是国有企业的无形资产和精神财富。选树、培养与宣传先进典型是国有企业思想政治工作的重要手段。

选树培养真实可信典型。一个先进典型是一面旗帜，其选树培养至关重要。注重时代性。要充分体现社会主义核心价值观的价值准则，充分体现中华民族传统美德和时代精神。一个典型只有突出时代性，才能具备引领潮流的品质，成为推动社会进步的旗帜。注重群众性。先进典型来自广大干部职工和基层组织，在某个领域或岗位作出突出贡献，在大事要事难事中表现突出，事迹真实感人、社会反响强烈、赢得广泛好评。从普通职工中发现典型、树立典型，能够让人们近距离感受到榜样的人格魅力。注重多样性。广泛开展“最美人物”“道德模范”“劳动模范”“身边榜样”“感动企业”等评先选优活动。选树典型的过程中，要注重培树多层次、多维度，使每名职工都可以在爱党爱国、敬业奉献、创业创效、科技创新、公益爱心等方面的先进典型中找到适合自己学习和效仿的榜样。注重实效性。选树典型的目的不在选树，而在使典型成为大家日常工作、生活学习的榜样，使大家在方方面面有可借鉴的方法和经验。应注意按照不同时期的目标，选那些工作积极性高、有思路、能务实创新的典型，以达到通过典型引路、促进各项工作的目的。

完善选树培养保障机制。坚持公开公正、群众公认、组织把关的原则，选树有分量、有影响、有生命力的先进典型。建立管理机制。将先进典型选树工作纳入年度工作重要议事日程，明确责任部门，定期研究部署。及时对先进典型的事迹及相关资料进行归档，为典型培养、树立和宣传提供依据。建立考核机制。对先进典型实行动态管理，定期进行考核和评价。及时为典型指明道路，当典型思想上有波动时，应及时做他们的思想政治工作，帮助他们摆脱不应有的压力，保持荣誉感。建立褒奖机制。多关心先进典型的生产生活，解决典型的后顾之忧，使先进典型既有精神奖励又得物质奖励，形成崇尚先进、学习先进、争当先进的良好风气。

确保典型发挥示范作用。选树、培养、宣传先进典型，在企业中进一步营造创先争优的良好氛围，充分发挥先进典型模范在企业改革发展中的示范引领作用，进一步调动企业广大职工的积极性和创造性。展现真实。真实性是先进典型的生命。先进典型之所以能打动人，是因为他们源自生活、来自群众，更是因为他们真实可信。宣传典型切忌人为拔高、溢美作秀。形式多样。一个典型的宣传推广除了在内部以巡回报告、座谈会、内部刊物等形式外，还应积极利用各大报纸杂志、网络、电视、电台等新闻媒体，多管齐下，形成全方位、大规模、立体化宣传格局，使典型人物的宣传形成热潮。全面推广。广泛开展发布宣传与学习活动，充分展示选树典型的先进事迹和崇高精神，用典型引领风气、推动工作，促进企业持续健康发展。

延伸阅读

选树和培养先进典型需要妥善处理好几个关系[①]

大英雄与小榜样。企业希望能涌现具有很强先进性、代表性、时代性和典型性的先进人物，在某个特定的社会历史时期内，对人们的思想和行为产生巨大而深远影响的时代楷模、弘扬民族精神和时代精神的道德模范、在危机时刻挺身而出的英雄。但是，企业同样需要树立身边小榜样。拥有了“高原”，迟早会生长出“高峰”。当小榜样足够多，就会出来更高层次的中榜样，这样选树先进典型可以形成良好生态。

人物典型与行为典型。所谓人物典型，通常要各方面经得起推敲、考验。企业也需要行为典型。先进典型的意义在于能够及时弘扬一种价值观，相比人物典型的评选周期长，行为典型的选树则要快捷、高效得多。如果职工某一行为很好地践行社会主义核心价值观，彰显了企业倡导的价值观或价值观某一方面，就应该把他选树为典型。例如中央宣传部推动的“中国好人”评选是一个示范，其评选机制就是行为典型选树，即在五类行为典型中，任何一位中国公民只要做出了某一方面典型行为，都可能成为

① 倪春:《企业文化工具之“树典型”》,《当代电力文化》2022年第11期。

“中国好人”。

群体典型与个人典型。传统上，企业都比较注重个人典型的选树，个人可能因为退休、调离或者犯错，失去示范和带动作用。因此，企业还需要选树一些群体性典型。即使个别成员因为个人原因不具备典型意义，把他从这个典型群体中调离，也不妨碍这个群体典型成为企业一直行走的价值观。群体典型不宜太“宏观”，以朝夕相处的小团队为主，便于把其成员的故事传讲出来，使得这个典型有血有肉、有信念有价值观。

价值引导与示范推广。一个职工通过自身努力，作出了突出贡献，被组织发现并树为一种典型后，需要组织的精心培养，帮助先进典型更加全面发展，更加符合企业价值观的要求。将先进典型培养为更高层次的典型人物，既可以发挥更大范围的价值观示范效应，还可以更好地激励本单位职工，增加企业的美誉度和知名度。

11. 国有企业如何开展文明单位创建活动？

文明单位是指积极开展群众性精神文明创建活动，坚持培育和践行社会主义核心价值观，经济建设、政治建设、文化建设、社会建设、生态文明建设和党的建设全面发展，精神文明建设成绩突出、职工素质较高、业务工作过硬、社会形象良好，在各方面发挥示范引领作用的单位。文明单位创建是群众性精神文明创建活动的重要内容，是新时代党的群众工作的重要载体，是加强和改进国有企业思想政治工作的重要抓手，是国有企业干部职工共建共治共享、建设美好生活的重要形式。国有企业文明单位创建要重点做好以下几个方面的工作。

深入学习贯彻习近平新时代中国特色社会主义思想。要把深入学习贯彻习近平新时代中国特色社会主义思想作为首要政治任务，深刻理解习近平新时代中国特色社会主义思想的核心要义、精神实质、丰富内涵、实践要求，不断增强干部群众的“四个意识”，坚定“四个自信”，做到“两个维护”，在政治立场、政治方向、政治原则、政治道路上同以习近平同志为核心的党中央保持高度一致。坚持读原著、学原文、悟原理，全面系统学、及时跟进学、深入思考学、联系实际学，注重学懂弄通做实，努力做到真学真懂真信真用，不断增进政治认同、理论认同、思想认同、情感认同，切实用习近平新时代中国特色社会主义思想武装头脑、指导实践、推动工作。完善党委(党组)理论学习中心组学习制度，扎实开展党员集中学习教育，建立健全常态化学习制度，组织国有企业领导人员和先进人物开展形式多样的宣讲活动，用职工喜闻乐见的形式宣传党的创新理论，推动习近平新时代中国特色社会主义思想进企业、进农村、进机关、进校园、进社区。广泛运用“学习强国”学习平台、行业媒体、宣传橱窗等阵地，开展多形式、分层次、全覆盖宣传，营造浓厚学习氛围。

强化理想信念教育。要深化中国特色社会主义和中国梦宣传教育，学习党史、新中国史、改革开放史、社会主义发展史、中华民族发展史，引导广大职工坚定对中国特色社会主义的信念、对实现中华民族伟大复兴中国梦的信心。充分利用我国改革发展的伟大成就、重大纪念活动、传统节庆和现代节日、重要仪式礼仪、爱国主义教育基地、自然人文景观和重大工程等，开展爱国主义、集体主义、社会主义教育，加强中华优秀传统文化教育，强化祖国统一和民族团结进步教育，进一步深化国情教育和形势政策教育，把共产主义远大理想与中国特色社会主义共同理想统一起来，引导广大职工树立正确的历史观、民族观、国家观、文化观，把实现个人理想融入实现国家富强、民族振兴、人民幸福的伟大梦想之中。

培育和践行社会主义核心价值观。要持续深化社会主义核心价值观宣传教育，增进认知认同、树立鲜明导向、强化示范带动，引导职工把社会主义核心价值观作为明德修身、立德树人的根本遵循。坚持贯穿结合融入、落细落小落实，把社会主义核心价值观要求融入企业规章制度、融入职工日常生活，使之成为职工日用而不觉的道德规范和行为准则。深入实施公民道德建设工程，大力推进社会公德、职业道德、家庭美德、个人品德建设，广泛倡导在工作中做一个好建设者、在社会上做一个好公民、在家庭里做一个好成员，引导职工做崇高道德的践行者、文明风尚的维护者、美好生活的创造者。广泛开展弘扬时代新风行动，传承中华传统美德，加强文明礼仪宣传教育。开展道德模范和时代楷模学习宣传、“最美人物”宣传、“崇德尚礼”实践等活动，树立正确理想信念、价值理念、道德观念，为文明单位创建提供道德滋养。

发挥党建工作的政治引领作用。要充分发挥党组织在文明单位创建中的领导作用，发挥党员在创建工作中的先锋模范作用，强化国有企业党组织的政治功能，发挥群团组织政治作用，确保文明单位创建工作始终坚持正确政治方向、取得良好政治效果。大力加强基层党建工作，坚持党建先行，建立健全“党建＋文明创建”机制，推动文明单位创建与基层党建工作实现融合发展，形成以党建带创建、创建促党建的良好局面。

深化职业道德建设。要把提高职工职业道德素养放在创建工作重要位置，推动践行以爱岗敬业、诚实守信、办事公道、热情服务、奉献社会为主要内容的职业道德。广泛开展职业道德教育，把职业道德要求贯穿单位各项工作始终。着力教育培养职工树立崇高的职业理想，弘扬高尚的职业精神，掌握精湛的职业技能。遵守严格的职业纪律，养成规范的职业行为。坚持职业道德教育和工作实践相结合，组织开展多种形式的主题实践活动，引导职工自觉履行职业道德要求，塑造良好职业形象。推动各行业制定体现自身特点的职业道德规范和职业守则，健全完善职业道德规范体系，把职业道德要求融入行业管理和服务之中，引导干部职工涵养职业操守、践行职业道德。

激励职工干事创业。要坚持把开展文明单位创建活动与推动企业改革发展、激发职工创新创造活力结合起来，广泛开展“中国梦·劳动美”“向奋斗者致敬”“巾帼心向党·奋进新时代”等主题宣传教育活动，开展向劳动模范、自强模范、最美奋斗者、大国工匠等先进典型学习宣传活动，大力弘扬改革开放精神、劳动精神、劳模精神、工匠精神、企业家精神、科学家精神，倡导幸福源自奋斗、成功在于奉献、平凡造就伟大的价值理念。积极搭建职工发展平台，深入开展“当好主人翁、建功新时代”主题劳动和技能竞赛活动，引导广大干部职工立足本职作贡献、建功立业新时代，共同创造幸福生活和美好未来。

注重涵育单位文化。要发挥中华优秀传统文化和革命文化、社会主义先进文化的影响力和感染力。打造健康文明、昂扬向上、全员参与的职工文化，培养团结协作、勇于创新、奋发有为的团队精神，增强单位的凝聚力、向心力和竞争力。结合企业发展战略，继承发扬优良传统，培育提炼各具特色、符合实际、充满生机的企业精神，建立企业标识体系。加强学习型企业、学习型班组、学习型职工建设，大力开展岗位培训和职业教育。完善企业文化体系，开展质量文化、诚信文化、安全文化、品牌文化等专项文化提升工作，丰富企业文化内涵。广泛开展法治宣传和普法教育，引导干部职工提升法治素养、增强法治观念，推动形成尊法学法守法用法的法治环境。弘扬科学精神，普及科学知识，提高干部职工科学文化素质，消除封建迷信、伪科学、极端思想土壤，坚决抵制违法违规宗教活动。加强单位宣传思想文化阵地建设，培育职工文化骨干队伍，广泛开展文艺演出、职工运动会等形式多样、健康有益的文体活动。

突出抓好诚信建设。要加强政务诚信、商务诚信、社会诚信和司法公信建设，引导干部职工践行诚信准则，恪守每一条规范、严把每一道工序、做好每一件产品，做到诚信服务、诚信执法、诚信生产、诚信经营。加强诚信宣传教育，弘扬中华民族重信守诺传统美德，普及与市场经济和现代治理相适应的诚信理念、规则意识、契约精神，以诚信文化丰富单位文明内涵。推动各单位积极参与诚信缺失突出问题集中治理，严肃查处失信行为，支持信用体系建设，促进诚信建设制度化。

提供文明优质服务。要围绕服务人民、奉献社会，突出文明、优质、高效服务。切实加强窗口单位的文明创建工作。组织开展窗口单位文明素质提升工程，大力倡导以人为本的服务理念，引导职工增强文明服务意识，促进优质规范服务。交通、电力、银行、电信等与群众生活密切相关的国有企业的窗口单位，要进一步创新服务理念，规范服务标准，深化“一站式”服务，完善应急服务机制，推行错时延时服务等制度，尽力方便群众。选树优质服务典型，争创文明窗口、服务名牌、服务明星等，发挥示范带动作用，提升优质服务水平。不断改善提升窗口单位服务条件，拓展服务功能，建设方便残疾人、老年人的无障碍设施。

认真履行社会责任。要把履行社会责任作为文明单位创建的重要任务，大力发挥国有企业自身优势，服务社会、造福人民。大力支持、积极服务新时代文明实践中心建设，广泛组织参与多种形式的文明实践活动，为丰富农村文化生活、建设文明乡风、促进乡村振兴作出贡献。深入开展学雷锋志愿服务，建立志愿服务队伍，广泛开展保护环境、社区服务、公共文明引导等志愿服务活动，积极参与慈善捐助、支教助学、志愿助残、义务献血、义演义诊、植绿护绿等社会公益活动，引导干部职工在帮助他人、服务群众、回报社会的过程中提升道德境界。

培育生态价值观念。要强化生态文明教育，牢固树立和践行绿水青山就是金山银山的理念，倡导勤俭节约、绿色环保，反对奢侈浪费和不合理消费，切实增强干部职工生态文明意识。推动节约型企业创建，开展绿色生活创建行动，培养简约适度、绿色低碳生活方式。结合实际开展净化、绿化、美化和亮化工程，扎实推进爱国卫生运动，努力建设整洁优美环境。推动企业建立健全切实有效的环境管理制度和环境保护体系。

解决职工实际问题。国有企业党组织要切实履行主体责任，发挥工会、共青团、妇联组织联系群众的桥梁纽带作用，多做组织群众、宣传群众、凝聚群众、服务群众的工作，多做统一思想、凝聚人心、化解矛盾、激发动力的工作，创造严谨团结、融洽和谐的工作环境。针对干部职工普遍关心的教育、医疗、养老、就业等问题，深入细致加强引导，及时回应群众关切。坚持既解决思想问题又解决实际问题，关心干部职工日常生活，加强对困难职工的思想引领、关爱帮扶、法律援助等，引导职工依法理性表达利益诉求，帮助解决后顾之忧。注重人文关怀和心理疏导，积极开展心理健康教育。加强安全生产和职业健康工作，改善劳动条件，提高干部职工健康素质。

加强单位内部管理。要完善行业规章、服务标准、管理制度、工作流程，促进单位管理规范化。充分尊重职工的主人翁地位，落实政务公开、厂务公开，健全以职工代表大会为基本形式的企事业民主管理制度，探索企业职工参与管理的有效方式，保障职工的知情权、参与权、表达权、监督权，维护职工合法权益。

12. 如何做好国有企业宣传工作？

对于国有企业而言，宣传分为内宣和外宣。内宣主要是面向企业内部职工，做好企业战略宣贯、企业文化培育等。外宣则是国有企业围绕中心、服务大局，面向企业外部弘扬主旋律、壮大正能量、传递好声音。这里所说的宣传工作，特指外宣工作。

宣传工作是党的一项极端重要的工作。《中国共产党宣传工作条例》明确规定，国有以及国有控股企业党组织设置宣传工作机构。做好宣传工作，有助于国有企业打造优质品牌、塑造良好形象、深化价值提升，也有助于构建良好发展环境和外部生态，这对国有企业的高质量发展尤为重要。同时，作为中国特色社会主义的重要物质基础和政治基础，作为党执政兴国的重要支柱和依靠力量，国有企业宣传工作是党和国家宣传工作的重要阵地，做好国有企业宣传工作也有助于弘扬主旋律，传播正能量，激发全社会团结奋进的强大力量。当前全媒体迅速发展，来自国际国内的各类声音纷杂，讲好新时代中国国有企业故事，敢于发声，善于发声，愈发重要。

要坚持党管宣传。作为国有企业强根铸魂、凝心聚力的工作，宣传工作要旗帜鲜明坚持党管宣传、党管意识形态，要旗帜鲜明支持正确思想言论，旗帜鲜明反对和抵制各种错误观点。坚持以学习贯彻习近平新时代中国特色社会主义思想为主线，多样化、经常性、全覆盖地进行宣传，有力塑造国有企业好形象，有效传递国有企业正能量，营造浓厚氛围，凝聚奋进力量，为企业改革发展提供强大的思想引领、精神动力及文化支撑。

要围绕中心、服务大局。宣传工作要把围绕中心、服务大局作为基本职责，胸怀大局、把握大势、着眼大事，找准工作切入点和着力点，做到因势而谋、应势而动、顺势而为。国有企业宣传工作融入和服务中心工作，要立足党和国家工作大局，立足企业发展战略，与党建工作一体推进，与业务发展同谋划、同部署、同落实，在实践中提升运用党的新理论新观点研究解决经营实际问题的能力，做大做强正面宣传，精心开展主题宣传、形势宣传、政策宣传、成就宣传、典型宣传，使宣传工作成效转化为推动国企发展的强大动力。

要与时俱进、创新融合。习近平总书记强调："宣传思想工作创新，重点要抓好理念创新、手段创新、基层工作创新，努力以思想认识新飞跃打开工作新局面，积极探索有利于破解工作难题的新举措新办法，把创新的重心放在基层一线。"[①]党的二十大报告指出，加强全媒体传播体系建设，塑造主流舆论新格局。国有企业要承担起举旗帜、聚民心、育新人、兴文化、展形象的使命任务，推动宣传思想工作守正创新。理念创新，要建立体系化的全媒体战略思维。手段创新，要注重传播手段和话语方式，既要上接天线，又要下接地气；要结合融媒体特点，一次生产、多次传播，并适配不同网络平台提供相应的话语内容，提升宣传思想工作的针对性和实效性。基层工作创新，做到党政工团齐抓共管，宣传部门、组织部门、工会、共青团

---

① 习近平：《论党的宣传思想工作》，中央文献出版社2020年版，第16页。

各个方面的组织和人员都要结合本职工作积极投身到企业的宣传思想工作之中，形成全方位的纵横交错立体的宣传思想工作大格局，形成宣传工作合力。

要打造专业队伍、实现全员参与。习近平总书记指出，宣传思想干部要不断掌握新知识、熟悉新领域、开拓新视野，增强本领能力，加强调查研究，不断增强脚力、眼力、脑力、笔力。[①]提升宣传队伍素质是一项基础性、战略性、保障性的工作。首先，要坚持政治方向，持续学习党在媒体融合实践中有关主流意识形态传播规律性的新观点、新论断，并在实践与运用中总结经验。其次，要培养一专多能，打造具有人文关怀、社会责任与科学逻辑的人才队伍，提供硬件和软件的双重支持。最后，意识形态工作不仅仅是宣传部门的事，不仅要广泛吸纳跨界、跨领域人才，更要发动全员参与宣传。只有更贴近实际，准确反映职工心声，才能有最坚实的支撑。

13. 如何做好国有企业“互联网＋宣传”？

习近平总书记指出，宣传思想工作的关键是要提高质量和水平，把握好时、度、效，增强吸引力和感染力，让群众爱听

① 习近平：《论党的宣传思想工作》，中央文献出版社 2020 年版，第 342 页。

爱看、产生共鸣，充分发挥正面宣传鼓舞人、激励人的作用。在事关大是大非和政治原则问题上，必须增强主动性、掌握主动权、打好主动仗，帮助干部群众划清是非界限、澄清模糊认识。[①]

当前，互联网已成为我国人民群众最喜闻乐见的信息媒介。《中国互联网络发展状况统计报告》显示，截至 2022 年 12 月，我国网民规模达 10.67 亿，同比增长 3549 万，互联网普及率达 75.6%，是全球最大且最具生机的网络数字社会。在互联网如此普及的今天，国有企业宣传工作呈现出很多新特点，要树立“+”思维，用好互联网这个工具和媒介，用好网络特色、网络优势，更好发挥宣传工作的强大力量。要加入用户思维。针对不同载体和不同受众，采取不同的传播策略、表现形式、叙事方法、语言风格，改文风、接地气、说实话、说新话，网上网下互通互动。要加入营销思维。牢牢把握意识形态领域的领导权、管理权、话语权，融入“关联、反应、关系、回报”理念，加强与受众的网络关联，提高对宣传效果的反应，维护与受众的互动关系，提高宣传内容对受众的吸引力，真正为企业和职工创造价值。要加入数据思维。加强流量数据、评论点赞等数据分析应用，打造更有针对性的宣传产品。同时，了解舆论形势，做出精准分析和研判，有效把握舆情动向和发展态势，有

---

① 习近平:《论党的宣传思想工作》，中央文献出版社 2020 年版，第 16 页。

针对性地开展舆情引导和对外宣传。

把握好“互联网＋宣传”的“时”。“时”并不是单纯求快，而是要把握时势，找准时机，体现时效，有重点、有主题地开展宣传工作，使宣传工作成为推进企业战略落实，服务党和国家发展大局的重要抓手。从宏观上讲，要讲时势，就是围绕中心、服务大局。例如，去年的重点，今年未必是；有些举措过去时机未到，现在却势在必行；有些难点过去不可逾越，现在则需要突破。从中观上讲，要抓时机。要抓住党和国家重要节庆、重大活动集中宣传契机，将报道议题嵌进去。从微观上讲，要重时效。传播学中有“首发效应”，受众感形成的“第一印象”很难改变。尤其是身处具体事件中心的部门和单位，本来最接近事实真相、最有发言权，不能守着金山还挨饿，不能等到“谣言已经跑遍了整个世界，真相还在穿鞋”。要抓紧时机，把真实情况跟公众讲清楚、说明白。

把握好“互联网＋宣传”的“度”。“度”就是掌握分寸、力度，让新闻宣传恰如其分。“度”的把握、分寸的拿捏、火候的调整是宣传工作的大学问，体现出宣传工作的艺术性，考验着宣传工作者的水平。从规模上讲，因事制宜、因时制宜，采取合适的力度。从层次上讲，要准确把握报道的高度和深度，不能把大事说小，也不能把小事说大。从表达上讲，要务实得体，在重大舆论斗争中，该针锋相对、据理力争的要理直气壮，不能言语闪躲；在树立正面典型上，不夸大其词，要平实务实、有血有肉，防止好心办坏事。

把握好“互联网＋宣传”的“效”。“效”就是讲求效果、实效。正面宣传最终要看效果，要达到受众口碑好、社会共识强，最根本的是要增强吸引力和感染力，防止“低级红”“高级黑”。在内容上，要摆事实、讲故事，借有形之事来说无形之理，比单纯说教要生动许多。要让受众乐于接受，还要注重受众体验，传播情绪、传播价值，与受众产生共情共识，从而达到入心的效果。在形式上，要分众化、精准化传播。一套话语满足不了所有人，一个腔调难以唱遍天下。好的思想、观念、内容，要通过生动多样的形式表现出来，应通过“一菜多吃”，让受众“吃饱吃好”。

正确处理涉及国有企业的舆情。要迅速研判，评估可能出现的结果和造成的影响，研判自身应对舆情可以调动的资源，针对舆情发生原因、性质类型、样态特点等因素，进一步研判应当在何时于何种平台之上，针对性采取何种方式的应对举措，并预估应对举措的成效，根据公众与媒体的反响和回馈适时调整应对方略，做到分类处置、精准施策，最大限度地缩短风险持续时间、缩小风险影响范围。要及时公布，明确“谁”发布，统一管理，避免多头发布；把握发布节奏，主动发布，速报事实，持续发布，改善舆论态势；打磨发布内容，瞄准舆情的焦点、热点和关键问题，摆证据、讲道理，注意精准全面，采用“事实＋态度＋行动”的结构，把握语言分寸；找准发布立场，将信息发布、舆情回应作为与公众平等对话、交流互动的方式，切忌官话套话，远离“语言吹捧”，警惕“雷言雷语”，避免过于绝对，注重法、理、情的平衡，保持诚恳的态度。要突出整改，针对舆情暴露出来的突出问题，企业要及时有效加以整改，让发生的舆情成为企业管理提升的一次契机，梳理可敬可信的国有企业形象。国有企业领导人员应给予舆情工作更多重视，将舆情应对作为企业发展中的一项重点工作，对于舆情应对能够加大投入力度，建立健全舆情监测、舆情诉求、舆情分级以及新闻发布等工作机制，加强宣传培训，不断强化工作人员责任意识，提升舆情事件应对能力等，避免舆情对企业发展带来严重负面影响。

第五章　分类推进国有企业改革

1. 国有企业改革经历了哪些重要阶段？

改革开放40多年来，国有企业改革大致经历了从放权让利到转换经营机制、建立现代企业制度与国有经济战略性调整、改革完善国有资产管理体制和新时代全面深化国有企业改革四个阶段。

（1）第一阶段（1978—1993年），从放权让利到转换企业经营机制

1978年12月党的十一届三中全会召开，到1993年11月党的十四届三中全会，是我国国有企业改革的早期探索时期。这一阶段的改革目标是让企业有更多的经营管理自主权，按经济规律和价值规律办事，通过实行经济责任制、两步“利改税”、推行承包经营责任制等一系列措施，把国有企业推向市场，增强企业活力，转换经营机制，着力培育企业市场主体地位。1988年3月，七届全国人大一次会议决定设立国家国有资产管理局，作为国务院管理国有资产的职能机构，由财政部归口管理，以加强国有资产管理，实现国有资产保值增值，防止国有资产流失。国家国有资产管理局是中华人民共和国成立后第一个专门从事国有资产管理的政府职能机构，它的成立将国有资产管理职能与政府行政管理职能分离，标志着我

国国有资产管理体制改革迈出了重要一步，具有重要的积极意义。

这一阶段正处在从计划经济走向社会主义市场经济的过渡时期，企业在这一阶段经历了从行政机构附属物地位逐渐确立市场主体地位并走向市场的过程，改革的动因主要源于内外两个方面，一是企业自身各种矛盾的累积构成了内因，二是对外开放、引进外资带来的鲜活经验发挥了重要的外部促进作用。

（2）第二阶段（1993—2002 年），建立现代企业制度与国有经济战略性调整

1993 年 11 月，党的十四届三中全会通过《中共中央关于建立社会主义市场经济体制若干问题的决定》，把党的十四大确定的建立社会主义市场经济体制的目标和基本原则加以系统化、具体化，明确我国国有企业改革的方向是建立现代企业制度，对国有企业改革作了一系列重大部署。以此为标志，国有企业改革开始了从政策调整转向建立现代企业制度的制度创新、从战略上调整国有经济布局结构的新阶段。

这一阶段确立了“产权清晰、权责明确、政企分开、管理科学”的现代企业制度，开启了以公司制股份制改革为主要形式的现代企业制度建设，企业集团逐步完善母子公司体制。随着“抓大放小”的推进，逐步转向搞好整体国有经济，从战略上调整国有经济布局结构和改组国有企业。在对外开放方面，大型企业集团逐步“走出去”，国家提出培育具有国际竞争力

的大公司大集团，以适应21世纪初加入世界贸易组织（WTO）的需要。社会保障体系从无到有加快建设，各种措施手段努力支持结构调整，逐渐成为顺利推进国有企业改革的重要条件，为市场化改革手段提供了重要保障。这一阶段的国有企业改革是艰苦的，但取得了实质性突破。

（3）第三阶段（2002—2012年），改革完善国有资产管理体制与现代企业制度的创新深化

2002年11月，党的十六大召开，我国进入全面建设小康社会、加快推进社会主义现代化的发展新阶段。党的十六大报告指出，“完善各类国有资产管理体制和制度”，“建立中央政府和地方政府分别代表国家履行出资人职责，享有所有者权益，权利、义务和责任相统一，管资产和管人、管事相结合的国有资产管理体制”。2003年，组建国务院国有资产监督管理委员会。从党的十六大到党的十八大，国有企业改革进入改革完善国有资产管理体制与推动现代企业制度创新深化的新阶段。

这一阶段作出了新的改革国有资产管理体制的重大决策，形成了新的国有资产管理体制，构建了一整套新的国有资产监督管理的组织体系、法规体系、责任体系，明确了国有资产监管机构的出资人职责和国有资产监管职责，实现了政企分开、政资分开，进一步厘清了政府与国有企业的关系，落实了国有资产保值增值责任；从企业主体上看，公司治理结构进一步完善，重点推进了外部董事占多数的规范董事会建设；从企业改

革角度看，进一步规范了国有企业改制与产权交易行为，进入了出资人代表机构主导推动企业改革的阶段；从国有经济结构上看，大力推进企业重组整合，国有经济布局结构调整和优化的力度更大，操作更为复杂，方式途径更为市场化，国有资本进一步向重要行业关键领域集中，国有经济布局进一步优化，推进了管理提升，加强了全面风险管理，努力培育世界一流企业，国有企业特别是中央企业更大程度上“走出去”，参与了国际竞争。

（4）第四阶段（2012 年至今），新时代全面深化国有企业改革

2012 年 11 月党的十八大以来，以习近平同志为核心的党中央高举改革开放旗帜，以更大的政治智慧和政治勇气推进全面深化改革，带领全党全国各族人民开启了改革开放和现代化建设的新征程。2013 年 11 月召开的党的十八届三中全会对全面深化改革作出系统部署，开启了全面深化改革、系统设计推进改革的新时代，开创了我国改革开放的全新局面，新时代深化国有企业改革的大幕由此拉开。新时代的国有企业改革以习近平新时代中国特色社会主义思想为统领，放在中华民族伟大复兴中国梦的伟大历史进程中来思考，放在统筹推进“五位一体”总体布局和协调推进“四个全面”战略布局中来把握，放在贯彻落实新发展理念中来统筹。2020 年 6 月，习近平总书记主持召开中央全面深化改革委员会第十四次会议，审议通过

了《国企改革三年行动方案（2020—2022年）》，这是面向新发展阶段我国深化国有企业改革的纲领性文件，是落实改革顶层设计的具体“施工图”。2022年10月，党的二十大召开，会议强调，深化国资国企改革，加快国有经济布局优化和结构调整，推动国有资本和国有企业做强做优做大，提升企业核心竞争力。完善中国特色现代企业制度，弘扬企业家精神，加快建设世界一流企业。

这一阶段在体制方面，以管资本为主完善国有资产管理体制，改革国有资本授权经营体制，改组组建国有资本投资、运营公司，推动国资监管机构职能转变，明确国资监管机构权责清单；在机制方面，坚持“两个一以贯之”，建设中国特色现代国有企业制度，积极推进落实董事会职权，推行经理层任期制和契约化，推行职业经理人制度，建立有效制衡的公司治理结构和灵活高效的市场化经营机制，把混合所有制改革作为国有企业改革的重要突破口，混合所有制经济成为基本经济制度的重要实现形式，积极稳妥探索重要领域的混合所有制改革，进一步深化混改企业的经营机制转换；在结构方面，推动国有企业在供给侧结构性改革中发挥带动引领作用，加快国有经济布局优化、结构调整、战略性重组；在监管方面，加强国有资产监管，建立协同高效的监管体系，放活和管好相统一，加强事中事后监管，搭建实时在线的国资国企监管系统；在加强党的领导、党的建设方面，加强党对国有企业的全面领导，推动国有企业全面从严治党，筑牢国有企业的“根”和“魂”，以高质量党建引领高质量发展。[①]

延伸阅读

表 5-1　国有企业改革不同阶段重点举措

发展阶段	改革任务	重点举措	时间
第一阶段	从放权让利到转换企业经营机制	扩大企业自主权	1978—1980 年
		实行经济责任制	1981—1982 年
		实行两步“利改税”	1983—1985 年
		全面推行承包经营责任制	1986—1990 年
		转换企业经营机制	1991 年开始
		国有资产管理体制改革	1992 年开始
第二阶段	建立现代企业制度与国有经济战略性调整	探索建立现代企业制度	1993—1994 年
		“抓大放小”从战略上调整国有经济结构	1995—1997 年
		打好国有企业改革脱困攻坚战	1997 年开始
		做好减员增效、再就业和社会保障工作	1993—2002 年
		进一步探索国有资产管理的有效形式	1993—2002 年

① 本书编写组编:《国企改革历程 1978—2018》(上)，中国经济出版社 2019 年版，第 49—50 页。

续表

发展阶段	改革任务	重点举措	时间
第三阶段	改革完善国有资产管理体制与现代企业制度的创新深化	建立完善新的国有资产管理组织体系与法规政策体系	2003 年开始
		建立完善财务、产权、考核、薪酬、资本收益等制度	2003—2004 年
		推进和规范公司制股份制改革	2003—2012 年
		建立外部董事占多数的规范董事会	2004—2011 年
		加强风险管理推进管理提升	2004—2012 年
		加大国有经济布局和结构调整力度	2003—2011 年
第四阶段	新时代全面深化国有企业改革	构建新时代国有企业改革主体框架	2012 年开始
		推进国有企业供给侧结构性改革	2015—2020 年
		积极稳妥开展混合所有制和股权多元化改革	2015 年开始
		强化监督防止国有资产流失	2015—2018 年
		国企改革三年行动	2020—2022 年

2. 如何理解国有企业分类的依据、类别、目的和分类主体？

随着国有企业改革的深化，中央、地方在国有企业功能分类方面做了一些有益探索。2015 年 12 月，国务院国资委、财政部、国家发展改革委联合印发《关于国有企业功能界定与分类的指导意见》，提出了划分类别的具体标准、分类施策的具体措施。

分类的主要依据是“立足国有资本的战略定位和发展目标，结合不同国有企业在经济社会发展中的作用、现状和需要，根据主营业务和核心业务范围进行分类”。具体操作时，可以根据本级政府对所出资的国有资本在经济社会发展中的战略定位和发展目标，立足国有企业的现状和未来目标要求，根据企业主业、核心业务的属性和特点，以及企业各类业务占整个企业的比重及重要性等，对照企业的功能特点以及所涵盖的行业和领域，确定企业类别。

根据分类依据，国有企业划分为商业类和公益类。商业类国有企业以增强国有经济活力、放大国有资本功能、实现国有资产保值增值为主要目标，按照市场化要求实行商业化运作，依法独立自主开展生产经营活动，实现优胜劣汰、有序进退。商业类分为主业处于充分竞争行业和领域的商业类国有企业（简称商业一类）和主业处于关系国家安全、国民经济命脉的重要行业和关键领域、主要承担重大专项任务的商业类国有企业（简称商业二类）。商业一类主要包括建筑、房地产、制造、通信、批发零售等行业企业，比如，中粮集团有限公司、中国铁道建筑集团有限公司等；商业二类主要包括石油、电力、军工等关系国家安全和经济命脉的企业，比如，国家电网有限公司、中国南方电网有限责任公司等。

公益类国有企业以保障民生、服务社会、提供公共产品和服务为主要目标，必要的产品或服务价格可以由政府调控。公益类企业，要聚焦保障民生、服务社会，高效率提供公共产品和服务，做好优质服务的提供者。比如，中国储备粮管理集团有限公司、中国机械科学研究总院集团有限公司等。

分类的主要目的是“通过界定功能、划分类别，实行分类改革、分类发展、分类监管、分类定责、分类考核”。分类改革主要是制定不同的改革措施，分类发展主要是规划不同的发展思路、方向和路径，分类监管主要是采取不同的监管措施、方式及体制机制，分类定责主要是赋予不同的责任、任务及义务，分类考核主要是实行不同的考核方式、标准及办法。通过功能界定和划分类别，可以在国有企业改革改制、考核激励、加强监管、布局调整等诸多方面更好地照顾到各类企业的特殊性，提高改革的针对性、监管的有效性、考核评价的科学性，避免“一刀切”“一把抓”，使各类企业有更清晰的定位，经营管理者有更明确的方向，国资监管机构指定差别化的政策，市场也会有相应的取向和预期，更有利于促使国有企业成为真正的、独立的市场主体，更好地激发各类国有企业的活力，从而推动国有企业同市场经济深入融合，促进国有企业经济效益和社会效益有机统一。

具体的分类主体是按照谁出资谁分类的原则，由各级履行出资人职责的机构负责制定所出资企业的功能界定和分类方案，要报本级政府批准；履行出资人职责的机构直接监管企业按有关规定对所出资企业进行功能界定和分类。在实际工作中，集团母公司要做好本集团内各子企业的功能界定与分类工作，履行出资人职责的机构应做好指导、监督、协调工作。

案例阅读

中国电子科技集团有限公司、中国有研科技集团有限公司：分类改革的典型实践[①]

中国电子科技集团有限公司将处于充分竞争领域的产业公司确定为商业一类，打造市场化改革的引领者，鼓励大胆探索、先行先试，发挥网信事业国家队功能作用；将承担科研生产和国家重大科技任务的科研院所和部分子企业确定为商业二类，在关系国家安全和国民经济命脉领域，履行电子主力军、国家战略科技力量使命责任，积极稳妥推进市场化改革。将为电子信息行业提供公益性、关键共性技术的创新类成员单位确定为公益类。

中国有研科技集团有限公司二级公司中，把平台创新型研究院确定为公益类子企业，这些企业以有色金属行业应用基础研究和共性技术开发为主业；把产业公司确定为

① 国务院国资委新闻中心：《国有企业分类改革再深化，这份落实指南请收下！》，“国资小新”2021 年 4 月 29 日。

商业一类子企业，这些企业都是充分参与市场竞争、产品市场化程度和科技含量较高的公司，定位为利润中心。

3. 如何认识商业类国有企业的主要特征？

商业类国有企业的主要特征如下。

运作模式商业化。一是国有企业要与其他所有制企业一样以经济效益最大化或盈利为主要目的；二是国有企业要与其他所有制企业一样作为独立市场主体平等参与市场竞争；三是国有企业要与其他所有制企业一样在市场竞争中优胜劣汰。

以增强国有经济活力、放大国有资本功能、实现国有资产保值增值为主要目标。增强国有经济活力，是党和政府40多年来始终坚持的改革发展目标。放大国有资本功能，国有资本、集体资本、非公有资本等交叉持股、相互融合的混合所有制经济，是放大国有资本功能的有效途径，有利于国有资产保值增值、提高竞争力，有利于各种所有制资本取长补短、相互促进、共同发展。国有资产保值增值是指企业在考核期内，期末国家所有者权益大于或等于期初所有者权益。确保国有资产保值增值，保证国有经济持续稳定地发挥主导作用，是国有资产监督管理工作最核心的任务。

依法独立自主开展生产经营活动，实现优胜劣汰、有序进退。一是国有企业自主经营、自负盈亏、自担风险、自我约束、自我发展；二是国有企业与其他所有制企业同样参与市场竞争，同样受到法律保护；三是国有企业改革要遵循市场经济规律和企业发展规律，要自觉履行社会责任。

4. 如何把握商业类国有企业的改革方向和考核重点?

《中共中央、国务院关于深化国有企业改革的指导意见》《关于国有企业功能界定与分类的指导意见》《关于完善中央企业功能分类考核的实施方案》对商业类国有企业的改革方向和考核重点提出了明确要求。

改革的方向是:“主业处于充分竞争行业和领域的商业类国有企业，原则上都要实行公司制股份制改革，积极引入其他资本实现股权多元化，国有资本可以绝对控股、相对控股或参股，也可以参股，并着力推进整体上市。”商业一类企业要先行实施，要聚焦充分竞争行业和领域，全面推进市场化、国际化，勇当市场竞争的引领者。主业处于关系国家安全、国民经济命脉的重要行业和关键领域、主要承担重大专项任务的商业类国有企业，要保持国有资本控股地位，支持非国有资本参股。对自然垄断行业，实行以政企分开、政资分开、特许经营、政府监管为主要内容的改革，根据不同行业特点实行网运分开、放开竞争性业务，促进公共资源配置市场化。要聚焦重要行业和关键领域，更好服务国家战略、完成重大专项任务，争做国有经济控制力、影响力的担当者。着重发挥战略支撑作用，以落实国家重大战略、保障国家安全和国民经济运行为首要目标；着重增强国有经济的控制力和影响力。商业二类企业也要积极参与市场竞争，对商业一类企业提出的关于实施市场化改革，特别是培育世界一流企业等方面的要求，对商业二类企业也是适用的。

考核的重点是："对商业类国有企业，要根据企业功能定位、发展目标和责任使命，兼顾行业特点和企业经营性质，明确不同企业的经济效益和社会效益指标要求，制定差异化考核标准，建立年度考核和任期考核相结合、结果考核与过程评价相统一、考核结果与奖惩措施相挂钩的考核制度。"

对商业一类企业，可实行市场化的考核制度，重点考核经营业绩指标、国有资产保值增值和市场竞争能力，引入行业对标机制，提升企业价值创造能力和核心竞争力。商业一类企业要努力创造高于社会平均水平的资本回报率，综合效益应优于同行业其他类型企业，重点强化市场化的考核导向，侧重考核经营业绩指标、国有资产保值增值和市场竞争能力，比如年度主要考核企业经济效益、资本运营效率、精益管理水平和价值创造能力等，任期主要考核资本回报水平和可持续发展能力等。对科技进步要求高的企业，要加强研发投入强度、科技成果产出和转化等方面的考核。鼓励符合条件的商业一类企业加快推行职业经理人制度。

聚焦关键岗位和核心人才灵活开展股权激励、分红激励、超额利润分享、虚拟股权、跟投等中长期激励，激发企业活力和效率。

对商业二类企业，以支持企业可持续发展和服务国家战略为导向，要合理确定经营业绩和国有资产保值增值指标的考核权重，在保证合理回报和国有资本保值增值的基础上，加强对服务国家战略、保障国家安全和国民经济运行、发展前瞻性战略性产业以及完成重大专项任务等情况的考核。符合条件的商业二类子企业，可以结合实际建立职业经理人制度，用好各类中长期激励政策。企业薪酬分配综合考虑市场化因素和社会因素，根据承担的特殊责任使命完成情况，合理确定薪酬水平。对承担国家重大专项任务、关键核心技术攻关任务的领军人才及团队，可以实行工资总额单列。

5. 如何认识公益类国有企业的主要特征？

公益类国有企业必要的产品或服务价格可以由政府调控，但要引入市场机制，根据政府要求和社会发展需要，提高公共服务效率和能力。公益类企业与商业类企业一样，都属于独立的市场主体，要与市场经济相融合，要遵循市场经济规律和企业发展规律，要服务服从国家战略，要实现经济效益和社会效益的有机统一。

把社会效益放在首位。公益类国有企业是国家保证实现社会公众利益的一种手段和工具，其国家使命是弥补市场缺陷、以是否完成国家赋予的具体政策目标为核心考核指标的公共政策导向，并不追求利润最大化，提供的产品和服务更多具有公益性，其改革成效会直接影响消费者的福利水平以及社会民生的生活质量。公益类国有企业始终围绕着“以保障民生、服务社会、提供有效的公共产品和服务”这一根本目标来推进改革，国资监管部门监管的重点放在提供公共产品、公共服务的质量和效率上。以中国储备粮管理集团有限公司为例，作为负责中央储备粮经营管理的公益类国有大型骨干企业，以增强服务保障国家粮食安全的能力为根本、以提高落实国家宏观调控任务的效率效能为目标，实施分公司和直属库改革；以提高自储比例，打牢打稳储备网络骨架，强化储备管理为目标，优化储备品种结构布局，加大投资建仓力度等。

聚焦主责主业，开展各项工作。公益类国有企业的性质要求其在保障民生方面更要肩负起重大责任，坚持聚焦主责主业，做到科学决策，在尽可能提高企业运作效率的前提下，扩大服务人民的范围，提高服务人民的质量。比如，中国机械科学研究总院集团有限公司立足公益类科技型央企定位，积极发挥在制造领域的产业积淀和创新优势，持续推动我国装备制造业转型升级，先后助力三峡、溪洛渡、乌东德、白鹤滩百万千瓦水电机组成功发电，为我国超大型水电机组的精品制造业作出重要贡献。

引入市场机制，提高社会效益。坚持市场化改革导向是公益类国有企业的基本准则。公益类国有企业为更好实现与市场经济的深度融合，通过引入市场化手段或者借助市场竞争力，有效实现资源高效配置，进一步提高效率。同时，公益类国有企业通过引入不同要素来共同推动改革。一是推进职工持股试点改革，通过增量改革实现参与方互利共赢；二是开展多种方式的混合所有制改革。近年来，一些公益类国有企业在下属的多级子公司开展混合所有制改革。比如，上海浦东威立雅自来水有限公司是由上海市城市建设投资开发总公司下属的水务资产经营发展公司和法国威立雅水务集团各占 50% 的股份组建而成，于 2002 年 8 月成立，是一家集制水、输配、服务为一体的中外合资供水企业。这种开放式改革积极吸引外资、民资等非公有资本参与，促进了不同所有制经济的优势互补，实现了国有资本的保值增值。

案例阅读

中国储备粮管理集团有限公司：公益类企业市场化改革实践①

中国储备粮管理集团有限公司（以下简称“中储粮”）

① 张恒：《中储粮：公益类企业市场化改革样本》，《企业观察报》2023 年 1 月 5 日。

作为负责中央储备粮经营管理的公益类国有大型骨干企业，职责使命就是确保中央储备粮数量真实、质量良好、储存安全，时刻确保在国家需要时调得动、供得上，服务保障国家粮食安全。

在推进各项改革任务时，中储粮探索形成四条经验，并进一步认识了公益类企业改革的规律性。

一是改革以增强履行职责使命的能力为出发点和落脚点。中储粮推进的绝大多数改革举措，都是为了增强服务保障国家粮食安全的能力。实施分公司和直属库改革，巩固完善垂直管理体系，是为了提高落实国家宏观调控任务的效率效能；优化储备品种结构布局，加大投资建仓力度，是为了提高自储比例，打牢打稳储备网络骨架，强化储备管理“硬实力”；优化仓储精益管理，是为了夯实储备的管理基础，降低管理成本和损耗，提高粮食宜存率。此外还有为提升治理效能、防范化解储备管理各环节风险而构建的“大监督”格局及新建设的智能化粮库。

二是改革坚持政策性业务的市场化运作。党中央、国务院在深化粮食储备体制机制改革时，明确要求通过市场化运作组织实施中央储备粮的收储和轮换，这同时也是市场经济规律的要求，更是有效降低储备财政负担、发挥宏观调控“主力军”和粮食市场“调节器”作用的实际要求。中储粮坚持政策性业务的市场化运作，比如，实行分公司虚拟法人运作，在于强化其经营和管理决策主体功能；推进轮换购销协同运营机制改革，是为了集中统一运作，向粮食市场上下游延伸，发挥储备轮换衔接产销的纽带作用，既满足轮换需要，也防控市场风险，巩固提高中储粮的核心竞争力。

三是公益类企业改革要注意实现国有资产保值增值。中储粮将落实国企改革三年行动与落实改革完善粮食储备体制机制决策部署结合起来，一方面大力清理一般的商业性经营业务，推进与中粮集团有限公司的股权合作，将政策性职能和经营性职能分开；另一方面则积极利用国家投资建设的重要物流节点、码头和铁路专用线等资产，支持服务地方经济建设，有效发挥国有资产的作用并实现保值增值。

四是坚持分类改革、分类考核。在分公司改革上，中储粮依据分公司资源特质、管理职权、功能定位等实际情况，将分公司分为产区、销区和产销平衡区，进而分类配置资源、分类优化职能、分类推进改革。在经营业绩考核上，中储粮严格落实国资委对中储粮的考核政策，重点关注储备管理、轮换计划完成等社会效益类指标，统筹考虑经济增加值、吨粮费用等经济类指标。中储粮在内部也对分（子）公司实行了分类的经营业绩考核，在将分公司分类的基础上，对于专业化子公司实行“一企一策”的考核。

在对改革的考核评估上，中储粮综合考虑企业的历史和业务特点，强调机制的建立和有效运行，以及改革对完成宏观调控任务、确保粮食安全等主责主业任务的推动，不过分对标商业类企业相关改革指标和经济指标。

6. 如何把握公益类国有企业的改革方向、股权结构和考核重点？

明确国有企业功能界定和推进分类改革是新时代深化国有企业改革的逻辑起点和鲜明特征。《中共中央、国务院关于深化国有企业改革的指导意见》《关于国有企业功能界定与分类的指导意见》《关于完善中央企业功能分类考核的实施方案》对公益类国有企业的改革方向、股权结构、考核重点提出了明确要求。

公益类国有企业的改革方向是以保障民生、服务社会、提供公共产品和服务为主要目标，引入市场机制，提高公共服务效率和能力；加大国有资本投入，提高公共服务的质量和效率，支持其在提供公共服务方面作出更大贡献；进一步突出主业，严格限定主业范围，加强主业管理，优化公共服务业务资源配置，增强持续经营能力。在外部，应加强对产品和服务质量、价格水平、运营成本、安全生产、信息披露等方面的监管，引入社会评价，以推动企业提高公共服务的质量和水平。

在改革的过程中，还要做好“四个坚持”。坚持聚焦保障民生、服务社会，做好优质服务的提供者；坚持把社会效益放在首位，不断提高提供公共产品和服务的质量、效率；坚持遵循市场经济规律和企业发展规律，健全市场化机制，充分学习借鉴商业类国有企业市场化改革的先进经验；坚持聚焦提高效率、增强活力，不断提升企业精益化管理水平。

公益类国有企业的股权结构是采取国有独资形式，具备条件的也可以推行投资主体多元化，还可以通过购买服务、特许经营、委托代理等方式，鼓励非国有企业参与经营。改革前提是保持公益性质，即为公众提供服务，不与民争利。采取更加市场化的经营方式，如购买服务、特许经营、委托代理，有利于降低经营成本，有利于更好地提供服务，但不能只允许某一家经营。市场化就是要有选择权，有选择就有竞争，有竞争企业才能充满活力，获得更好的发展空间和发展机会，如医院、学校、幼儿园、公园、博物馆、养老院等，可以国有独资，也可以股权多元化，并鼓励非国有企业以各种方式参与经营。

公益类国有企业的考核重点应以更好地提供公共产品和公共服务为导向，重点考核成本控制、产品质量、服务水平、营运效率和保障能力。一是强化考核公益性业务完成情况和保障能力，考核指标及权重视企业具体情况确定；二是根据不同企业特点，有区别地将经济增加值和国有资本保值增值率指标纳入年度和任期考核，适当降低考核权重和回报要求；三是引入社会评价。对企业提供的公共产品和服务质量、营运效率、成本控制和安全保障能力，引入第三方评价，将相关评价结果纳入业绩考核。

在考核公益类国有企业时，公益性业务完成情况和保障能力的考核指标应成为考核的主体，即考核企业在合理成本条件下，公益性业务的完成情况和完成质量。考核时要突出成本费用考核，适当降低对企业的利润指标考核权重。因完成公共服务业务任务，对当期业绩产生重大影响的因素，在业绩指标考核中应予以实事求是的考虑，对提供公共产品和公共服务造成的政策性亏损，应在客观评价的基础上给予补偿，保证企业可持续发展。

在考核方式上，主要由履行出资人职责的机构对其任命的企业负责人进行年度和任期考核，并按照中央关于深化管理国有企业领导人员薪酬制度改革相关意见和《中央企业领导班子和领导人员综合考核评价暂行办法》的相关规定，依据考核结果对企业领导人员进行奖惩。

7. 如何把握推进国有企业混合所有制改革必须坚持的目标、基本原则和总体要求？

国有资本、集体资本、非公有资本等交叉持股、相互融合的混合所有制经济，是基本经济制度的重要实现形式，是国有企业混合所有制改革的出发点和落脚点。发展混合所有制经济，是深化国有企业混合所有制改革的重要举措。2015年《国务院关于国有企业发展混合所有制经济的意见》针对如何推进国有企业混合所有制改革，明确提出了必须坚持的目标、原则和要求。

推进国有企业混合所有制改革的目标。坚持以促进国有企业转换经营机制，放大国有资本功能，提高国有资本配置和运行效率，实现各种所有制资本取长补短、相互促进、共同发展为目标，稳妥推动国有企业发展混合所有制经济。一方面，从国有经济角度看，国有资本可以通过吸纳、借鉴其他资本灵活高效的机制等，转换经营机制；通过控股、参股等使国有资本与非国有资本在同一企业法人实体中实现共同的战略功能，放大国有资本功能；更灵活有效地配置国有资本，提高国有资本的效率。另一方面，从各种所有制经济角度看，其他资本也可以吸纳和借鉴国有资本的优势和长处等，实现各种所有制经济取长补短、相互促进、共同发展。

遵循四条基本原则。一是政府引导，市场运作。尊重市场经济规律和企业发展规律，以企业为主体，充分发挥市场机制作用，把引资本与转机制结合起来，把产权多元化与完善企业法人治理结构结合起来，探索国有企业混合所有制改革的有效途径。二是完善制度，保护产权。以保护产权、维护契约、统一市场、平等交换、公平竞争、有效监管为基本导向，切实保护混合所有制企业各类出资人的产权权益，调动各类资本参与发展混合所有制经济的积极性。三是严格程序，规范操作。坚持依法依规，进一步健全国有资产交易规则，科学评估国有资产价值，完善市场定价机制，切实做到规则公开、过程公开、结果公开。强化交易主体和交易过程监管，防止暗箱操作、低价贱卖、利益输送、化公为私、逃废债务，杜绝国有资产流失。四是宜改则改，稳妥推进。对通过实行股份制、上市等途径已经实行混合所有制的国有企业，要着力在完善现代企业制度、提高资本运行效率上下功夫；对适宜继续推进混合所有制改革的国有企业，要充分发挥市场机制作用，尊重基层创新实践，形成一批可复制、可推广的成功做法。

明确三个总体要求。一是需要通过深化国有企业混合所有制改革，推动完善现代企业制度，健全企业法人治理结构，提高国有资本配置和运行效率，优化国有经济布局，增强国有经济活力、控制力、影响力和抗风险能力，主动适应和引领经济发展新常态。选择合适的战略投资者和合作伙伴。二是促进国有企业转换经营机制，放大国有资本功能，实现国有资产保值增值，实现各种所有制资本取长补短、相互促进、共同发展，夯实社会主义基本经济制度的微观基础。对于适宜继续推进混合所有制改革的国有企业，要充分发挥市场机制作用，坚持“三因三宜三不”（因地施策、因业施策、因企施策，宜独则独、宜控则控、宜参则参，不搞拉郎配、不搞全覆盖、不设时间表），成熟一个推进一个。三是在国有企业混合所有制改革中，要坚决防止因监管不到位、改革不彻底导致国有资产流失。

案例阅读

中国联合网络通信集团有限公司：混改实践[①]

中国联合网络通信集团有限公司（以下简称“中国联通”）聚焦主业，明确混改战略。通过整体设计，引入境内投资者，以市场化为导向健全企业制度和公司治理机制，聚焦公司主业、创新商业模式，全面提高公司效率和竞争能力，实现公司战略目标。目的是配合政策发展，使集团的营运更加市场化。同时结合企业实际全面推进互联网化运营，加快提升创新能力、转换发展动能，深入推进划小承包、人力资源、薪酬激励、绩效考核等机制体制改革，努力打造新基因、新治理、新运营、新动能、新生态的“五新”联通。

2017 年，按照公开透明、规范有序、市场定价原则，通过定向增发扩股和转让旧股的方式对中国联通股权结构进行调整，联通集团持有中国联通股权由 62.7% 减至 36%，同时引入 780 亿元资金。中国联通股权调整后，再

---

① 北京知本创业管理咨询有限公司:《国有企业混合所有制改革典型案例 100 家分析》,《企业管理》2021 年第 9 期。

通过联通集团内部股权交易，实现国有资本对联通红筹公司持股60%左右（其中联通集团持股51.05%）。

混改前，联通集团持有中国联通62.7%股权，北京联通兴业有限公司、联通进出口有限公司（两家均为联通集团子公司）持有0.01%股权，公众持股37.3%。混改后，联通集团持有中国联通36.7%的股份，14家战略投资者持有35.2%股份，核心员工股份占比为2.7%，公众股东持有25.4%的股份。

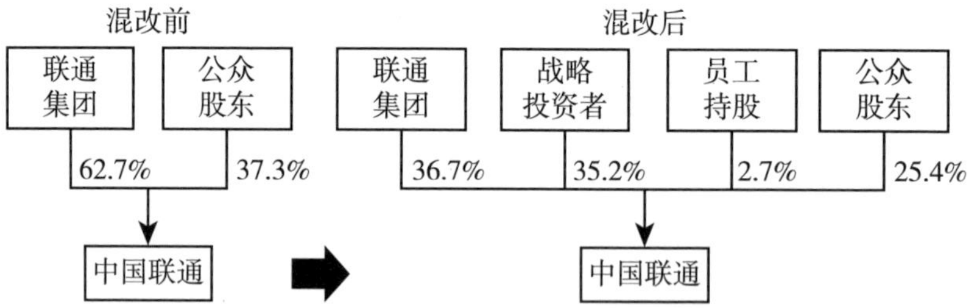

图5-1 联通混改前后股权结构图

8. 如何把握引入非国有资本参与国有企业改革的主要方式、原则要求和产业领域？

为落实党的十八届三中全会“鼓励非公有制企业参与国有企业改革”，“国有资本投资项目允许非国有资本参股”等要求，

《中共中央、国务院关于深化国有企业改革的指导意见》对引入非国有资本参与国有企业改革的主要方式、原则要求和产业领域作出了明确规定，指明了方向。

主要方式涵盖股权变动和合作两种方式。在股权变动方面，鼓励非国有资本投资主体通过出资入股、收购股权、认购可转债、股权置换等多种方式，参与国有企业改制重组或国有控股上市公司增资扩股以及企业经营管理。股权变动的不同方式对企业法人资本金、股权结构、资本结构、现金流等会产生不同的影响，实际操作时可探索更多灵活的方式，也可以是若干方式的组合。非国有投资主体通过多种方式参与国有企业改制重组，国有控股公司增资扩股以及企业经营管理，可将外部灵活经营管理机制引入国有企业，推动国有企业转换经营机制，增资扩股有利于增加企业实力和现金流，有利于通过改革推动企业发展。在合作方式方面，开展多类型政府和社会资本合作试点，逐步推广政府和社会资本合作模式，要优化政府投资方式，通过投资补助、基金注资、担保补贴、贷款贴息等，优先支持引入社会资本的项目，以项目运营绩效评价结果为依据，适时对价格和补贴进行调整，组合引入保险资金、社保基金等长期投资者参与国家重点工程投资，鼓励社会资本投资或参股基础设施、公用事业、公共服务等领域项目，使投资者在平等竞争中获取合理收益。

原则要求主要包括两个方面。一是引入非国有资本参与国有企业改革，要同股同权，切实维护各类股东的合法权益。引入非国有资本包括引进外资，这是我国对外开放政策决定的。引入外资参与国有企业改制重组、合资合作，鼓励通过海外并购、投融资合作、离岸金融等方式，充分利用国际市场、技术、人才等资源和要素，发展混合所有制经济，深度参与国际竞争和全球产业分工，提高资源全球化配置能力。二是要依照外商投资产业指导目录和相关安全审查规定，完善外资安全审查工作机制，切实加强风险防范。

《意见》明确提出要在石油、天然气、电力、铁路、电信、资源开发、公用事业等领域，向非国有资本推出符合产业政策、有利于转型升级的项目。

9. 如何把握混合所有制企业员工持股的目标、方式、产业领域、持股员工范围和规范要求？

《中共中央、国务院关于深化国有企业改革的指导意见》进一步落实党的十八届三中全会提出“允许混合所有制经济实行企业员工持股”的要求，对相关政策、审核程序、操作流程等进行了规范，进一步阐明了探索混合所有制企业员工持股的目标、方式、产业领域、持股员工范围、规范要求等。

实行员工持股的主要目标在于建立有效的激励约束长效机

制。持股员工与企业既要共同分享企业成长带来的收益，又要共同承担市场竞争带来的风险。只有确实建立了激励约束长效机制，才能真正激发员工积极性，增强企业活力。

员工持股主要采取增资扩股、出资新设等方式。员工一定要拿出“真金白银”投入，没有真正的投入就不会有切身的激励约束，员工投入成为企业新增资本金，可以推动企业扩大规模增强实力，促进企业发展，提振信心，强化改制效果。

产业领域涉及人才资本和技术要素贡献占比较高的转制科研院所、高新技术企业和科技服务型企业。优先支持选择这些知识密集、技术密集的科技型企业开展员工持股试点，主要考虑这些企业的发展重点依赖于员工的智力劳动和创新，最需要通过推行员工持股，留住人才，激发企业活力，使企业可持续发展。

持股员工范围包括对企业经营业绩和持续发展有直接或较大影响的科研人员、经营管理人员和业务骨干等。骨干员工是科技企业发展的关键，改制操作中，要认真按照要求研究确定持股员工范围，既要防止搞全员持股或平均持股，使员工持股成为福利待遇，又要防止仅限于管理层持股，防止使员工持股成为少数人的特权，员工所持股权要与岗位紧密挂钩，以关键岗位、管理岗位、技术岗位和业务岗位为核心，确定主要持股人员。

规范要求包括三方面。一是试点先行。总结我国多年来探索员工持股的经验教训，为稳妥推进混合所有制企业员工持股改革，要根据实际情况，选择符合条件、基础较好的企业先试先行，探索总结可复制可推广的试点经验。二是建立健全股权流转和退出机制。员工持股若缺乏动态流转和退出机制，会导致利益固化，削弱持续激励效果，影响员工积极性，因此，必须建立员工持股的流转和退出机制。应通过公司章程、协议以及其他具有法律约束力的形式对员工股权的动态调整、退出机制等问题进行明确规定，通过持股平台内部市场化交易的方式，公开公允通畅地发现转让价值，使退出机制落到实处。三是严格规范操作。实行员工持股，政策性强、涉及面广、操作复杂。要完善相关政策，健全审批程序和制度，规范操作流程，切实维护好国有集团公司、持股员工和员工持股企业等各方合法权益。要强化监督管理，严格资产评估，确保公开透明，严禁暗箱操作，防止利益输送，防止国有资产流失。

10. 如何理解国有企业改革专项工程？

为了进一步深化国有企业改革，国务院国资委自 2016 年以来组织开展了“国企混改试点”“双百行动”“区域性综改试验”“科改示范行动”等专项工程，充分发挥示范引领和突破带动作用，扎实推进改革措施的综合运用和系统集成。

“国企混改试点”。这项工作由国家发展改革委、国务院国资委牵头开展，2016—2021年期间先后推出4批共208家试点，自此混改试点企业由点向面梯次铺开、范围全面扩大，呈现明显加速、向纵深推进的态势。国企混改坚持“引资本”与“转机制”相结合，着眼于引入高匹配度、高认同感、高协同性的战略投资者，引导各类投资者积极参与公司治理，加速推进混改企业深度转化经营机制，实现“引资”“引治”“引制”相结合。例如，黄金珠宝、东航物流、江航装备、内蒙一机、中粮资本、铜牛信息、长电联合、南网能源、有研粉材等10多家试点企业相继登陆股票市场，成功实现资产证券化。

“双百行动”。“双百行动”是国务院国有企业改革领导小组组织开展的国企改革专项行动之一，共选取百余户中央企业子企业和百余户地方国有骨干企业，2018—2020年期间，全面落实“1+N”系列文件要求，深入推进综合性改革，在改革重点领域和关键环节率先取得突破。自2018年8月启动以来，“双百企业”围绕“五突破一加强”目标任务，综合性改革取得积极成效。实施以来，涌现出中车株洲所、中电海康、万华化学、福建星网锐捷等一批领先企业，天津、重庆等地结合实际组织开展本地区“准双百”专项工程，打造区域内改革尖兵，在改革重要领域和关键环节取得了一系列重大进展，为国企改革积累了一些经验及成效。

“区域性综改试验”。“区域性综改试验”既是一项国企改革重大专项工程，也是国企改革三年行动的重要改革任务。主要是结合各区域的政策及资源优势，促进区域内国资国企改革的综合施策，从制度层面推动国资国企的先行先试、系统集成、协同高效、高质量发展。2019 年 7 月，上海、深圳、沈阳成为首批综改试验区，在推动以管资本为主的国资监管体制更加成熟定型上打造了样板，有力推动了国有经济结构调整和国有资本优化配置。2020 年 12 月，浙江杭州、湖北武汉、陕西西安、青岛四地被列为第二批综改试验区，高质量拓展扩围，形成了一批以国资改革引领国企改革的区域标杆。各综改试验区结合自身实际，形成了不同类型、各具特色的区域性国企改革发展模式，成为了落实国企改革三年行动的先行者，为全国改革探索了经验、闯出了新路。

“科改示范行动”。“科改示范行动”于 2020 年 4 月正式部署开展，选取了 204 户改革创新紧迫性较强的国有科技型企业作为首批示范企业，在切实加强党对国有企业的全面领导、坚决防止国有资产流失前提下，按照高质量发展要求，进一步推动深化市场化改革，重点在完善公司治理、市场化选人用人、强化激励约束等方面探索创新、取得突破，打造一批国有科技型企业改革样板和自主创新尖兵，在此基础上复制推广成功经验。截至 2023 年 5 月，科改示范企业已增加到 672 户。“科改示范行动”实施以来，“科改示范企业”呈现出以点带面的良好改革态势，涌现出一批代表性企业在中央企业内部和各地国资国企系统形成了鲜明的“头雁”效应。比如，中国电科院试行跨单位“项目负责人制”，强化跨专业、跨研究所联合攻关机制建设，推进产学研用全方位合作和协同创新；中国节能集团所属万润股份有限公司按照“风险共担、利益共享”原则，通过股权激励，使员工的个人利益与企业的长远发展更紧密地结合，保障公司战略目标的实现，实现公司和股东价值最大化，做强做大国有资本。

案例阅读

中国电力科学研究院有限公司：深化市场化改革　提升自主创新能力　有效发挥“科改示范企业”引领示范带动作用

作为首批入选“科改示范行动”的科技企业，中国电力科学研究院有限公司（以下简称中国电科院），坚决贯彻落实党中央、国务院关于深入实施“科改示范行动”重大决策部署，大胆探索、锐意创新，不断完善体制机制，充分激发科研人员的创新创造活力，科技创新成果取得新突破。

（一）完善公司治理体制机制

一是明确董事会职权范围，编制《中共中国电力科学研究院有限公司委员会前置研究讨论重大经营管理事项清单》，明确需经董事会决策的四大类、25项“三重一大”事项。

二是加强董事会建设，配齐配强外部董事，实现外部董事占多数，完成董事会议事规则等11项制度制修订，推进经理层任期制和契约化管理全覆盖。

三是在下属控股公司国网上海能源互联网研究院有限公司（简称上海院）引入产业基金和内外部战略投资者，优化股权结构和董事会建设，完成混合所有制改革，成为国家电网公司直属科研单位首家实现混改的科技企业。

（二）健全市场化选人用人机制

一是实施领导人员任期制和契约化管理，采用试点先行、稳步推进的方式，推进领导人员任期制改革，各级领导人员任期届满自然免职，考核合格方可连任。任期制实施以来，共有31名领导人员从管理岗位转换到其他职业发展序列，领导人员职数减少10人，平均年龄下降2.3岁。

二是建立市场化人才选聘机制，聚焦业务发展战略，灵活自主制定年度招聘计划。

（三）强化市场化激励约束机制

一是创新工资总额管理模式，将工资收入与企业经济效益、科技创新、业绩考核紧密挂钩，形成与市场化改革相适应的工资总额决定和增长机制，成为国资委批准的首批工资总额单列企业，有效激发科研人员创新创造活力。

二是突出重实绩、重贡献导向，实施科技创新奖励、“卡脖子”技术攻关奖励、专家人才定向激励等多样化激励，将工资总额增量持续向科研创新项目、核心科研岗位和专家人才倾斜。

三是开展多维度中长期激励，在央企中率先开展岗位分红，建立包含基本条件、专业条件、加分条件等3大类14个因素在内的量化评价模型，完成2017—2019年三年期岗位分红激励，累计激励人员1350人次、激励额度近9000万元；实施2020—2022年项目收益分红，严格遴选分红项目，分类界定成本收益，首批激励兑现项目17项，激励总额近1700万元；在上海院试点科技型企业股权激励，构建有利于自主创新和成果转化的利益共享机制。

（四）优化科研组织管理模式和运行机制

一是推行项目负责人制，建立揭榜挂帅制、预算成本制、项目总师制等创新机制，搭建任务型、项目型等柔性组织形态的研发团队，探索满足科技创新要求的柔性组织管理模式和运行机制。

二是持续开展“放管服”改革，累计实施“放管服”改革任务330项，放权授权56项、压减审批环节34项、管理优化89项、采取服务举措105项，配套制修订制度

20 项、出台规范性文件 61 项、优化管理流程 61 项、新建或调整信息系统（模块）50 个。

11. 如何理解和把握新时代国有经济布局优化和结构调整的总体方向和原则要求？

进入新时代，党和国家从战略上调整优化国有经济布局。《中共中央关于制定国民经济和社会发展第十四个五年规划和二〇三五年远景目标的建议》指出，加快国有经济布局优化和结构调整，是激发国有企业活力的重要前提。2020 年 6 月，中央全面深化改革委员会第十四次会议审议通过的《国企改革三年行动方案（2020—2022 年）》指出，要把着力推进国有经济布局优化和结构调整、提高资源配置效率作为国企改革重点任务之一，进一步阐明新时代国有经济布局优化和结构调整的总体方向和原则要求。

总体方向是要着力推进国有经济布局优化和结构调整，提高资源配置效率。坚持更好服务国家战略，进一步聚焦战略安全、产业引领、国计民生、公共服务等功能，调整存量结构，优化增量投向，充分发挥国有企业在解决发展不平衡不充分问题上的重要作用。积极推动国有资本向关系国家安全、国民经济命脉的重要行业和关键领域集中，向提供公共服务、应急能力建设和公益性等关系国计民生的重要行业和关键领域集中，向前瞻性战略性新兴产业集中，加快不具备竞争优势、缺乏发展潜力的非主业、非优势业务剥离，抓好无效资产、低效资产处置。紧紧围绕加快科技自立自强，充分发挥国有企业在构建关键核心技术攻关新型举国体制中的重要作用。

原则要求主要体现在以下几个方面。一是推动国有企业围绕主责主业大力发展实体经济，做到国有资本有进有退；二是促进产业结构调整，提升产业链、供应链的稳定性和竞争力；三是结合国家重大区域发展战略，推动区域协调发展；四是加大新动能的培育，构建高质量发展新格局。

国企改革三年行动实施以来，推动一批指向鲜明、影响力大的企业进行战略性重组和专业化整合，积极向战略性新兴产业布局，国有经济布局优化和结构调整取得了实质性进展，有力推动了资源向优势企业和主业企业集中，在解决同质化竞争、重复建设问题上取得重大进展，增强了国有企业的市场竞争力。

延伸阅读

国企改革三年行动推动国资国企领域发生深刻变革[①]

围绕服务构建新发展格局、推动高质量发展，坚持以

---

① 翁杰明:《国企改革三年行动推动国资国企领域发生深刻变革》,《学习时报》2023年2月10日。

供给侧结构性改革为主线，优化调整国有资本布局结构。

一批重大战略性重组和专业化整合成功实施，先后完成中国电科与中国普天、中化集团与中国化工、鞍钢与本钢等4组7家中央企业战略性重组，新组建和接收中国星网、中国稀土集团等8家中央企业，推动电力、检验检测、医疗等领域30余个中央企业专业化整合项目，全国省属国有企业116组347家实施重组，开展专业化整合2150次。中央企业涉及国家安全、国民经济命脉和国计民生领域营业收入占比超70%，国有经济主导作用有效巩固。

打造现代产业链"链长"步伐加快，先后分两批遴选16家"链长"企业，主动在重要行业、关键领域进行布局，有效提升产业链供应链韧性和安全水平，三年来中央企业战略性新兴产业年均投资增速超过20%，营业收入占比达到35%以上。推进瘦身健体、突出主责主业成效显著，"两非"（非主业、非优势）、"两资"（低效、无效资产）清退既定任务基本完成，以市场化方式盘活存量资产3066.5亿元，增值234.1亿元，中央企业从事主业的户数占比达到93%。

全面完成"僵尸企业"处置和特困企业治理，"压减"工作大力推进，中央企业存量法人户数压减44%，管理层级大多数控制在四级（含）以内。剥离国有企业办社会职能和解决历史遗留问题全面扫尾，全国国资系统监管企业1500万户“三供一业”分离，1900个教育机构、2525个医疗机构深化改革，173.2万名厂办大集体职工安置和2027万名退休人员社会化管理完成比例均达到99.6%以上，历史性地解决了长期以来社企不分的难题，为国有企业公平参与竞争创造了更好条件。通过布局优化和结构调整，国有资本配置效率明显提升，国有企业战略支撑作用有效发挥，国有经济竞争力、创新力、控制力、影响力和抗风险能力显著提升。

第六章　完善中国特色现代企业制度

1. 如何认识现代企业制度?

企业制度与企业相伴相生、共同发展，它是企业为了实现存续发展和持续盈利，在权责界定、财产归属、利润分配、组织结构、运行机制和管理规范等方面作出的一系列被广泛认同和一致遵守的制度安排。企业制度作为人类制度文明不断发展成熟的产物，不仅改变了企业的命运，更成为改变社会、影响国家、推动时代、塑造文明的重要力量。

（1）现代企业制度的起源和演变

在市场经济各国，存在着三种基本的企业制度：业主制（即个体业主制）、合伙制和公司制（也称为法人制）。其中，业主制企业和合伙制企业已经存在了几千年；而公司制企业则产生在16、17世纪之交，迄今只有近500年的历史。至于形成现代企业制度，即公司发展为现代公司，则是19世纪末以后的事情。

公司的起源。人们普遍认为，公司的历史始于16世纪末、17世纪初荷兰和英国的特许贸易公司，其后又在18世纪发展为合股公司。在此期间，公司制度的基本框架在英美等国逐步确立，为现代企业制度的诞生奠定了基础。1837年，美国的康涅狄格州颁布了第一部一般公司法，规定了标准的公司注册程序。1844 年，英国议会也通过了公司法，规定只要通过简单程序就可以建立公司。[①]1855 年，英国通过有限责任法案，企业法人第一次享有了有限责任。1898 年，德国民法典成为第一部明确规定企业法人制度的民法典，一个特殊的权利主体被赋予了正式的法定地位。[②]

现代公司的诞生与发展。到了 19 世纪 80 年代，随着现代工商业的发展，公司规模扩大，股东增多，业务日益复杂化，大股东直接担任高层经理人员的做法越来越不能适应新的形势，企业的经营管理只能交由专业经营人员来负责，于是出现了现代意义上的由一组支薪的中高层经理人员所管理的多单位企业。特别是第一次世界大战以后，大公司的股权分散化发展迅速，股东人数迅速增加，高层管理逐渐移到支薪雇员手中，公司所有权与经营权分离进一步加剧。到第二次世界大战时，这类公司已在美国经济的许多部门中成为占优势的企业制度。[③]时至今日，现代企业制度因其与社会化大生产和市场经济相适应的显著优势，已被世界各国广泛采用。各国在建立和完善现代企业制度过程中，既遵循市场经济要求及其一般规律的指引，同时也基于各自国情差异，普遍进行本土化改造，由此形成了多种多样、各具特色的现代企业治理模式。

---

① 吴敬琏:《论现代企业制度》,《财经研究》1994 年第 2 期。

② 卢纯:《强国重企》，清华大学出版社 2020 年版，第 6 页。

③ 吴敬琏:《论现代企业制度》,《财经研究》1994 年第 2 期。

（2）现代企业制度的核心特征

现代企业制度以有限的责任开发无限的市场，以无形的法人创造有形的财富，以多元的股份凝聚统一的意志，构成了现代企业制度的三大核心特征：有限责任、股份的公开发行和自由转让、企业法人制度。

有限责任是现代企业制度的基石。它不仅有效隔离了经营的风险，更充分释放了企业的创造性。一方面，有限责任制度有效隔离了经营风险，保护了投资者权益，降低了交易成本；另一方面，有限责任制度激发、保护了企业主对创新的热情，使企业家精神成为企业的重要生产力要素之一，不断有新的产品被制造、新的需求被创造、新的市场被开发、新的商业模式被应用，也间接推动了时代和社会的进步。

股份的公开发行和自由转让是现代企业制度发展进步的生命力所在。股份制度作为融资方式的重大创新，将企业的有形资产、无形资产进行货币化定价、等量切片、公开发行、自由转让，使企业的产权、经营权、债权和剩余索取权实现了分离，它克服了个体资本独自经营的局限性，将分散的社会资本聚集起来共同释放强大合力，通过股权的转让形成了企业发展的长期激励机制，构建了对企业经营行为的有效监督约束机制。股份制赋予现代企业规模效应，这是实现社会化大生产所必需的基础条件。

企业法人制度是现代企业制度的主体。它赋予了企业人格化的特征和独立的民事权利。企业法人制度的本质是将企业的所有权和经营权分离，这种制度一方面可以使企业在创造利润的同时将风险封闭在有限范围内，另一方面可以通过专业化和职业化经营确保企业发展的长期稳定性。企业法人赋予了企业近乎无限的存续时限和生命力。企业法人拥有比单一股东更长效、更稳定的信誉保证，能够对长期、持续的经营行为提供信用担保。企业法人财产所有权赋予了企业法人自由处置企业法定资产的权利，包括物权、债权、股权、知识产权等多种权利，使企业法人在瞬息万变的市场竞争中能够尽快作出决策，从而使企业能够拥有更大的经营自主性和抗风险能力。

（3）现代企业制度的体系框架

现代企业制度是以公司制度为主体的市场经济体制的基本成分。现代企业制度体系涵盖产权、经营、管理和运行等各个方面，其中产权是前提，组织是基础，管理是保障，运行是支撑。现代企业制度既要充分适应外部环境、市场经济要求以及满足利益相关者诉求，同时各内部组成也要层次分明、相互配合，共同服务于企业组织的使命与任务。

一是现代企业产权制度。现代企业产权制度是建立在一定生产资料所有制基础之上，对财产占有、使用、收益和处置过程中所形成的各类产权的法律地位、行为权利、责任义务及相互关系加以规范约束的制度安排。现代企业制度体系中，现代企业产权制度是根本前提，既是企业组织形成、存在和进化的起点，也是现代企业制度体系中其他方面制度的基本支撑。

二是现代企业组织制度。现代企业组织制度是在企业所有权和经营权相分离的背景下，由此派生出来的公司决策权、执行权和监督权等权能相互协调运转的制度规则，并在此基础上所形成的股东大会、董事会、监事会和经理层的组织机构框架。股东大会、董事会、监事会及经理层需要形成有效制衡、协调运转的现代企业组织制度，既赋予经营者充分的经营自主权，又切实保障所有者的权利权益，并能充分激发和调动各类主体的积极性和创造性。

三是现代企业管理制度。现代企业管理制度是经营管理各个方面的制度规定和综合安排，是现代企业制度的重要保障，是更好实现企业定位与功能，完成自身宗旨和使命的必然选择；是应对内外部复杂环境变化，提升市场竞争力和抗风险能力的重要抓手；是加快转变经济发展方式，不断提升发展质量和效益的重要举措；是实现做强做优做大，培育世界一流企业的重要步骤。现代企业管理制度围绕战略规划管理、投资决策管理、全面预算管理、全面风险管理、科技创新管理、人力资源管理、产权管理、法律管理、采购管理、安全生产管理、管理信息化、社会责任管理等方面和环节，全面、完整、系统约束和规范企业的经营管理活动，实现管理方式的制度化、集约化、精细化、数字化和流程化。

四是现代企业运行制度。现代企业运行制度是企业存在、成长和发展的内在机能及其运行机理，是引导、规范、激励和约束企业生产经营活动的运转方式，是企业内部各主体、各要素、各环节、各层面相互关联、相互制约、相互作用、相互影响机制的制度性安排。现代企业运行制度是着眼点和落脚点，是现代企业制度得以真正落地的支撑，更是现代企业制度功能与作用实现的内在需要。现代企业运行制度主要包括决策、产出、激励、约束和发展等五个基本方面，每一个方面都需要对运作的主体、运作的对象、运作的方式以及运作的结果等方面作出明确规定和安排。

2. 如何认识中国特色现代企业制度?

有效的公司治理是现代企业制度建设的重点所在，我国国有企业从 20 世纪 90 年代开始公司制改革，在现代企业制度建设上学习借鉴国际通行做法，并结合我国实际进行持续改造完善，探索形成了中国特色现代企业制度。

（1）中国特色现代企业制度的形成和发展

党的十四届三中全会第一次提出国有企业改革的方向是建立现代企业制度，并明确现代企业制度“产权清晰、权责明确、政企分开、管理科学”的“16 字”内涵和特征。党的十五届四中全会第一次以全会决定的形式对国有企业改革的目标、方针政策和主要措施做出全面部署，对推动建立符合中国国情的现代企业制度基本规范进行了系统阐述，强调公司制是现代企业制度的有效组织形式，公司法人治理结构是公司制的核心，股东多元化有利于形成规范的公司法人治理结构。

党的十八大以来，习近平总书记高度重视国有企业改革发展工作，强调坚持党对国有企业的领导是重大政治原则，必须一以贯之；建立现代企业制度是国有企业改革的方向，也必须一以贯之。中国特色现代企业制度，“特”就特在把党的领导融入公司治理各环节，把企业党组织内嵌到公司治理结构之中，明确落实党组织在公司法人治理结构中的法定地位，做到组织落实、干部到位、职责明确、监督严格。这种制度安排是对现代企业制度的重大创新。

党的二十大报告指出，“完善中国特色现代企业制度，弘扬企业家精神，加快建设世界一流企业”，这为我国企业改革发展指明了方向和目标。世界一流企业是国家经济实力、科技实力和国际竞争力的重要体现，是引领全球产业发展和技术创新的关键力量。加快建设具有全球竞争力的世界一流企业，必须有与之相适应的企业制度作为基础和保障。完善中国特色现代企业制度是加快建设世界一流企业的重要制度基础。

（2）中国特色现代企业制度的内涵和特点

中国特色现代企业制度把党的领导融入国有企业的公司治理中，根本目的是要发挥党组织在国有企业中的领导作用和战斗堡垒作用，国有企业各治理主体要自觉维护党委（党组）发挥领导作用，企业党委（党组）也要尊重其他治理主体，通过强化制度建设，使党的领导与公司治理高度统一、有机融合。各治理主体通过明确权责边界，做到无缝衔接，形成各司其职、各负其责、协调运转、有效制衡的公司治理机制，共同推动中国特色现代企业制度成熟定型。

根据党章的规定，国有企业党委（党组）发挥领导作用，把方向、管大局、保落实，依照规定讨论和决定企业重大事项。国有企业中党的基层组织，围绕企业生产经营开展工作。保证监督党和国家的方针、政策在本企业的贯彻执行；支持股东会、董事会、监事会和经理（厂长）依法行使职权；全心全意依靠职工群众，支持职工代表大会开展工作；参与企业重大问题的决策；加强党组织的自身建设，领导思想政治工作、精神文明建设、统一战线工作和工会、共青团、妇女组织等群团组织。

随着深化国有企业改革的不断推进，国有企业在建立和完善现代企业制度方面进行了积极的探索和实践。国有企业努力把党的领导融入公司治理各环节，坚持在融入上下功夫，在探索建立中国特色现代企业制度方面取得了积极进展。

一是落实“党建进章程”，夯实了党组织发挥领导作用的制度基础。在章程中明确党建工作总体要求，将党组织的机构设置、职责分工、工作任务纳入企业的管理体制、管理制度、工作规范。

二是落实党委（党组）书记和董事长“一肩挑”、党员总经理兼任副书记，符合条件的党组织领导班子成员通过法定程序进入董事会、监事会、经理层，从领导体制上确保党的领导与董事会决策的深度融合。

三是落实“三重一大”决策制度，把党组织研究讨论作为董事会、经营管理层等决策重大问题的前置程序。

截至 2022 年年底，1.29 万户中央企业子企业、734 户地方一级企业、2.63 万户地方国有企业子企业基本实现董事会应建尽建，完成占比达 99.9%。经理层成员任期制和契约化管理全面推行，中央、地方企业各级子企业完成占比达 99% 以上。

案例阅读

中国航空工业集团有限公司：持续完善中国特色现代企业制度，以制度体系建设不断巩固改革成果[①]

持续推进党的领导和公司治理融合，学深悟透中央精神。从顶层设计上对在完善治理中加强党的领导做出制度

---

① 国务院国资委改革办、国务院国资委研究中心编：《改革攻坚：国企改革三年行动案例集》（上），机械工业出版社 2022 年版，第 22—24 页。

性规范，明确党组织在公司法人治理结构中的法定地位，依据公司章程，清晰界定党委（党组）、董事会及专门委员会、经理层权责。按照权责法定、权责透明、协调运转、有效制衡原则编制权责清单，并动态更新，将党委（党组）的领导作用、董事会的决策中心作用、经理层的指挥中心作用摆到位。推动全集团建立党委的180家子企业100%制定党委前置研究讨论重大经营事项清单，从梳理“三重一大”事项入手推动党委前置清单、董事会权责清单、经理层权责清单同步制定。

系统化、规范化、制度化夯实中国特色现代企业制度体系建设。进一步健全本级治理体系，修订完善《集团公司章程》《党组议事规则》《董事会议事规则》《总经理办公会议事规则》等制度；建立推动子企业健全治理体系的制度指引，构筑起二级企业“一个实施办法、三个方案、六个权责清单、五个规则、十二项基本制度”的公司治理制度框架体系。

董事会配齐建强、规范运作，落实董事会职权迈出实质性步伐。建立专兼职外部董事人才库，落实集团公司420家应建董事会子企业全部建立董事会并实现外部董事占多数。补充完善原有专职董监事队伍，突出专业化、专职化，做到“履职有制度、工作有计划、任务有清单、行权有规范、定期有沟通、绩效有评价”。出台《落实子企业董事会职权工作方案》，推动90家重要子企业制定《落实董事会职权实施方案》并落实董事会6项重点职权。集团总部对19家二级重要子企业开展7个方面24项授权放权，并对“双百企业”等试点单位加大授权力度，授权事项达27项。从7个方面构建形成23项完成标准、126个评价要点的董事会规范运作和高质量运行的检查评估体系。

经理层依法行权履职机制不断完善。420家已建董事会子企业全部建立了董事会向经理层授权的管理制度，不断完善经理层权责清单、总经理办公会议事规则、总经理向董事会报告工作等制度。全级次592家所属单位的经理层（经营层）全部实现任期制和契约化管理。

3. 建立完善中国特色现代企业制度经历了哪些重要阶段？

现代企业制度是社会主义市场经济体制的重要内容，是我国企业改革发展的重要方向，是增强国有企业竞争力、提高国有资本配置效率必须完善和加强的微观制度基础。国有企业改革40多年来，我国在建立完善现代企业制度方面进行了长期探索实践，在借鉴国外先进经验的同时，始终坚持党的领导基本原则，将现代企业制度一般规律与中国实践有机结合，经过探索、建立、创新深化，构建形成了适合中国国情的现代企业制度规范，推动中国特色现代企业制度建设进入新阶段。

（1）第一阶段（1978—1993 年）：现代企业制度建立前的探索

从党的十一届三中全会到党的十四届三中全会，我国开启了国有企业改革的早期探索，这一阶段的改革目标是对企业放权让利，探索企业所有权和经营权的两权分离，使它们能够逐步适应商品化的经营环境，完成自身的企业化改造，成为相对独立的经济实体，成为自主经营、自负盈亏的社会主义商品生产者和经营者，具有自我改造和自我发展的能力，成为具有一定权利和义务的法人。在此期间，中央先后开展扩大企业自主权、实行经济责任制、实行两步“利改税”、推行承包经营责任制、转换企业经营机制、实行厂长经理负责制、实行股份制试点、基本投资建设“拨改贷”、组建企业集团等一系列改革，并初步探索改革国有资产监管体制，于 1988 年 3 月设立了国家国有资产管理局，成为新中国成立以后第一个专门从事国有资产管理的政府职能机构。这些改革举措使国有企业从传统的行政机构附属物地位中摆脱出来，获得了更大的经营自主权，同时国家所有权的权益也初步获得了保证。

伴随着改革的深入推进，一些重大的法规和政策陆续出台，推动改革举措逐步纳入规范轨道，实现制度化、法律化，使国有企业改革逐步从局部调整向制度创新迈进，其中，具有代表性的法规条例有：1988 年颁布实施的《中华人民共和国全民所有制工业企业法》，正式从法律上确立了国有企业是独立的法人主体地位，提出国有企业是自负盈亏的责任主体；1992 年颁布实施的《全民所有制工业企业转换经营机制条例》，提出国企改革的关键是转换经营机制，使企业成为依法自主经营、自负盈亏、自我发展、自我约束的商品生产和经营单位，成为独立享有民事权利和承担民事责任的企业法人，同时明确要求政府转变职能，改革管理企业的方式。①

这一阶段改革的主要特点是：试图在不触动企业制度和产权制度的情况下，通过扩大企业经营自主权，提高国有企业经营效率。改革的内容虽然侧重于以放权让利为主的政策性调整，但多种形式的改革探索，以及制度建设的深化推进为国有企业实现所有权与经营权分离，实现政企分开、政资分开积累了宝贵经验，为建立现代企业制度探索了道路，奠定了基础。

（2）第二阶段（1993—2002 年）：建立现代企业制度

党的十四大正式确立了我国经济体制改革的目标是建立社会主义市场经济体制，并正式将“国营企业”改称为“国有企业”。实践证明，国有企业改革作为经济体制改革中心环节，必须从制度上突破，才能与建立社会主义市场经济的目标要求相匹配。同时，改革中出现的各种深层次矛盾往往与产权关系不明、组织制度不科学有着直接关系。因此，改革的重点必须

---

① 邵宁主编：《国有企业改革实录（1998—2008）》，经济科学出版社 2014 年版，第 38—39 页。

从过去以放权让利为主的政策调整转变为以理顺产权关系为主的政策创新。

1993 年 11 月，党的十四届三中全会通过《中共中央关于建立社会主义市场经济体制若干问题的决定》，首次提出“建立现代企业制度，是发展社会化大生产和市场经济的必然要求，是我国国有企业改革的方向”，要求“进一步转换国有企业经营机制，建立适应市场经济要求，产权清晰、权责明确、政企分开、管理科学的现代企业制度”。对于最为基础的产权问题，决定明确“产权关系明晰”就是指“企业中的国有资产所有权属于国家，企业拥有包括国家在内的出资者投资形成的全部法人财产权，成为享有民事权利、承担民事责任的法人实体”。以此为标志，我国国有企业改革由此进入制度创新的新阶段，改革的方向和任务更加明朗。同年 12 月，《中华人民共和国公司法》正式颁布，企业产权关系开始理顺，使公司制度有了明确的法律依据，为现代企业制度建立提供了法律保障。1994 年 11 月，国务院在国有大中型企业中开展现代企业制度试点工作，试点企业通过股份有限公司、有限责任公司等不同形式，普遍进行了公司制改制，并在清产核资、明确企业法人财产权基础上，逐步建立了现代企业制度的领导体制，初步形成了公司法人治理的架构。

1999 年 9 月，党的十五届四中全会通过《中共中央关于国有企业改革和发展若干重大问题的决定》，第一次以全会决定的形式对国有企业改革的目标、方针政策和主要措施作出全面部署，对国有企业建立现代企业制度作出了全面系统的阐述，强调公司制是现代企业制度的一种有效组织形式，公司法人治理结构是公司制的核心，要明确股东会、董事会、监事会和经理层的职责，形成各负其责、协调运转、有效制衡的公司法人治理结构。

2000 年 9 月，国务院办公厅转发国家经贸委《国有大中型企业建立现代企业制度和加强管理的基本规范（试行）》，要求各国有大中型企业将建立现代企业制度引向深入。自此建立现代企业制度从试点转成国有企业改革的一个持续推进的任务。经过规范化改制，国有大中型企业建立现代企业制度工作成效显著，企业按公司法规定设立了股东会、董事会、监事会和经理层。

同一时期，国有企业外派监事会制度逐步建立完善。2000 年 3 月，国务院颁布《国有企业监事会暂行条例》，就国有企业外派监事会作了明确规定。同年 8 月，国务院向国有重点大型企业派出监事会，外派监事会对国有重点大型企业的监督检查工作全面展开。

以上改革实践为建立完善符合我国国情的现代企业制度基本规范奠定了基础。[①]

这一阶段的特点是：现代企业制度作为市场经济中成熟的企

① 本书编写组编：《国企改革历程 1978—2018》（上），中国经济出版社 2019 年版，第 168—169 页。

业制度，正式被明确为国有企业改革的方向，我国开启了以公司制股份制改革为主要形式的现代企业制度建设，并随着改革实践的深入推进，逐步制定完善符合我国国情的现代企业制度规范。

（3）第三阶段（2002—2012 年）：创新深化现代企业制度

2002 年 11 月，党的十六大明确提出改革国有资产管理体制，建立中央政府和地方政府分别代表国家履行出资人职责，享有所有者权益，权利、义务和责任相统一，管资产和管人、管事相结合的国有资产管理体制。2003 年，国务院国有资产监督管理委员会组建成立。之后，各省、市（地）国有资产监督管理机构相继组建。国务院国资委成立后，从体制框架上推进了社会公共管理职能与国有资产出资人职能分开，实行了管资产与管人、管事相结合，责任、权利和义务相统一的国资管理体制，明确了出资人职责，强化了企业国有资产保值增值责任，推进了统计评价、业绩考核、企业领导人员市场化选聘、深化董事会试点、完善公司治理、规范企业改制、外部监事会监督、企业主业管理、企业重大重组合并及布局结构调整、国有资本经营预算、企业办社会职能部分剥离、企业退休人员社会养老保险制度等一系列重大改革举措，进一步加快了建设现代企业制度的步伐。在这一过程中，国务院国资委始终重视学习借鉴世界范围内现代企业制度建设和公司治理的经验成果，与新加坡淡马锡公司、台塑集团等国际知名企业进行了长期合作交流并多次组织中央企业负责人实地考察，对我国创新深化现代企业制度，提升企业公司治理和经营管理效能发挥了积极作用。

产权制度是现代企业制度的核心。2003 年 10 月，党的十六届三中全会强调，要适应经济市场化不断发展的趋势，进一步增强公有制经济的活力，大力发展国有资本、集体资本和非公有资本等参股的混合所有制经济，实现投资主体多元化，使股份制成为公有制的主要实现形式。同年，国家发布规范国有企业改制、清产核资、产权转让等多个法规，着力规范国有企业改制工作，大力推进国有企业公司制股份制改革。中小企业通过重组、联合、兼并、租赁、承包经营、合资、转让国有产权和股份制、股份合作制等多种形式，引进非国有战略投资者，进行公司制股份制改造。大型国有企业通过改制上市，充分发挥资本市场作用，提升公司治理水平和发展质量。通过加大股份制改革力度，特别是国有大中型企业的股份制改制，一大批中央企业在境内外上市或增发股票，并按照上市公司规范运作的要求，完善了公司治理结构。[①]

董事会是现代企业制度的重要治理主体。2004 年 6 月，国务院国资委印发《关于中央企业建立和完善国有独资公司董事会试点工作的通知》，选择宝钢、神华集团等 7 家企业进行建立和完善董事会试点。试点的主要举措是引入外部董事制度，逐步建立外部董事占多数的规范董事会，以利于决策层与执行

---

① 本书编写组编:《国企改革历程 1978—2018》(上)，中国经济出版社 2019 年版，第 139、143 页。

层分开。自此，在国家所出资的国有独资公司，外部董事占多数这项重要制度创新正式启动，对加强董事会制度建设、完善国有企业公司治理发挥了重要作用。随着董事会试点改革的深化，2008年10月，中央组织部、国务院国资委党委联合印发《关于董事会试点中央企业董事会选聘高级管理人员工作的指导意见》，尝试把国务院国资委党委管理的试点企业选聘经理人员的权限下放给董事会。国务院国资委还把出资人的部分职权如重大投融资决策权等授给规范的董事会，并逐步由董事会选聘、考核经理人员，决定经理人员薪酬，大力推进董事会的权利、义务和责任的统一，有效发挥董事会作用。随着对经理层的考核权逐步下放董事会，董事会对经理层的考核出现了个性化趋势，开始实现对企业的个性化管理。董事会试点工作对中央企业建立现代企业制度起到了较好的示范和推动作用，董事会运作水平和董事履职能力进一步提高，企业科学决策水平和风险防范能力明显提升。许多省市也加强了董事会试点，引入外部董事，优化董事结构，公司治理进一步完善。

这一阶段的特点是：从体制上，形成了新的国有资产管理体制，实现了政企分开、政府社会公共管理职能与国有资产的出资人职能分开，政府与国有企业的关系进一步厘清，国有资产保值增值责任进一步落实。从公司治理上，公司治理结构进一步完善，重点推进了外部董事占多数的规范董事会建设。从企业改革上，进一步规范了国有企业改制与产权交易行为，进入了出资人代表机构主导推动企业改革的阶段。

（4）第四阶段（2012 年至今）：加快建设中国特色现代企业制度

党的十八大以来，以习近平同志为核心的党中央高举改革开放伟大旗帜，开启了改革开放和现代化建设的新征程。2013 年 11 月召开的党的十八届三中全会对全面深化改革作出系统部署，开启了全面深化改革、系统设计推进改革的新时代。2015 年 8 月印发的《中共中央、国务院关于深化国有企业改革的指导意见》，对完善现代企业制度、健全公司法人治理结构作出了具体部署。2016 年 10 月，党中央召开全国国有企业党的建设工作会议，习近平总书记在会议上提出，坚持“两个一以贯之”，把加强党的领导和完善公司治理统一起来，建设中国特色现代国有企业制度。这一改革命题的提出和实践，标志着进入建设中国特色现代企业制度新阶段。党的十九届四中、五中、六中全会和党的二十大进一步提出完善中国特色现代企业制度，强调中国特色现代企业制度是社会主义市场经济体制的重要内容，是我国企业改革发展的重要方向，这与习近平总书记提出的“两个一以贯之”一脉相承。

党的领导是中国特色现代企业制度最本质的特征。2017 年 10 月，党的十九大审议通过《中国共产党章程（修正案）》，将“国有企业党委（党组）发挥领导作用，把方向、管大局、保落实，依照规定讨论和决定企业重大事项”增写进党章第三十三条，将国有企业党委（党组）发挥领导作用以党的根本大法形式固定下来。

中国特色现代企业制度，“特”就特在明确了企业党组织在公司治理结构中的法定地位。落实党组织在公司治理结构中的法定地位是一项重要的制度安排，就是把党建工作要求写入企业公司章程。2017 年 3 月，中央组织部、国务院国资委党委印发《关于扎实推动国有企业党建工作要求写入公司章程的通知》，要求国有独资、全资和国有资本绝对控股企业要带头将党建工作要求写入公司章程，为党组织有效开展工作、发挥作用提供制度保障。通过把党建工作要求写入章程，国有企业党组织的法定地位更加明确，与其他治理主体之间的权责边界也更加清晰。

完善国有企业法人治理结构，是落实“两个一以贯之”要求的重要方面，是建立完善中国特色现代企业制度的重要内容。2017 年 4 月，国务院办公厅印发《关于进一步完善国有企业法人治理结构的指导意见》，提出“以建立健全产权清晰、权责明确、政企分开、管理科学的现代企业制度为方向”，“进一步健全各司其职、各负其责、协调运转、有效制衡的国有企业法人治理结构”，“到 2020 年，国有独资、全资公司全面建立外部董事占多数的董事会，国有控股企业实行外部董事派出制度”。按照党中央决策部署，国务院国资委积极推进国有企业董事会建设工作，将落实董事会职权、推进经理层成员契约化管理和建立职业经理人制度作为完善国有企业法人治理结构的重要举措。同时，国务院国资委进一步理顺出资人职责、转变监管方式，对国有全资、国有控股企业，出资人机构主要依据股权份额通过参加股东会议、审核需由股东决定的事项、与其他股东协商作出决议等方式履行职责，除法律法规或公司章程另有规定外，不得干预企业自主经营活动。

为进一步深化国企改革，推动中国特色现代企业制度和国资监管体制更加成熟定型，2020 年，中央全面深化改革委员会第十四次会议审议通过了《国企改革三年行动方案（2020—2022 年）》，发出了深化国企改革的动员令。方案将完善中国特色现代企业制度，形成科学有效的公司治理机制排在各项重点任务首位。通过深入实施国企改革三年行动，中国特色现代企业制度更加成熟定型。中央企业和地方企业集团公司及其重要子企业已全面制定并落实党委（党组）前置研究讨论重大经营管理事项清单，进一步明确各治理主体权责边界，推动党委（党组）把方向、管大局、保落实的领导作用制度化、规范化、程序化。完善董事会建设制度体系，全国各层级 3.8 万户国有企业实现董事会应建尽建，实现外部董事占多数的比例达 99.9%，董事会职权分层分类落实，董事会运作逐步规范高效，更好发挥董事会定战略、作决策、防风险作用。中央企业子企业和地方国有企业建立董事会向经理层授权管理制度的户数占比均超过 97%，普遍健全授权后的定期跟踪、评估调整机制，有效保障经理层依法履行谋经营、抓落实、强管理职责。在完成国资委直接监管企业公司制改制基础上，中央党政机关和事业单位管理的1.5万户、地方政府管理的15万户国有企业全部完成公司制改制，国有企业有限责任的法律基础进一步夯实。中国特色现代企业制度更广更深落实落细，推动国有企业治理机制发生了根本变化，将制度优势更好转化成为治理效能，成功探索形成了国有企业治理的中国方案。[①]

这一阶段的特点是：始终坚持“两个一以贯之”，建设中国特色现代企业制度，积极推进落实董事会职权，推行经理层任期制和契约化，推行职业经理人制度，建立有效制衡的公司治理结构和灵活高效的市场化经营机制。

4. 如何理解和推进国有企业公司制股份制改革？

公司制股份制改革，是指在设立时按照《全民所有制工业企业法》登记的全民所有制工业企业，重新按照公司法登记，成为有限责任公司或股份有限公司。按照公司法规定，公司是企业法人，有独立的法人财产，享有法人财产权。公司以其全部财产对公司的债务承担责任。股东以其认缴的出资额或其认购的股份为限对公司承担责任。公司制股份制改革是国有企业

① 翁杰明：《国企改革三年行动推动国资国企领域发生深刻改革》，《学习时报》2023年2月10日。

成为真正市场主体的基础条件。

（1）公司制改革

公司是中国特色现代企业制度的基本组织形式，是国有企业形成有效制衡的法人治理结构、灵活高效的市场化经营机制的必要条件。全面完成国有企业公司制改革，有利于从根本上解决全民所有制企业面临的突出问题，实现“一个打造、两个完善”的改革目标，即打造真正的市场主体，完善法人治理结构、完善市场化经营机制。[①]

自20世纪90年代以来，一批中央企业和地方国企基于发展需求，积极主动完成了公司制改革，企业发展进入新的阶段。党的十八大以来，党中央、国务院对国有企业全面实施公司制改革提出新的要求。2017年，国务院办公厅正式印发《中央企业公司制改制工作实施方案》，明确中央企业要按照制定改制方案、严格审批程序、确定注册资本等规范操作推进公司制改革，并提出了资产评估、划拨土地处置、税收等方面的支持政

① 全民所有制企业作为国有企业的一种组织形态，在特定历史阶段曾发挥了积极作用，但随着社会主义市场经济体制不断完善，其自身存在的一些体制机制问题日益凸显，如政府对全民所有制企业承担无限责任，企业不是真正的市场主体，难以在市场竞争中实现优胜劣汰；全民所有制企业无法按照现代企业制度要求，建立股东会、董事会、经理层等治理主体各司其职、各负其责、协调运转、有效制衡的治理架构；全民所有制企业政企不分，难以建立符合市场竞争要求的经营机制，不同程度存在“大锅饭”、平均主义等问题，企业发展的活力动力明显不足。

策，这为中央企业全面完成公司制改制工作奠定了坚实的制度基础，也为中央企业全面深化改革、创新体制机制和加快市场化发展提供了有利条件。到2020年年底，国务院国资委监管的中央企业已全面完成公司制改革，省级国资委监管的一级企业约96%完成公司制改革。[①]《国企改革三年行动方案（2020—2022年）》进一步提出，要全面完成国有企业公司制改革。截至2023年2月，中央党政机关和事业单位管理的1.5万户、地方政府管理的15万户国有企业全部完成公司制改制，国有企业有限责任的法律基础进一步夯实。[②]

（2）股份制改革

股份制改革是国有企业建立现代企业制度的有效途径。党的十五大报告明确指出，股份制是现代企业的一种资本组织形式，有利于所有权和经营权的分离，有利于提高企业和资本的运作效率，资本主义可以用，社会主义也可以用。国家和集体控股，具有明显的公有性，有利于扩大公有资本的支配范围，增强公有制的主体作用。党的十六届三中全会明确将股份制确立为公有制的主要实现形式，鼓励发展国有资本、集体资本和非国有资本等参股的混合所有制经济。党的十八大以来，党中

① 周雷:《国资委监管中央企业全面完成公司制改革——国企公司制改革迎来“收官战”》,《经济日报》2020年12月1日。

② 翁杰明:《国企改革三年行动推动国资国企领域发生深刻变革》,《学习时报》2023年2月10日。

央、国务院持续深化国有企业股份制改革，党的十八届三中全会明确提出，推进公司制股份制改革；积极引入各类投资者实现股权多元化，大力推动国有企业改制上市；逐步调整国有股权比例；允许将部分国有资本转化为优先股。按照中央有关要求，持续深化股份制改革主要体现在以下方面。

一是实现股权多元化和改制上市。通过引入其他国有资本、集体资本、民营资本、外资等参与国有企业股份制改革，实现股权多元化，对需要实行国有全资的，可积极引入其他国有资本。实现股权多元化，有利于产生资本聚集效应，有利于不同投资者在技术、管理、资源、文化等方面取长补短、优势互补，有利于形成有效制衡、运转协调的公司治理结构。大力推动国有企业通过整体改制、分拆改制、分立改制、联合改制等多种形式实现上市，创造条件实现整体上市。实践表明，上市是国有企业改制比较好的方式，提供了直接融资渠道，引入了外部资本市场压力，推进了企业内部经营机制转换，有利于形成有效公司治理结构，增加公司知名度和品牌效应，开拓市场、吸引人才，提高经营管理水平。

二是根据功能定位逐步调整，形成好的经营机制。实行股权多元化后，要求股东按照公司法等法律规定规范地行使各项职权，按照所有权与经营权分开的原则，不越过公司治理结构干预日常经营，不损害企业法人财产权；要求公司治理结构的各主体能各司其职、有效制衡，企业内部按照法律法规和内部规章的要求，形成有效的自我约束与控制体系；强调规范运作、约束制衡，不能僵化、相互掣肘，要形成高效灵活的经营机制，应对激烈的市场竞争，使企业充满活力。

三是探索实施优先股和国家特殊管理股制度。允许将部分国有资本转化为优先股，保证国有资本收益权优先，但参与公司决策管理的权力受到限制。优先股设置一般应在国有资本重在收益而不追求控制力的领域。为保障国有资本在特定领域的控制权，可探索实行国家特殊管理股制度，主要是对特定事项行使否决权，也可以依照章程约定行使普通股权按股权比例不能享有的其他特殊表决权，在特定的条件下可以起到“四两拨千斤”的作用。实施优先股、国家特殊管理股制度，可以放大国有资本功能，为在特定领域内保持国有经济的带动力、影响力和控制力提供了制度保障。

案例阅读

中国华能集团有限公司江西分公司：抓好“混资本”的关键点　确保达到预期效果[①]

引进好战略投资者，全力实现合作共赢。坚持问题导

① 国务院国资委改革办、国务院国资委研究中心编：《改革攻坚：国企改革三年行动案例集》（中），机械工业出版社2022年版，第471—472页。

向、多家比选，统筹考虑“三观”（价值观、发展观、改革观）是否相合、是否认同中国华能文化、能否实现从治理结构到体制机制全面融合并实现优势互补，把战略协同性好、能够促进产业升级、延伸产业链的好企业引进来。通过广泛调研、实地走访，与潜在合作方进行面对面交流，从战略协同及业务合作价值、产业资源、行业地位和社会影响力等方面综合评议，谨慎甄选合作方。2019 年 6 月，原瑞金电厂二期增资扩股项目在上海联合产权交易所公开挂牌交易，最终由民营企业陕西秦煤实业集团运销有限责任公司成功摘牌。混改后，新老股东各持有公司 50% 股权，实现文化融合上“1+1=1”、经营发展上“1+1>2”。

运用好市场交易手段，切实防止国有资产流失。贯彻落实《中共中央、国务院关于深化国有企业改革的指导意见》，深入开展可行性研究，审慎制定混改方案。依法依规开展审计和评估，对所有重大事项严格履行决策程序，依规上报审批。深入排查风险隐患并制定防范措施，积极稳妥推进产权市场化交易，顺利实现在上海产权交易所挂牌，做到规则公开、过程公开、结果公开，切实防止国有资产流失。

落实好党组织法定地位，充分发挥党委领导作用。坚持加强党的建设与混改同步谋划，确保混改公司能够坚持正确的政治方向。将党建工作要求纳入混改公司章程，与民营企业充分沟通，明确混改公司党委隶属于中国华能江西分公司党委，公司党委按党内规章履行上级党组织管理职责。混改公司党组织发挥把方向、管大局、保落实的领导作用，既肩负保护国有资产保值增值的重任，也承担促进民营资本发展的使命，实现了“国企的政治优势＋民企的机制灵活优势＝企业的竞争优势”的改革目标。

5. 如何健全国有企业公司法人治理结构？

法人治理结构是现代企业制度的核心，是所有权与经营权分离状态下企业权责利配置模式及相关制度安排。《国务院办公厅关于进一步完善国有企业法人治理结构的指导意见》指出，要健全以公司章程为核心的企业制度体系，充分发挥公司章程在企业治理中的基础作用，依照法律法规和公司章程，严格规范履行出资人职责的机构（以下简称出资人机构）、股东会（包括股东大会）、董事会、经理层、监事会、党组织和职工代表大会的权责，强化权利责任对等，保障有效履职，完善符合市场经济规律和我国国情的国有企业法人治理结构，进一步提升国有企业运行效率。

（1）理顺出资人职责，转变监管方式

股东会是公司的权力机构。股东会主要依据法律法规和公司章程，通过委派或更换董事、监事（不含职工代表），审核批准董事会、监事会年度工作报告，批准公司财务预决算、利润分配方案等方式，对董事会、监事会以及董事、监事的履职情况进行评价和监督。出资人机构根据本级人民政府授权对国家出资企业依法享有股东权利。

国有独资公司不设股东会，由出资人机构依法行使股东会职权。以管资本为主改革国有资本授权经营体制，对直接出资的国有独资公司，出资人机构重点管好国有资本布局、规范资本运作、强化资本约束、提高资本回报、维护资本安全。对国有全资公司、国有控股企业，出资人机构主要依据股权份额通过参加股东会议、审核需由股东决定的事项、与其他股东协商作出决议等方式履行职责，除法律法规或公司章程另有规定外，不得干预企业自主经营活动。

出资人机构依据法律法规和公司章程规定行使股东权利、履行股东义务，有关监管内容应依法纳入公司章程。按照以管资本为主的要求，出资人机构要转变工作职能、改进工作方式，加强公司章程管理，清理有关规章、规范性文件，研究提出出资人机构审批事项清单，建立对董事会重大决策的合规性审查机制，制定监事会建设、责任追究等具体措施，适时制定国有资本优先股和国家特殊管理股管理办法。

（2）加强董事会建设，落实董事会职权

董事会是公司的决策机构，要对股东会负责，执行股东会决定，依照法定程序和公司章程授权决定公司重大事项，接受股东会、监事会监督，认真履行决策把关、内部管理、防范风险、深化改革等职责。国有独资公司要依法落实和维护董事会行使重大决策、选人用人、薪酬分配等权利，增强董事会的独立性和权威性，落实董事会年度工作报告制度；董事会应与党组织充分沟通，有序开展国有独资公司董事会选聘经理层试点，加强对经理层的管理和监督。

优化董事会组成结构。国有独资、全资公司的董事长、总经理原则上分设，应均为内部执行董事，定期向董事会报告工作。国有独资公司的董事长作为企业法定代表人，对企业改革发展负首要责任，要及时向董事会和国有股东报告重大经营问题和经营风险。国有独资公司的董事对出资人机构负责，接受出资人机构指导，其中外部董事人选由出资人机构商有关部门提名，并按照法定程序任命。国有全资公司、国有控股企业的董事由相关股东依据股权份额推荐派出，由股东会选举或更换，国有股东派出的董事要积极维护国有资本权益；国有全资公司的外部董事人选由控股股东商其他股东推荐，由股东会选举或更换；国有控股企业应有一定比例的外部董事，由股东会选举或更换。

规范董事会议事规则。董事会要严格实行集体审议、独立表决、个人负责的决策制度，平等充分发表意见，一人一票表决，建立规范透明的重大事项信息公开和对外披露制度，保障董事会会议记录和提案资料的完整性，建立董事会决议跟踪落实以及后评估制度，做好与其他治理主体的联系沟通。董事会设立提名委员会、薪酬与考核委员会、审计委员会等专门委员会，为董事会决策提供咨询，其中薪酬与考核委员会、审计委员会应由外部董事组成。改进董事会和董事评价办法，完善年度和任期考核制度，逐步形成符合企业特点的考核评价体系及激励机制。

加强董事队伍建设。开展董事任前和任期培训，做好董事派出和任期管理工作。建立完善外部董事选聘和管理制度，严格资格认定和考试考察程序，拓宽外部董事来源渠道，扩大专职外部董事队伍，选聘一批现职国有企业负责人转任专职外部董事，定期报告外部董事履职情况。国有独资公司要健全外部董事召集人制度，召集人由外部董事定期推选产生。外部董事要与出资人机构加强沟通。

（3）维护经营自主权，激发经理层活力

经理层是公司的执行机构，依法由董事会聘任或解聘，接受董事会管理和监事会监督。总经理对董事会负责，依法行使管理生产经营、组织实施董事会决议等职权，向董事会报告工作，董事会闭会期间向董事长报告工作。

建立规范的经理层授权管理制度，对经理层成员实行与选任方式相匹配、与企业功能性质相适应、与经营业绩相挂钩的差异化薪酬分配制度，国有独资公司经理层逐步实行任期制和契约化管理。根据企业产权结构、市场化程度等不同情况，有序推进职业经理人制度建设，逐步扩大职业经理人队伍，有序实行市场化薪酬，探索完善中长期激励机制，研究出台相关指导意见。国有独资公司要积极探索推行职业经理人制度，坚持内部培养和外部引进相结合，畅通企业经理层成员与职业经理人的身份转换通道。开展出资人机构委派国有独资公司总会计师试点。

（4）发挥监督作用，完善问责机制

监事会是公司的监督机构，依照有关法律法规和公司章程设立，对董事会、经理层成员的职务行为进行监督。要提高专职监事比例，增强监事会的独立性和权威性。

健全以职工代表大会为基本形式的企业民主管理制度，支持和保证职工代表大会依法行使职权，加强职工民主管理与监督，维护职工合法权益。国有独资、全资公司的董事会、监事会中须有职工董事和职工监事。建立国有企业重大事项信息公开和对外披露制度。

强化责任意识，明确权责边界，建立与治理主体履职相适应的责任追究制度。董事、监事、经理层成员要遵守法律法规和公司章程，对公司负有忠实义务和勤勉义务；要将其信用记录纳入全国信用信息共享平台，违约失信的按规定在“信用中国”网站公开。董事出席董事会会议，对董事会决议承担责任；董事会决议违反法律法规或公司章程、股东会决议，致使公司遭受严重损失的，应依法追究有关董事责任。经理层成员违反法律法规或公司章程，致使公司遭受损失的，应依法追究有关经理层成员责任。执行董事和经理层成员未及时向董事会或国有股东报告重大经营问题和经营风险的，应依法追究相关人员责任。企业党组织成员履职过程中有重大失误和失职、渎职行为的，应按照党组织有关规定严格追究责任。按照“三个区分开来”的要求，建立必要的改革容错纠错机制，激励企业领导人员干事创业。

（5）坚持党的领导，发挥政治优势

坚持党的领导、加强党的建设是国有企业的独特优势。要明确党组织在国有企业法人治理结构中的法定地位，将党建工作总体要求纳入国有企业章程，明确党组织在企业决策、执行、监督各环节的权责和工作方式，使党组织成为企业法人治理结构的有机组成部分。要充分发挥党委（党组）的领导作用和基层党组织的战斗堡垒作用，领导企业思想政治工作，支持董事会、监事会、经理层依法履行职责，保证党和国家方针政策的贯彻执行。

充分发挥纪检监察、巡视、审计等监督作用，国有企业董事、监事、经理层中的党员每年要定期向党组（党委）报告个人履职和廉洁自律情况。上级党组织对国有企业纪检组组长（纪委书记）实行委派制度和定期轮岗制度，纪检组组长（纪委书记）要坚持原则、强化监督。纪检组组长（纪委书记）可列席董事会和董事会专门委员会的会议。

积极探索党管干部原则与董事会选聘经营管理人员有机结合的途径和方法。坚持和完善双向进入、交叉任职的领导体制，符合条件的国有企业党组（党委）领导班子成员可以通过法定程序进入董事会、监事会、经理层，董事会、监事会、经理层成员中符合条件的党员可以依照有关规定和程序进入党组（党委）；党组（党委）书记、董事长一般由一人担任，推进中央企业党组（党委）专职副书记进入董事会。在董事会选聘经理层成员工作中，上级党组织及其组织部门、国有资产监管机构党委发挥确定标准、规范程序、参与考察、推荐人选等作用。积极探索董事会通过差额方式选聘经理层成员。

案例阅读

国家电网有限公司：推进管理模式变革　提升公司管理效能　完善中国特色现代企业制度[①]

党的领导作用更加凸显。充分发挥党组（党委）理论学习中心组学习龙头作用，在把党的领导融入公司治理各环节方面，公司修订党组前置研究讨论重大经营管理事项

① 国家电网有限公司：《推进管理模式变革　提升公司管理效能　完善中国特色现代企业制度》，参见国家电网有限公司网站。

清单，指导68家二级单位党委全部制（修）订前置研究事项清单，对前置研究讨论的重大事项进行细化和具体化，确保可操作、能落地、有实效；指导各级单位建立健全“三重一大”决策制度及事项清单，将党的领导融入公司治理相关内容纳入党建责任制考核；进一步厘清公司党组、董事会、经理层等治理主体的权责界面，明确党组在决策、执行、监督各环节的权责和工作方式。

“1+N”治理体系全面形成。始终坚持贯彻“两个一以贯之”重大原则，着眼于把加强党的领导贯穿到公司治理全过程、各环节，持续健全以公司章程为核心的“1+N”公司治理制度体系，推动制度优势转化为治理效能。加强制度顶层设计，总部层面第一时间修订完善相关治理制度，在公司层面出台《子企业董事会工作规则》《子企业董事会授权管理办法》，专项指导子企业董事会工作。公司规范设立董事会的子企业均已全部建立公司章程、董事会议事规则、董事会专委会工作规则、董秘工作规则、重大决策事项权责清单等制度规则，“1+N”治理制度体系更加系统完备、务实管用，实现子企业全覆盖。

董事会运行更加规范有效。公司董事会于2015年7月规范设立，公司坚持总部先行示范与基层逐步规范、总部顶层设计与基层创新实践相结合，自上而下、由点及面，董事会工作从建章立制、初具雏形，到运行顺畅、价值凸显，董事会工作队伍从无到有、逐步壮大，董事会治理理念渐入人心，董事会文化培育效果初显。公司已经形成一整套系统完备的董事会制度体系和工作机制，保证董事会建设有方向、有目标、有遵循。持续完善企业法人治理结构，制定强化提升董事会建设和运行的20条措施；21家重要子企业全面完成落实董事会职权实施方案，进一步提升董事会行权履职能力；根据不同板块、不同层级企业特点，差异化设计董事会典型配置模型，开展子企业经理层成员任期制和契约化管理。目前，公司系统纳入董事会应建范围的46家二级子企业、167家三级子企业、36家四级子企业现已全部实现董事会应建尽建、外部董事占多数。

经理层行权机制更加完善。积极完善经理层行权履职机制，修订公司章程和有关议事规则，研究制订子企业董事会授权管理办法，从制度层面进一步明确了董事会向经理层授权的事项范围、决策程序、行权方式。249家应建子企业范围内，已全部建立董事会向经理层授权管理制度。公司还建立健全经理层成员任期制和契约化管理工作机制，完善内部人力资源市场制度，优化工资总额核定机制，持续增强经理层经营活力，让经理层谋经营、抓落实、强管理作用得到更好发挥。

6. 国有企业如何推进董事会建设、发挥董事会作用？

董事会是企业的经营决策主体，国有企业要以推进董事会建设为重点，完善公司法人治理结构。

一是维护依法行权。依法将董事会的诸项职权落到实处，是实现政企分开、依法治企，使企业真正成为独立市场主体的关键，也是健全公司法人治理结构需要解决的突出问题，要落实和维护董事会依法行使重大决策、选人用人、薪酬分配等权利，法无授权任何政府部门和机构不得干预。

二是加强制衡约束。坚持外部董事占多数，使更多具有独立性和专业性的外部董事进入董事会并在董事会中占据主导地位。外部董事占多数是国有企业董事会建设的一项基础性制度安排，有利于加强董事会内部的制衡约束，防止内部人控制等问题，有利于实现董事会专业经验多元化和能力结构互补化，促进企业科学决策、民主决策、依法决策。同时董事会成员中应有职工董事。职工董事除与其他董事享有同等权利、承担同等义务外，还要履行关注和反映职工正当诉求，代表和维护职工合法权益的义务。董事会严格实行集体审议、独立表决、个人负责的决策制度，平等充分发表意见，一人一票表决，建立规范透明的重大事项信息公开和对外披露制度，董事对董事会决议承担责任。

三是强化考评追责。科学合理评价，依法有效追责，是保证董事行权履职、防止不尽责的必要手段。建立健全对董事会和董事评价办法，加强与董事会的沟通，完善年度和任期考核制度；加强对董事的考核评价和管理，定期听取董事汇报，确保董事能真正代表出资人意志和主张。董事要强化责任意识、合法合规意识和风险意识。要建立健全对董事决策失误责任的界定、追究责任的具体制度和办法，做到公平合理、依法合规。

四是加强外部董事队伍建设。要建立完善外部董事选聘和管理制度，推进市场化选聘和管理外部董事，加强培训提升外部董事素质和能力，提高专职外部董事比例，拓宽来源渠道，积极探索从国有企业现职领导人员、民营企业及外资企业高管等多渠道选聘外部董事，定期报告外部董事履职情况。

案例阅读

中国建材集团有限公司：加强董事会建设和规范运作[①]

推进集团层面董事会规范运作。明确集团董事会的经

① 国务院国资委改革办、国务院国资委研究中心编：《改革攻坚：国企改革三年行动案例集》（上），机械工业出版社2022年版，第139—140页。

营决策中枢定位，在“会前会中会后”充分发挥外部董事作用，会前召开议案沟通会或组织外部董事深入现场调研，外部董事与经理层未达成一致意见的议案暂缓上会；会中营造“深入研讨、畅所欲言”氛围，使每位外部董事独立、充分表达个人意见；会后加强对议案执行情况的跟踪，及时报告决议执行情况，形成决策闭环管理机制。

有效保障经理层行权履职。制定了董事会对经理层的授权管理办法，建立了6类39项授权事项清单，涵盖日常经营所需的项目投资、产权交易、一定金额的资金支出、成员企业的中长期激励等事项，量化权限超过60%，由总经理办公会研究决定。

加强子企业董事会规范运作。出台指导意见，细化子企业董事会各操作环节要求。2021年对17家重要子企业“一企一策”落实董事会职权，2022年延伸到业务规模较大的集团四级企业。分级分类、有序推进全级次企业的董事会向经理层授权机制，使董事会与经理层各负其责、协调运转。

配齐建强外部董事队伍。建立了82人的外派董事库，制定了4项外派董事管理制度，形成了外派董事选聘、派出、管理、考核和薪酬兑现的闭环体系。创新探索并建立了派出董事分类表决机制，除重大事项须按国有股东意见表决之外，一般情况下，派出董事按照个人判断进行表决，并独立承担责任。强化履职评价和激励约束，畅通专职外部董事与现职领导人员双向交流通道，形成激励机制闭环。

7. 国有企业如何充分发挥经理层作用？

经理层是公司的执行机构，依法由董事会聘任或解聘，接受董事会管理和监事会监督。总经理对董事会负责，依法行使管理生产经营、组织实施董事会决议等职权，向董事会报告工作，董事会闭会期间向董事长报告工作。

（1）规范体制机制建设

一是建立规范的经理层授权管理制度，对经理层成员实行与选任方式相匹配、与企业功能性质相适应、与经营业绩相挂钩的差异化薪酬分配制度，国有独资公司经理层逐步实行任期制和契约化管理。

二是根据企业产权结构、市场化程度等不同情况，有序推进职业经理人制度建设，逐步扩大职业经理人队伍，有序实行市场化薪酬，探索完善中长期激励机制。国有独资公司要积极探索推行职业经理人制度，实行内部培养和外部引进相结合，畅通企业经理层成员与职业经理人的身份转换通道。

在具体实践中，一方面，通过任期制和契约化管理工作的开展，进一步明确界定经理层成员职责范围，使职能边界清晰。

通过充分授予经理层相关权力，按照现代企业制度要求，认真梳理优化董事会向经理层授权管理制度和“三重一大”决策清单，进一步明确授权原则、管理机制、事项范围、权限条件等，充分发挥经理层经营管理作用，提升企业自主经营能力，提高决策效率。另一方面，通过将薪酬与业绩紧密挂钩，综合考虑目标任务、工作分工，不同板块业务的贡献、业务开展的难度、企业的不同发展阶段等综合确定薪酬待遇，真正实现一岗一薪、易岗易薪，有效保障经理层合法利益，激发经理层干事创业活力。

（2）加强经理层执行能力建设

一是抓经营。坚定执行董事会的决策部署和工作计划，有力实施企业经营管理。在经营理念上，以新发展理念为引领，深刻领会高质量发展的丰富内涵和实践要求，扎实推动高质量发展。在经营方式上，既坚持一张蓝图绘到底，按照系统部署统筹推进，又及时根据形势变化，积极调整经营策略，确保完成发展目标。在经营重点上，着眼长远发展，摒弃规模速度情结，不以短期利益为主，聚焦企业主业，围绕企业产业链、供应链、数据链上下游统筹策划开展工作，不断增强企业自身实力。

二是促转型。增强执行的创新性，有效推动企业商业模式、管理模式、技术路线等创新，加快实现转型升级。深入探索创新企业融入国家重大战略的契合路径，抢抓转型发展的战略机遇。深入探索创新深化股权多元化和混合所有制改革、建立灵活高效的市场化经营机制等实践路径，不断激发转型发展的内生动力。深入探索创新推动企业关键核心技术攻关、创新体系建设、创新要素优化升级等体制机制，不断提升企业核心竞争力。

三是强管理。增强执行的科学性，以科学管理为支撑，不断提升治理水平，加快推动高质量发展。要对标一流强管理，结合行业领域、发展阶段、功能作用等实际，加强与行业先进对标，不断找差距补短板。加快建立符合市场竞争需要的管理机制，推动管理制度化、标准化、流程化、信息化，着力形成系统完备、科学规范、运行高效、边界清晰的管理体系和制度流程，切实推动企业管理能力现代化。

8. 国有企业如何推行企业经理层成员任期制和契约化管理？

经理层成员任期制和契约化管理，是指对企业经理层成员实行的，以固定任期和契约关系为基础，根据合同或协议约定开展年度和任期考核，并根据考核结果兑现薪酬和实施聘任（或解聘）的管理方式。

推行经理层成员任期制和契约化管理是基于中国特色现代

企业制度的新型经营责任制，是激发企业内生动力的关键举措，是实现国有企业高质量发展的必然要求，也是落实董事会职权的“突破口”和推动三项制度改革的“牛鼻子”。

在新一轮国资国企改革中，经理层人员任期制和契约化管理，在多项国家文件中作为改革举措加以强调。2015年印发的《中共中央、国务院关于深化国有企业改革的指导意见》提出推行企业经理层成员任期制和契约化管理，明确责任、权利、义务，严格任期管理和目标考核，是建立国有企业领导人员分类分层管理的制度抓手。2019年，国务院国有企业改革领导小组办公室印发《关于支持鼓励“双百企业”进一步加大改革创新力度有关事项的通知》，要求各中央企业和地方国资委要指导推动“双百企业”，推行经理层成员任期制和契约化管理。2020年，国务院国有企业改革领导小组办公室印发《“双百企业”推行经理层成员任期制和契约化管理操作指引》。同年，《国企改革三年行动方案（2020—2022年）》提出，全面推行经理层成员任期制和契约化管理，标志着任期制和契约化改革进入推进期。2021年，国务院国有企业改革领导小组办公室印发《关于加大力度推动经理层任期制和契约化管理有关事项的通知》，对国有企业推行经理层任期制和契约化管理的原则方向、实施范围、签约签订主体、任期管理、契约内容、刚性兑现薪酬等予以明确。经过多年努力，截至2022年年底，开展任期制和契约化管理的中央企业和地方各级子企业比例已达到 99.6% 以上，覆盖全国超 8 万户企业、22 万人，形成中国特色现代企业制度下的新型经营责任制。[①]

推行企业经理层成员任期制和契约化管理的要点包括：

（1）严格任期制管理

明确任期。经理层成员的任期期限由董事会（或控股股东）确定，一般为两到三年，可以根据实际情况适当延长。经理层成员任期期满后，应重新履行聘任程序并签订岗位聘任协议。未能续聘的，自然免职（解聘），如有党组织职务，原则上应一并免去。

明确权责。可以采用岗位说明书等方式，明确经理层成员的岗位职责和任职资格。可以采用制定权责清单等方式，规范董事会（或控股股东）与经理层、总经理与其他经理层成员之间的权责关系。

（2）严格契约化管理

契约签订。根据岗位聘任协议，由董事会授权董事长与总经理签订年度和任期经营业绩责任书。董事会可以授权总经理与其他经理层成员签订年度和任期经营业绩责任书。未建立董事会的，由其控股股东确定相关签约程序并组织实施。经营业绩责任书应包括考核内容及指标、考核实施与奖惩等内容。

考核实施。考核期末，董事会（或控股股东）依据经审计

① 翁杰明:《国企改革三年行动推动国资国企领域发生深刻改革》,《学习时报》2023 年 2 月 10 日。

的财务决算数据等，对经理层成员考核内容及指标的完成情况进行考核，形成考核与奖惩意见，并反馈给经理层成员。经理层成员对考核与奖惩意见有异议的，可及时向董事会（或控股股东）反映。最终确认的考核结果可以在一定范围内公开。

薪酬管理。经理层成员薪酬结构一般包括基本年薪、绩效年薪、任期激励等。企业应根据经营业绩考核结果，合理拉开经理层成员薪酬差距。年度考核不合格的，扣减全部绩效年薪。企业应根据有关规定建立薪酬追索扣回制度，在岗位聘任协议中予以明确并严格执行。同时，鼓励企业综合运用国有控股上市公司股权激励、国有科技型企业股权和分红激励、国有控股混合所有制企业员工持股等中长期激励政策，探索超额利润分享、虚拟股权、跟投等中长期激励方式，不断丰富完善经理层成员的薪酬结构。

退出管理。企业应加强对经理层成员任期内的考核和管理，经考核认定不适宜继续任职的，应当中止任期、免去现职。对不胜任或不适宜担任现职的经理层成员，不得以任期未满为由继续留任，应当及时解聘。

（3）严格监督管理

严格任期。任期期限、最多连任届数和期限等一经确定，不得随意延长。

履职监督。企业应建立健全对推行任期制和契约化管理的经理层成员的监督体系，党组织、董事会、监事会等治理主体，以及纪检监察、巡视、审计等部门根据职能分工，做好履职监督工作。坚持以预防和事前监督为主，建立健全提醒、诫勉、函询等制度办法，及早发现和纠正其不良行为倾向。

责任追究。经理层成员在聘任期间要维护企业国有资产安全、防止国有资产流失，不得侵吞、贪污、输送、挥霍国有资产。经理层成员违反规定，未履行或未正确履行职责，在经营投资中造成国有资产损失或其他严重不良后果的，严肃追究责任。按照“三个区分开来”要求，支持鼓励企业按照公私分明、尽职合规免责原则，建立健全并细化相关工作机制的主体、标准、适用情形和工作流程，形成可落实可操作的制度安排。

案例阅读

中国东方电气集团有限公司：推进任期制和契约化管理激发高质量发展新活力①

以经理层任期制和契约化管理为突破，点燃改革“主引擎”。以试点先行为改革积累经验，2019年，在2户三级企业试点经理层任期制和契约化管理，为全集团推广积累经验。以完善制度体系为扎实推进提供制度遵循，2020年，统筹构建了“3+N”（1个行动方案+1个任务清单+1

① 东方电气：《推进任期制和契约化管理 激发高质量发展新活力》，参见国务院国有资产监督管理委员会网站。

个考评体系+N个配套制度）改革制度框架，制定了以“三个突出”（突出以指标定任务、突出全流程管理、突出以“三比较”定“三挂钩”）为特色的改革考核评价机制，保障扎实推进实施。以二级企业全覆盖为全面推开奠定坚实基础，2020年，全集团14户二级企业64名经理层成员全面按照任期制和契约化管理，实现了二级企业全覆盖，为全级次企业全面推开打下坚实基础。

畅通领导人员退出通道，打破身份“铁饭碗”。推行“摘标制”，以“发标”方式公布任期业绩和薪酬目标，经理层“摘标”签订确认书；不“摘标”的，将另行组建新的经理层，其中，2020年1个三级单位经理层班子因竞标失败而重组。身份与任期、业绩考核结果“双挂钩”，三年任期结束后，双方可选择是否续约，明确7类退出情形，集团可解除契约、终止任期、免去现职。打通领导人员退出通道，印发《推进领导人员能上能下若干规定》，明确退出标准和流程，实现平者让、庸者下、劣者汰。

以推进高质量发展为导向，用好考核“指挥棒”。按照“一个坚持、五个突出”建立导向明确的任期业绩考核体系。“一个坚持”即坚持服务集团战略落地，围绕“十四五”战略，以到2022年实现历史最优、行业一流为总目标，分解落实企业任期目标。“五个突出”即突出目标可行性和挑战性，让企业“跳一跳、够得着”；突出指标精准聚焦，建立关键业绩、提质增效、服务战略、约束指标四类指标库，引导企业既注重当期目标实现，又坚持高质量发展方向；突出“一企一策”考核，根据企业功能定位有针对性地设置指标；突出稳中求进，实施任期考核三年得分连乘，在放大年度业绩作用、拉开差距的同时，更强化稳中求进导向，引导经理层眼光放远；突出责任分解落实，任期考核目标向经理层成员、企业各部门、各分子公司进行层层分解和压实责任，实现企业任期目标的有效承接。

坚持刚性兑现和差异化，注入激励“强心剂”。建立当期和中长期相结合的激励体系，企业经理层除按规定领取年度和任期薪酬外，全部纳入上市公司股权激励计划。目标薪酬透明化，将业绩和薪酬目标直接写入任期契约书，实现“按业绩算薪酬”，改变“事后算账”做法。业绩连乘拉开薪酬差距，年均薪酬高达到目标薪酬160%甚至翻番，低至目标薪酬的50%甚至更低。激励兑现既奖全能冠军，也奖单项冠军，建立单项指标挑战奖励规则，实施超额利润奖励、超额订单奖励。

9. 国有企业如何推行职业经理人制度?

职业经理人是指按照“市场化选聘、契约化管理、差异化薪酬、市场化退出”原则选聘和管理的，在充分授权范围内依靠专业的管理知识、技能和经验，实现企业经营目标的高级管理人员。一般包括总经理（总裁、行长等）、副总经理（副总裁、副行长等）、财务负责人和按照公司章程规定的高级管理人员。

职业经理人制度的建设是深化国有企业改革中一项重要改革任务，并在改革进程中逐步清晰、明确。国有企业推行职业经理人以《2002—2005全国人才队伍建设规划纲要》为标志，初步提出探索与制定职业经理人资质评价体系。2015年，《中共中央、国务院关于深化国有企业改革的指导意见》明确提出，推行职业经理人制度，实行内部培养和外部引进相结合，畅通现有经营管理者与职业经理人身份转换通道，董事会按市场化方式选聘和管理职业经理人，合理增加市场化选聘比例，加快建立退出机制。2016年，国有企业改革“十项试点”任务中提出了推行职业经理人制度试点。2018年，国务院国有企业改革领导小组办公室启动国有企业改革“双百行动”，再次提出探索职业经理人制度，推动完善市场化经营机制率先突破。2020年，国务院国有企业改革领导小组办公室印发《“双百企业”推行职业经理人制度操作指引》。同年，《国企改革三年行动方案（2020—2022年）》进一步提出，加快建立健全市场化经营机制，大力推进职业经理人制度。

国有企业推行职业经理人制度的要点包括：

（1）加强市场化选聘

职业经理人可以采取竞聘上岗、公开招聘、委托推荐等方式产生。本企业内部人员参与竞聘职业经理人的，个人先行提出申请，承诺竞聘成功后放弃原有身份、解除（终止）聘任关系后不得要求恢复原有身份，并遵守职业经理人管理的相关规定。符合条件的职业经理人，可以按照有关规定进入企业党组织领导班子。

（2）严格契约化管理

契约签订。职业经理人实行聘任制，聘任期限由董事会决定，原则上不超过三年，可以根据实际情况适当延长。董事会可以依法对职业经理人设置试用期。企业应与职业经理人签订劳动合同、聘任合同和经营业绩责任书（年度和任期）。本企业内部人员选聘为职业经理人的，一般应重新签订劳动合同。

考核实施。董事会对职业经理人实施年度和任期考核。考核期末，董事会依据经审计的企业财务决算数据等，对职业经理人考核内容及指标的完成情况进行考核，形成考核与奖惩意见，并反馈给职业经理人。职业经理人对考核与奖惩意见有异议的，可及时向董事会反映。

（3）实施差异化薪酬

薪酬结构。职业经理人薪酬结构可以包括基本年薪、绩效年薪、任期激励，也可以实施各种方式的中长期激励，具体由董事会与职业经理人协商确定。鼓励综合运用国有控股上市公司股权激励、国有科技型企业股权和分红激励、国有控股混合所有制企业员工持股等中长期激励政策，探索超额利润分享、虚拟股权、跟投等中长期激励方式，不断丰富完善职业经理人的薪酬结构。

薪酬水平。职业经理人薪酬总水平按照“业绩与薪酬双对标”原则，根据行业特点、企业发展战略、经营业绩、市场同类可比人员薪酬水平等因素，由董事会与职业经理人协商确定。

薪酬支付。职业经理人基本年薪按月支付。绩效年薪、任期激励先考核后兑现，可结合企业实际情况延期支付。中长期激励收入在董事会与职业经理人签订的聘任合同约定的锁定期到期后支付或行权。解除（终止）聘用和劳动关系后（聘期届满考核合格但不再续聘的除外），原则上不得兑现当年绩效年薪、任期激励和其他中长期激励收入。企业应根据有关规定建立薪酬追索扣回制度，并在聘任合同中予以明确。

（4）落实市场化退出

建立职业经理人市场化退出机制，依据职业经理人聘任合同约定和经营业绩考核结果等，出现考核不达标，任期综合考核评价结果为不称职，因严重违纪违法、严重违反企业管理制度被追究相关责任等情形的，应解除（终止）聘任关系。

职业经理人因个人原因辞职的，应依据《中华人民共和国劳动合同法》和签订的聘任合同有关条款，提前30日提出辞职申请。未经批准擅自离职、给企业造成损失的，依法依规追究其相应责任。

企业在职业经理人解除（终止）聘任关系的同时，如有党组织职务应当一并免去，并依法解除（终止）劳动关系。

（5）严格监督管理

健全完善对职业经理人的组织人事关系管理、出国（境）管理、保密管理，加强对职业经理人的思想政治教育，建立健全符合职业经理人特点的培养体系，建立健全对职业经理人的监督体系和责任追究机制，按照“三个区分开来”要求，支持鼓励企业按照公私分明、尽职合规免责原则，建立健全并细化相关工作机制的主体、标准、适用情形和工作流程，形成可落实可操作的制度安排。

案例阅读

中国一重集团有限公司：推行经理层市场化选聘、契约化管理激发创新创业活力①

建立科学规范的制度保障机制。搭建了“人事制度改革文件库”，先后制定《市场化选聘管理暂行办法》《全面推行子企业董事长市场化选聘契约化管理的实施意见（试

① 中国一重：《推行经理层市场化选聘契约化管理　激发创新创业活力》，参见国务院国有资产监督管理委员会网站。

行)》和《全面推行子企业经理层市场化选聘契约化管理的实施意见(试行)》等市场化选聘管理办法和配套制度。建立了公开招聘评委库，创新运用“5+2”(外部评委5人、内部评委2人)半结构化评聘模式，确定了10个竞聘环节、5个参与主体(上级党组织和纪委，子公司党组织、董事会和总经理)，有效落实了公司党委在确定标准、规范程序、参与考察、推荐人选等方面发挥领导和把关作用，保障了子公司董事会依法聘任、解聘经理层成员，支持总经理履行对经理层副职的提名权。

建立权责对等的管控授权机制。开展管控模式设计与组织结构优化工作，确定了总部“战略 + 战略运营”差异化管控模式，建立扁平化、精简化的组织机制。同时，加快转变职能、全面授权放权、精简审批事项，按照精干高效和扁平化原则，制定《集分权手册》《股东代表及派出董事监事管理办法》等，修订《“三重一大”决策实施办法》，指导直属单位全面构建集分权制度体系，切实做到“集权有道、分权有序、授权有章、用权有度”，通过简政放权，切实保障了经理层责权利统一对等，为推行经理层成员任期制和契约化管理打牢基础。

建立市场决定的干部配置机制。除党务岗位外，原则上所有岗位的“上下进出”全部通过市场决定。首先通过炼钢厂领导班子全体“被起立”拉开“改革就要从干部改起”的人事制度改革序幕；其次，对整个营销系统“大换血”，唤醒中国一重从上到下的市场主体意识；再次，通过股份公司一次性集中公开招聘3名高管，强化市场化用人高层示范“风向标”；最后，全面铺开领导人员市场化配置机制，在3个月时间里，顺利完成集团总部、直属单位领导班子和一般员工分层分类全部起立竞聘上岗，中层管理者由原来的320人缩减至192人，减少比例达40%，实现了干部真“下”，各级各类管理岗位人员由14.5%减至6.5%。

全面推行三年任期制。规定各层级领导人员100%实行任期制管理，全部三年一个任期，到期重置归档，根据任期考核结果评定是否有机会参与同层级或更高层级岗位竞聘。2021年3月以来，第二轮直属单位领导班子2021—2023年任期市场化选聘启动，目前完成了54个直属单位董事长、经理层岗位市场化选聘，公司直属单位领导班子中45周岁及以下年轻干部达41.2%，“80后”占比达28.4%。

全面落实契约化硬约束。直属单位董事会与总经理、总经理与经理层副职根据职责权限全面签订聘用合约，合约坚持责权利相统一，突出发展质量和效益导向，明确规定年度及任期目标、任务、奖惩等条款，并将合约考核结果作为薪酬兑现、岗位聘任或解聘依据，当年未完成目标收入60%或目标利润70%自动免职并只拿基本生活费。解除岗位聘用合同后，一律“退长还员”，只保留工程、经济、会计、政工等相应系列职称岗位和劳动合同确定的一般员工身份。累计调整不适应改革发展需要的领导人员98人，中层管理者只拿生活费20人次，4个单位领导班子全体起立。

全面兑现契约化强激励。坚持力争跑赢市场、优于同行设定考核目标值，并对应确保、力争、创优三档工作目标，实施相适应梯次的与市场接轨的分类分级薪酬体系。实施“25%年薪留存追索、三年业绩考核逐年系数与任期总薪酬连乘”，最多可实现任期总薪酬的翻番，最低除扣减完留存任期激励薪酬，领导人员年薪最高和最低差距达到了3.5倍以上。

10. 如何全面推进国有企业用工市场化管理?

深化劳动用工改革是全面深化国有企业改革的重要内容，是增强国有企业活力和竞争力的迫切需要。党的十八大以来，随着国有企业改革的全面深化，国有企业劳动用工制度改革进入新阶段。2013年，党的十八届三中全会通过《中共中央关于全面深化改革若干重大问题的决定》，明确提出深化企业内部管理人员能上能下、员工能进能出、收入能增能减的制度改革。2015年印发的《中共中央、国务院关于深化国有企业改革的指导意见》，明确提出建立健全以合同管理为核心、以岗位管理为基础的市场化用工制度，真正形成企业各类管理人员能上能下、员工能进能出的合理流动机制。2020年出台的《国企改革三年行动方案（2020—2022年）》提出，要全面推进用工市场化，加快建立和实施以劳动合同管理为关键，以岗位管理为基础的市场化用工制度，大力推行员工公开招聘，管理人员竞争上岗，末等调整和不胜任退出制度。经过多年努力，国有企业市场化用工机制建设取得积极成效，截至2022年年底，中央企业和地方国有企业新进员工公开招聘比例均提升到99.9%以上，末等调整和不胜任退出的管理人员比例分别提升到5.7%、4.5%，管理人员竞争上岗比例分别提升至57%、56.3%。[①]

全面推进企业用工市场化管理要从以下方面发力：

（1）强化任职条件和考核评价，实现管理人员能上能下

一是完善以岗位职责和任职条件为核心的管理人员职级体系。要建立健全管理人员岗位体系，明确各层级管理岗位职责和任职条件，合理使用不同层次人才。不断完善管理人员职业发展通道，为管理人员能上能下搭建平台。按照集团化管控、专业化管理、集约化运营的要求，科学调整组织结构，合理设

① 翁杰明：《国企改革三年行动推动国资国企领域发生深刻改革》，《学习时报》2023年2月10日。

置内设机构和配置管理人员，提高管理效率。

二是健全以综合考核评价为基础的管理人员选拔任用机制。建立管理人员综合考核评价体系，以综合考核评价为基础，通过竞争上岗、公开选聘等多种方式，公开、公平、公正地选拔优秀管理人员。强化管理人员考核评价的日常监督管理，将考核评价结果与职务升降、薪酬调整紧密挂钩。对于经考核评价不能胜任工作的，应当调整岗位、降职降薪，真正做到管理人员能上能下。

三是探索推行职业经理人制度。要扩大选人用人视野，合理增加企业内部管理人员市场化选聘比例。对市场化选聘的职业经理人，要签订聘任和绩效协议，明确聘任期限和业绩目标要求，建立与业绩考核紧密挂钩的激励约束和引进退出机制，实现选聘市场化、管理契约化、退出制度化。

（2）加强劳动用工契约化管理，实现员工能进能出

一是全面推行公开招聘制度。要按照公开、公正、竞争、择优的原则，公开招录企业员工。要制订公开招聘办法，面向社会公开招聘，做到信息公开、过程公开和结果公开。招聘信息应当面向社会公开发布，不得设置歧视性录用条件，不得降低条件定向招录本企业员工亲属。拟录用人员有关信息应当通过适当形式在一定范围内公示，确保公开招聘工作的公平、公正，提高员工招聘质量。国家法律法规政策另有规定的，从其规定。

二是加强劳动合同管理。打破身份界限，建立健全以合同管理为核心、以岗位管理为基础的市场化用工制度。要依法与员工签订劳动合同，做到劳动合同应签尽签。强化劳动合同对实现员工能进能出的重要作用，细化劳动合同期限、工作内容、劳动纪律、绩效要求以及续签、解除合同条件等条款，明确双方的权利义务。要依法规范使用劳动合同制、劳务派遣等各类用工，完善管理制度，履行法定程序，确保用工管理依法合规。

三是构建员工正常流动机制。根据企业战略规划和生产经营需要，合理控制用工总量，优化人员结构，构建员工正常流动机制。要建立企业内部人力资源市场，盘活人力资源存量，提高人力资源使用效率。要畅通员工退出渠道，细化员工行为规范、劳动纪律和奖惩标准，明确劳动合同期满续签标准和员工不胜任岗位要求的认定标准。对违法违规、违反企业规章制度或不胜任岗位要求等符合解聘条件的员工，要严格履行法律法规要求的相关程序，依法解除劳动合同。

（3）推进收入分配市场化改革，实现收入能增能减

一是加强工资总额能增能减机制建设。完善与财务预算和业绩考核目标挂钩的工资总额预算管理办法，健全工资效益同向联动机制，切实做到工资总额与企业效益紧密挂钩。强化全口径人工成本预算管理制度体系，逐步将工资总额以外的其他人工成本项目纳入预算管理范围，严格控制人工成本不合理增

长，不断提高人工成本投入产出效率。

二是推进与效益紧密挂钩的内部薪酬制度改革。按照既有激励又有约束、既讲效率又讲公平、既符合企业一般规律又体现国有企业特点的原则，根据企业实际，实行与社会主义市场经济相适应的薪酬分配制度，建立健全与劳动力市场基本适应、与企业经济效益和劳动生产力挂钩的工资决定和正常增长机制，优化薪酬结构，合理拉开收入分配差距。推进全员绩效考核，根据劳动力市场价位、人工成本承受能力、岗位价值评估和员工个人能力等因素合理确定员工薪酬，同时要与企业效益、个人绩效紧密挂钩。原则上，企业效益下降或个人绩效考核不达标时，员工薪酬应下降，确保收入能增能减。要建立员工薪酬市场对标机制，结合企业薪酬战略和人工成本承受能力，逐步提高骨干员工薪酬的市场竞争力，同时调整不合理的偏高、过高收入，做到薪酬水平该高的高、该低的低。

三是规范员工福利保障制度。结合企业自身实际，统筹规范所属企业福利保障制度，加强福利项目和费用管理，严格清理规范工资外收入。社会保险、住房公积金、企业年金、福利费等国家和地方有明确政策规定的，要严格执行相关规定，不得超标准列支。已经建立企业年金制度的企业，不得提高建立年金制度前已退休人员统筹外补贴水平和临近退休人员的企业年金补偿标准。企业效益下降的，福利费不得增长，企业年金缴费标准适当降低；企业出现亏损的，企业年金应当暂停缴费。

案例阅读

东方航空物流股份有限公司：推进用工市场化管理，激发企业活力动力①

健全市场化激励机制，实现收入“能增能减”。通过市场化对标，不断优化薪酬结构，构建了“一人一薪、易岗易薪”的市场化薪酬体系，强化绩效考核与薪酬分配联动，拉开了部门之间、员工之间的浮动薪酬差距，2018年营销岗位业绩最优者的浮动薪酬是最差者的3倍；在人工成本总额范围内，给予业务单位薪酬分配自主权，在部分岗位试行“上不封顶、下不保底”的浮动薪酬考核机制。

构建多通道职业发展体系，实现管理人员“能上能下”。构建了管理类、专业类、营销类、操作类4大岗位类别，在非管理类岗位建立“初级、中级、高级、资深、专家”职衔体系，形成了员工多通道职业发展路径；优化管理人员选聘权限，在党管干部原则下，引入“上级提名、隔级决策”机

---

① 国务院国资委改革办、国务院国资委新闻中心编：《改革样本：国企改革“双百行动”案例集》（上），机械工业出版社2020年版，第222—223页。

制，倡导“一级对一级负责”和“管事与管人相结合”，增强人岗匹配度；推行契约化管理，通过签订岗位聘用协议明确权责，通过签订绩效合约明确任务目标，根据“契约”完成情况决定管理人员是“上”还是“下”。自混改以来，共有9名中层管理者因业绩与能力考评不合格而被调岗或免职，同时按照规定退出核心员工持股计划。

建立市场化的劳动用工制度，实现员工“能进能出”。全体员工（包括经理层）与公司签订了完全市场化的劳动合同和岗位聘用协议，明确约定工作职责和绩效要求，彻底告别传统的“东航身份”，同时687名不愿转换身份的员工得到合理安置；强化了业务单位经营主导权，推行“增人不增薪、减人不减薪”，提升业务单位盘活人力资源存量的内生动力；构建了内部人才市场，打破了“行政调配”模式，通过合同契约实现员工“进出”。自混改以来，通过业绩考核排名、劳动合同期满考核等方式，对能力不匹配、业绩不佳的人员进行清退，离职人员2017年占比为5%，2018年占比为7%。

11. 如何建立健全国有企业工资决定和正常增长机制？

国有企业工资决定机制改革是完善国有企业现代企业制度

的重要内容，是深化收入分配制度改革的重要任务。随着社会主义市场经济体制逐步健全和国有企业改革不断深化，国家深入推动国有企业工资决定机制改革，于2018年印发《国务院关于改革国有企业工资决定机制的意见》，对国有企业建立健全企业工资决定和正常增长机制予以进一步明确。

（1）建立健全工资总额决定机制

一是改革工资总额确定办法。按照国家工资收入分配宏观政策要求，根据企业发展战略和薪酬策略、年度生产经营目标和经济效益，综合考虑劳动生产率提高和人工成本投入产出率、职工工资水平市场对标等情况，结合政府职能部门发布的工资指导线，合理确定年度工资总额。

二是完善工资与效益联动机制。企业经济效益增长的，当年工资总额增长幅度可在不超过经济效益增长幅度范围内确定。其中，当年劳动生产率未提高、上年人工成本投入产出率低于行业平均水平或者上年职工平均工资明显高于全国城镇单位就业人员平均工资的，当年工资总额增长幅度应低于同期经济效益增长幅度；对主业不处于充分竞争行业和领域的企业，上年职工平均工资达到政府职能部门规定的调控水平及以上的，当年工资总额增长幅度应低于同期经济效益增长幅度，且职工平均工资增长幅度不得超过政府职能部门规定的工资增长调控目标。企业经济效益下降的，除受政策调整等非经营性因素影响外，当年工资总额原则上相应下降。其中，当年劳动生产率未下降、上年人工成本投入产出率明显优于行业平均水平或者上年职工平均工资明显低于全国城镇单位就业人员平均工资的，当年工资总额可适当少降。企业未实现国有资产保值增值的，工资总额不得增长，或者适度下降。企业按照工资与效益联动机制确定工资总额，原则上增人不增工资总额、减人不减工资总额，但发生兼并重组、新设企业或机构等情况的，可以合理增加或者减少工资总额。

三是分类确定工资效益联动指标。根据企业功能性质定位、行业特点，科学设置联动指标，合理确定考核目标，突出不同考核重点。对主业处于充分竞争行业和领域的商业类国有企业，主要选取利润总额（或净利润）、经济增加值、净资产收益率等反映经济效益、国有资本保值增值和市场竞争能力的指标。对主业处于关系国家安全、国民经济命脉的重要行业和关键领域、主要承担重大专项任务的商业类国有企业，在主要选取反映经济效益和国有资本保值增值指标的同时，可根据实际情况增加营业收入、任务完成率等体现服务国家战略、保障国家安全和国民经济运行、发展前瞻性战略性产业以及完成特殊任务等情况的指标。对主业以保障民生、服务社会、提供公共产品和服务为主的公益类国有企业，主要选取反映成本控制、产品服务质量、营运效率和保障能力等情况的指标，兼顾体现经济效益和国有资本保值增值的指标。对金融类国有企业，属于开发性、政策性的，主要选取体现服务国家战略和风险控制的指标，兼顾反映经济效益的指标；属于商业性的，应主要选取反映经济效益、资产质量和偿付能力的指标。对文化类国有企业，同时选取反映社会效益和经济效益、国有资本保值增值的指标。劳动生产率指标一般以人均增加值、人均利润为主，根据企业实际情况，可选取人均营业收入、人均工作量等指标。

（2）改进工资总额管理方式

一是全面实行工资总额预算管理。工资总额预算方案由国有企业自主编制，按规定履行内部决策程序后，根据企业功能性质定位、行业特点并结合法人治理结构完善程度，分别报履行出资人职责机构备案或核准后执行。对主业处于充分竞争行业和领域的商业类国有企业，工资总额预算原则上实行备案制。其中，未建立规范董事会、法人治理结构不完善、内控机制不健全的企业，经履行出资人职责机构认定，其工资总额预算应实行核准制。对其他国有企业，工资总额预算原则上实行核准制。其中，已建立规范董事会、法人治理结构完善、内控机制健全的企业，经履行出资人职责机构同意，其工资总额预算可实行备案制。

二是合理确定工资总额预算周期。国有企业工资总额预算一般按年度进行管理。对行业周期性特征明显、经济效益年度间波动较大或存在其他特殊情况的企业，工资总额预算可探索按周期进行管理，周期最长不超过三年，周期内的工资总额增长应符合工资与效益联动的要求。

三是强化工资总额预算执行。国有企业应严格执行经备案或核准的工资总额预算方案。执行过程中，因企业外部环境或自身生产经营等编制预算时所依据的情况发生重大变化，需要调整工资总额预算方案的，应按规定程序进行调整。履行出资人职责机构应加强对所监管企业执行工资总额预算情况的动态监控和指导，并对预算执行结果进行清算。

（3）完善内部工资分配管理

一是完善企业内部工资总额管理制度。国有企业在经备案或核准的工资总额预算内，依法依规自主决定内部工资分配。企业应建立健全内部工资总额管理办法，根据所属企业功能性质定位、行业特点和生产经营等情况，指导所属企业科学编制工资总额预算方案，逐级落实预算执行责任，建立预算执行情况动态监控机制，确保实现工资总额预算目标。企业集团应合理确定总部工资总额预算，其职工平均工资增长幅度原则上应低于本企业全部职工平均工资增长幅度。

二是深化企业内部分配制度改革。国有企业应建立健全以岗位工资为主的基本工资制度，以岗位价值为依据，以业绩为导向，参照劳动力市场工资价位并结合企业经济效益，通过集体协商等形式合理确定不同岗位的工资水平，向关键岗位、生产一线岗位和紧缺急需的高层次、高技能人才倾斜，合理拉开工资分配差距，调整不合理过高收入。加强全员绩效考核，使职工工资收入与其工作业绩和实际贡献紧密挂钩，切实做到能增能减。

三是规范企业工资列支渠道。国有企业应调整优化工资收入结构，逐步实现职工收入工资化、工资货币化、发放透明化。严格清理规范工资外收入，将所有工资性收入一律纳入工资总额管理，不得在工资总额之外以其他形式列支任何工资性支出。

案例阅读

中国石化润滑油有限公司：改革工资总额决定与分配机制，全面实行联量联效计酬[1]

中国石化润滑油有限公司按照“高成长、高激励，低成长、低激励”的原则，每年年初，根据直属单位存量工资水平、核心指标（产量、销量、利润）贡献率及成长预期、人均劳效水平等因素，事先核定各单位工资总额基数。制定了《工资总额管理办法（试行）》，鼓励直属单位在每年年初多争取指标增量、多拿工资总额预算。公司改革直属单位工资总额分配模式，打破了之前综合各单位考核得分及分差情况进行薪酬分配的做法。将直属单位工资总额

① 国务院国资委改革办、国务院国资委新闻中心编：《改革样本：国企改革“双百行动”案例集》（上），机械工业出版社 2020 年版，第 62—63 页。

与核心经营指标完成情况直接挂钩，并事先明确增量增效薪酬奖励标准及相应的欠量欠效薪酬扣罚标准，实现了薪酬兑现可预期、能量化。在具体执行过程中，直属单位可根据自身经营情况自行测算每月考核薪酬收入。次年年初，公司按照事先约定的奖励及扣罚标准，结合核心指标综合完成情况对上年度工资总额进行最终清算，让直属单位体会到“奖得清楚、罚得明白”。改革后，“工资总额是‘奋斗’出来”的理念已深入人心，可增可减正成为常态。

12. 如何推进国有企业全员考核评价分配奖惩机制？

国有企业实施全员业绩考核，是完善经营业绩考核制度的重要举措，是确保国有资产保值增值责任落实到各级企业负责人和基层单位，压力传递到各个岗位，激励约束覆盖到广大员工的制度保障，对于落实全员经营责任，调动好、保护好、发挥好广大企业管理者和员工的积极性，发展壮大国有经济，具有十分重要的意义。推进建立完善全员考核评价分配奖惩机制重点在于以下几个方面。

一是建立健全业绩考核组织体系。切实加强对实施全员业绩考核工作的领导，企业主要负责人要直接挂帅，认真研究业绩考核中的重大问题，建立健全领导机构和相应的工作机构，制定和完善相关工作制度，明确职责分工，强化业绩考核的组织保障和机制保证。分管业绩考核工作的企业负责人和有关职能部门，要勤勉履责，及时解决业绩考核工作中的突出矛盾和问题，不断改进工作方式方法，提升企业各层级的业绩考核工作水平。

二是实现考核的全方位覆盖。切实加大业绩考核的力度、广度和深度。考核范围要涵盖从企业主要负责人到副职、职能部门管理人员，从集团公司到所属全部子企业或单位、全体员工，确保企业资产保值增值的责任和压力从上到下层层传递，真正建立起完善的业绩考核机制，彻底消除考核死角。

三是完善全员业绩考核办法。针对企业所处不同行业、不同发展阶段的特点，针对管理层和部门的不同职责、员工所处的不同岗位，围绕集团公司的总体目标和发展战略，加强研究和完善业绩考核办法，科学合理地确立业绩考核指标，突出分类指导，不断增强业绩考核的导向性、针对性和实效性。考核指标要突出关键业绩指标和主要短板指标，力求少而精。对企业副职和职能管理部门的考核，要认真听取基层群众和所属单位的意见，要将考核办法、考核过程、考核结果在一定范围内公开，切实接受职工群众监督。

四是健全激励约束机制。把业绩考核与薪酬激励和干部任免紧密挂钩，严格兑现奖惩，做到有目标、有记录、有评估，先考核后定绩效薪酬，赏罚分明。要合理确定业绩考核结果的分级比例，避免考核等级的平均化倾向。要高度重视业绩考核结果的反馈，提出改进方向，引导先进企业、优秀管理者和员工不断创造卓越业绩，激励后进企业、管理者和员工努力追赶先进目标。要通过全员业绩考核，促进企业深化内部制度改革，真正建立起管理者能上能下、员工能进能出、薪酬能高能低的有效激励约束机制。要将企业的发展战略与员工个人能力提升、职业发展规划有机结合，为被考核人提供相关业务培训的条件保障以及完成考核目标的必要指导。

五是加强指导和监督。加强对实施全员业绩考核工作的自查，强化对集团公司副职、各职能部门和所属单位的督导检查，持续改进和提高全员业绩考核工作质量和水平。要注重结果考核与过程评价的高度统一，对考核过程中目标的执行、评价、反馈以及考核结果的应用等各个环节实施闭环管理，定期检查分析考核目标执行情况，确保考核目标的完成。建立和完善全员业绩考核体系，并加强对所属单位全员业绩考核工作的指导和监督。

六是不断创新全员业绩考核方法。积极借鉴国内外先进的考核方法和理念，鼓励使用经济增加值（EVA）、平衡计分卡（BSC）、360度反馈评价、关键绩效指标（KPI）等先进的考核方法，解放思想，开拓创新，积极应对企业改革发展和经营管理中出现的新问题和新挑战，不断探索符合本企业实际的全员业绩考核方法和途径。

案例阅读

国家电力投资集团有限公司：把握一条主线，构建促进高质量发展考核激励体系[①]

国家电力投资集团有限公司围绕“2035一流战略”落地，构建了“战略—规划—计划”（SPI）和“计划—预算—考核—激励”（JYKJ）两大落地体系，全面承接战略分解计划，通过综合计划对各项任务目标进行量化、显性化管理，通过全面预算为综合计划提供资源保障，通过考核评价正向引导价值创造，通过激励政策促进释放内生动力。考核激励是JYKJ体系中的关键环节，公司构建了队伍建设、考核评价、荣誉表彰、容错机制等九大激励体系，提升了激励体系的系统性。

为提升自身“反脆弱”能力，制定了“双对标、双激励”（SDSJ）工作方案。SDSJ围绕量、价、本三个维度，在涉及7个行业的37家二级单位就18项关键指标开展与行业标杆企业的对标，全年与SDSJ挂钩的工资总额达12亿元，2021年国家电投23项SDSJ指标中15项指标实现“保二争一”，撬动各项产业指标全面迈向国内一流。

① 国家电力投资集团有限公司人力资源部:《强化正向激励，激发活力动力》，参见国家电力投资集团有限公司网站。

13. 如何推进中央企业领导人员考核分配激励约束机制?

建立和实施国有企业领导人员考核分配激励约束机制，对国有企业提高资产经营效率和管理水平、提升可持续发展能力、实现国有资产保值增值发挥了重要作用。国务院国资委自成立以来，将实施中央企业负责人经营业绩考核作为依法履行出资人职责的重要手段，不断探索完善经营业绩考核制度，自2003年公布《中央企业负责人经营业绩考核暂行办法》以来，先后4次进行修订完善，于2019年颁布了《中央企业负责人经营业绩考核办法》，对推进完善中央企业负责人经营业绩考核分配激励约束机制予以进一步明确。

（1）考核原则

坚持质量第一效益优先，坚持市场化方向，坚持依法依规，坚持短期目标与长远发展有机统一，坚持国际对标行业对标，坚持业绩考核与激励约束紧密结合。

（2）考核导向

突出效益效率，突出创新驱动，突出实业主业，突出国际化经营，突出服务保障功能。健全问责机制，引导企业科学决策，依法合规经营，防范经营风险，防止国有资产流失，维护国有资本安全。

（3）加强分类考核

根据国有资本的战略定位和发展目标，结合企业实际，对不同功能和类别的企业，突出不同考核重点，合理设置经营业绩考核指标及权重，确定差异化考核标准，实施分类考核。

建立健全业绩考核特殊事项清单管理制度。将企业承担的保障国家安全、提供公共服务等事项列入管理清单，对当期经营业绩产生重大影响的特殊事项，在考核时予以适当处理。

（4）强化目标管理

国资委按照企业发展与国民经济发展速度相适应、与国民经济重要支柱地位相匹配、与高质量发展要求相符合的原则，主导确定企业经营业绩总体目标（以下简称总体目标）。

企业考核目标值应与总体目标相衔接，根据不同功能企业情况，原则上以基准值为基础予以核定。

考核基准值根据企业功能定位，兼顾企业经营性质和业务特点，依据考核指标近三年完成值、客观调整因素和行业对标情况综合确定。

年度净利润、经济增加值等指标目标值可设置为三档。第一档：目标值达到历史最好水平，或者明显好于上年完成值且增幅高于总体目标增幅。第二档：目标值不低于基准值。第三档：目标值低于基准值。经行业对标，目标值处于国际优秀水平或国内领先水平的，不进入第三档。

国资委将年度净利润、经济增加值等指标目标值与考核计分、结果评级紧密结合。第一档目标值，完成后指标得满分，同时根据目标值先进程度给予加分奖励。第二档目标值，完成后正常计分。第三档目标值，完成后加分受限，考核结果不得进入 A 级。

净利润等经济效益指标的目标值与工资总额预算挂钩，根据目标值的先进程度确定不同的工资总额预算水平。

（5）规范考核实施

年度经营业绩考核以公历年为考核期，任期经营业绩考核以三年为考核期。

经营业绩责任书内容：双方的单位名称、职务和姓名；考核内容及指标；考核与奖惩；责任书的变更、解除和终止；其他需要约定的事项。

经营业绩责任书签订程序：考核期初，企业按照国资委经营业绩考核要求，将考核期内考核目标建议值和必要的说明材料报送国资委；国资委对考核目标建议值进行审核，并就考核目标值及有关内容同企业沟通后予以确定；由国资委主任或者其授权代表同企业主要负责人签订经营业绩责任书。

考核期中，国资委对经营业绩责任书执行情况实施预评估，对考核目标完成进度不理想的企业提出预警。

建立重大事项报告制度。企业发生较大及以上生产安全责任事故和网络安全事件、重大及以上突发环境事件、重大及以上质量事故、重大资产损失、重大法律纠纷案件、重大投融资和资产重组等，对经营业绩产生重大影响的，应及时向国资委报告。

经营业绩完成情况按照下列程序进行考核：考核期末，企业依据经审计的财务决算数据，形成经营业绩总结分析报告报送国资委；国资委依据经审计并经审核的企业财务决算报告和经审查的统计数据，结合总结分析报告，对企业负责人考核目标的完成情况进行考核，形成考核与奖惩意见；国资委将考核与奖惩意见反馈给企业，企业负责人对考核与奖惩意见有异议的，可及时向国资委反映，国资委将最终确认的考核结果在一定范围内公开。

落实董事会对经理层的经营业绩考核职权。授权董事会考核经理层的企业，国资委与董事会授权代表签订年度和任期经营业绩责任书，董事会依据国资委考核要求并结合本企业实际对经理层实施经营业绩考核；国资委根据签订的经营业绩责任书和企业考核目标完成情况，确定企业主要负责人年度和任期经营业绩考核结果；董事会根据国资委确定的经营业绩考核结果，结合履职绩效，确定经理层业绩考核结果和薪酬分配方案。

董事会应根据国资委经营业绩考核导向和要求，制定、完善企业内部的经营业绩考核办法，报国资委备案。

（6）考核结果运用

年度经营业绩考核和任期经营业绩考核等级分为 A、B、C、

D 四个级别。A 级企业根据考核得分，结合企业国际对标行业对标情况综合确定，数量从严控制。

鼓励探索创新，激发和保护企业家精神。企业实施重大科技创新、发展前瞻性战略性产业等，对经营业绩产生重大影响的，按照“三个区分开来”原则，可在考核上不做负向评价。

案例阅读

中粮集团有限公司：以奖优罚劣为手段，坚定不移推进收入能增能减[1]

严格考核、刚性兑现，推行收入分配市场化。坚持对标行业和市场，建立“一岗一薪、易岗易薪”的市场化薪酬体系。在领导人员年薪标准不变的前提下，提高与企业效益和实际贡献挂钩的浮动工资比重，薪酬固浮比由 6 ∶ 4 调整为 5 ∶ 5。严格根据年度业绩结果兑现奖金，如企业年度考核低于 70 分，除对相应领导人员给予调整岗位、降职、免职或解聘处理外，同时扣除全体领导班子年度全部绩效奖金，真正做到能增能减。

加强力度、鼓励挑战，推行三年任期常态化。从 2019

① 国务院国资委改革办、国务院国资委研究中心编:《改革攻坚：国企改革三年行动案例集》(下)，机械工业出版社 2022 年版，第 76 页。

年开始，集团在业务模式清晰、管控关系明确、发展目标具有挑战性的10家二级公司探索实施“三年任期激励计划”，“一企一策”设定业绩目标门槛值和挑战值，刚性设置激励和约束条款。任期结束后，对达成挑战值的领导班子及团队进行重奖，对未达成门槛值的扣除相应的绩效奖金，对排名后三位的专业化公司实行末位淘汰，坚决调整其“一把手”和其他不称职的班子成员，切实将强激励与硬约束统一起来。

尊重实绩、激励卓越，推行特殊奖励科学化。坚持物质奖励和精神激励并重，以忠良文化为依托，设立“忠良百战奖”和“忠良再读奖”，作为中粮集团最高荣誉，分别奖励年度业绩最突出的团队和做出卓越贡献的优秀个人。高度注重评选机制科学性，特别是在优秀团队评选标准上，坚持与外部标杆企业比、与内部同级单位比、与自身历史成绩比，既考虑投资回报率，也关注利润增长率，对排名靠前的专业化公司及时给予正向激励。

14. 国有科技型企业如何理解和运用股权激励、分红激励？

国有科技型企业股权激励，是指以本企业股权为标的，采取股权出售、股权奖励、股权期权等方式，对企业重要技术人员和经营管理人员实施激励的行为。国有科技型企业分红激励，是指以科技成果转化收益为标的，采取项目收益分红方式；或者以企业经营收益为标的，采取岗位分红方式，对企业重要技术人员和经营管理人员实施激励的行为。

对国有科技型企业实施股权和分红激励是贯彻落实国家创新驱动发展战略，深化企业内部收入分配制度改革，建立激发人才活力中长期激励机制的重要举措，有利于完善技术、管理等要素按贡献参与分配的办法，有利于加快动力机制转换，有利于推动供给侧结构性改革和提质增效。

运用股权激励、分红激励，应坚持“依法依规、公正透明，因企制宜、多措并举，利益共享、风险共担，落实责任、强化监督”的原则，重点做好以下几个方面工作：

一是明确激励政策导向。以推动形成自主创新和科技成果转化的激励机制为主要目标，根据所属企业科技人才资本和技术要素贡献占比及投入产出效率等情况，合理确定实施企业范围和激励对象，建立导向清晰、层次分明、重点突出的中长期激励体系。优先支持符合国家科技创新战略布局和科技创新重点研发方向，创新能力较强、成果技术水平较高、市场前景较好的企业或项目实施股权和分红激励。企业应当综合考虑职工岗位价值、实际贡献、承担风险和服务年限等因素，重点激励在自主创新和科技成果转化中发挥主要作用的关键核心技术、管理人员。

二是科学选择激励方式。按照深化收入分配制度改革的总体要求，从所属企业规模、功能定位、所处行业及发展阶段等实际出发，结合配套制度完善情况，合理选择激励方式，优化薪酬资源配置。鼓励符合条件的企业优先开展岗位分红激励。科技成果转化和项目收支明确的企业可选择项目分红激励。稳妥实施股权激励，企业应当在积累试点经验的基础上逐步推进。在股权和分红激励起步阶段，同一企业原则上应当以一种方式为主。同一激励对象就同一职务科技成果或产业化项目，只能采取一种激励方式、给予一次激励。

三是合理确定激励水平。从经营发展战略以及自身经济效益状况出发，分类分步推进股权和分红激励工作。要坚持效益导向和增量激励原则，根据企业人工成本承受能力和经营业绩状况，合理确定总体激励水平。要坚持生产要素按贡献参与分配原则，从企业人才激励现状和用工市场化程度出发，建立健全以成果贡献为评价标准的科技创新人才薪酬制度，在科学评价科研团队、个人业绩的基础上，适度拉开激励对象收入分配差距。岗位分红激励总额的确定应当统筹好与当期工资总额管理的关系，避免因实施分红激励出现工资效益不匹配。项目分红激励原则上应当采取与重要技术人员约定的方式进行，明确激励水平、兑现方式和违约责任等，激励总额根据项目规模、市场化程度合理确定。股权激励总额的确定应当从企业规模、发展阶段等实际出发，个人激励水平应当合理适度，确保激励的可持续性和公平性。

四是严格规范制度执行。开展股权和分红激励应当严格执行有关规定，不得随意降低资格条件。实施股权激励的，应当建立相应的考核兑现办法，加强对授予、行权等事项的管理。实施岗位分红激励的，应当明确年度业绩考核指标，除企业处于初创阶段等特殊情况外，原则上各年度净利润增长率应当高于企业实施岗位分红激励近三年平均增长水平。实施项目分红激励的，应当建立健全项目成本核算、科技成果评估及收益分红等财务管理体系，并严格按照与激励对象约定情况，实施激励。

案例阅读

鞍钢集团有限公司：突出精准和有效，用好激励工具，激发创新创造新动力①

推进上市公司实施股权激励。充分利用上市公司股权激励政策，对所属鞍钢股份有限公司、攀钢集团钒钛资源

① 国务院国资委改革办、国务院国资委研究中心编：《改革攻坚：国企改革三年行动案例集》（下），机械工业出版社2022年版，第60—61页。

股份有限公司两家上市公司全部实施股权激励，为270名高级管理人员和核心技术人员授予限制性股票。在业绩考核指标设计过程中，共选择具有可比性的30多家上市公司从经营规模、业务模式、业绩等方面进行对标，高标准设计业绩考核指标和标准，让核心骨干人员与企业形成利益共同体，相互促进，共同发展。

推进科技型企业实施分红激励。将科技型企业股权和分红激励“破冰”和“扩面”作为重点，按照“应用尽用、可用尽用”原则，指导所属高新技术企业、转制科研院所等满足条件的10家科技型企业，选择股权激励、岗位分红、项目收益分红等符合自身实际的激励方式，全部实施中长期激励，充分调动广大技术和管理人员的积极性和创造性。

实施超额利润分享。聚焦子企业负责人、关键岗位核心人才，建立以价值创造为导向的超额利润分享机制。其中，对子企业负责人实施增效奖励，在利润考核目标值“三区间”实行分段计算，递进式加大激励力度。在规定的奖励上限额度内，子企业负责人增效奖励最高可达本人基薪的8倍，超利难度越大，分享比例越高，充分调动子企业负责人创效积极性。

第七章　完善国有资产监管体制

1. 什么是国有资产?

国有资产即国家所有的资产，是指依法确认为国家所有的各类资产。

国有资产有广义和狭义之分，广义的国有资产是指国有财产，包括国家以各种形式形成的对企业投资及其收益等经营性资产，国家向行政事业单位拨款形成的非经营性资产，国家依法拥有的土地、森林、河流、矿藏等资源性资产。狭义的国有资产就是指经营性国有资产，是指国家作为出资者在企业中依法拥有的资产及其权益。经营性资产包括企业国有资产，行政事业单位占有、使用的非经营性资产通过各种形式为获取利润而转作经营的资产，国有资源中投入生产经营过程的资产三个部分。①

企业国有资产。《中华人民共和国企业国有资产法》中明确，“企业国有资产是指国家对企业各种形式的出资所形成的权益”。企业国有资产是国有资产中最重要、最活跃的部分，是国有资产收益不断增长的源泉，是国有资产增量不断扩大的基础。

---

① 本书编写组编:《国企改革若干问题研究》，中国经济出版社2017年版，第251页。

延伸阅读

正确理解企业国有资产

正确理解企业国有资产需要明确以下五个方面：

出资人是国家。只有国家（中央政府和各级地方政府）向企业的出资形成的权益才是国有资产。

国有企业的总资产是法人资产。企业的全部资产既有出资人的，也有债权人的。要将国有资产与企业的法人财产加以区别。出资人将其财产投入到企业后，这部分财产就成为企业的法人财产，企业对自己的法人财产具有依法占有、使用、收益和处分的权利，出资人不再对其出资的具体财产拥有所有权，它的出资财产已转化为权益，它对企业享有的是出资人权利，具体体现为资产收益、参与重大决策和选择管理者等权利。

国家出资表现为多种形式。（1）货币出资。即以国有资本金投入的形式向企业出资。（2）实物出资。一般是指以机器设备、原料、零部件、货物、建筑物和厂房等用货币估价作为出资。（3）工业产权和非专利技术出资。工业产权和非专利技术作为一种无形资产，通过评估作价后可以作为出资。（4）土地使用权出资。国家以国有土地使用权作价出资。公司取得国有土地使用权的方式有两种，一种是国有股东以土地使用权作价后向公司出资而使公司取得土地使用权；另一种是公司向所在地的县市级土地管理部门提出申请，经过审查批准后，通过签订合同而取得国有土地使用权，公司依照规定缴纳场地使用费。

企业国有资产是经营性国有资产。国有资产包括经营性国有资产、行政事业性国有资产和资源性国有资产。经营性国有资产即资本形态的国有资产，是指国家对企业各种形式的出资所形成的权益。对经营性国有资产，需要国家以出资人身份进行监管，通过设立出资人代表机构，行使和维护企业国有资产出资人权益。

企业国有资产不能以实物形态来界定。从企业资产的实物形态上无法确定哪些资产是由投资者的投资形成的，哪些资产是由企业负债形成的。就企业具体的生产设备而言，作为企业实物资产的一部分，是不能分清它应归属投资者所有，还是应归属债权人所有的。特别是对于政府投资的股份制企业来说，其资产既包括政府投资入股形成的部分，也包括其他股东投资入股形成的部分。因此，企业国有资产只能以价值形态，按资金来源来界定。

2. 国有资产是如何分类的？

（1）按使用性质分类，国有资产可以分为经营性国有资产、行政事业性国有资产和资源性国有资产。

经营性国有资产，主要指企业国有资产，即资本形态的国有资产，是指国家对企业各种形式的出资所形成的权益。

行政事业性国有资产，是指行政单位、事业单位通过以下方式取得或者形成的资产：使用财政资金形成的资产，接受调拨或者划转、置换形成的资产，接受捐赠并确认为国有的资产，其他国有资产。

资源性国有资产，是指国家依据宪法和法律所拥有的各类自然资源，如森林、矿产海洋、河流、荒山、荒地等。

（2）按照行政隶属关系，可以分为中央管理的国有资产、地方管理的国有资产。

（3）按照所处地域，可以分为境内国有资产、境外国有资产。

3. 国有资产管理体制经历了哪些重要变化？

我国国有资产管理体制变化主要经历了四个阶段。

（1）第一阶段（1988 年之前）：计划经济体制下国有企业管理阶段。这一阶段的主要特点是政府各部门直接管理甚至经营国有企业（当时称为国营企业），国有企业改革的主要目标是放权让利，赋予企业更多的经营自主权，探索所有权与经营权分开。1984 年，党的十二届三中全会指出“所有权同经营权是可以适当分开的”，“政府部门原则上不再直接经营企业”。国有企业改革主要方式是搞承包制，着眼于利润分成，在不改变企业产权制度的情况下，把国有企业搞活。这一阶段，国有企业逐渐从政府附属物地位中解脱出来，有了经营自主权。20 世纪 80 年代后期，企业改革逐渐由承包制走向生产经营责任制、股份制等，客观上就要求解决国家如何管理国有资产的问题。

（2）第二阶段（1988—2002 年）：国有资产管理体制改革初步探索阶段。这一阶段的主要特点是在国有资产基础管理、分级管理、授权经营、集中监管、行业体制改革、加强监督等方面作了重要的有益探索。1988 年，《全民所有制工业企业法》正式施行，规定企业财产属于全民所有，国家依照所有权和经营权分离的原则授予企业经营管理权，在法律层面首次对国家与国有企业之间的关系作出明确界定。同年 3 月，成立国家国有资产管理局，把国有资产基础管理职能从政府的行政管理职能和一般经济管理职能中分离出来，是加强国有资产管理的重大举措。1992 年，国务院颁布《全民所有制工业企业转换经营机制条例》。国有企业成为了商品的生产者和经营者，有了一定的自主权和独立的经济利益，企业不再是“国营”，而是从国家控制的“车间”，开始变成有一定经营自主权的实体，进一步推进了政企分开。

（3）第三阶段（2003—2012 年）：国有资产管理新体制确立阶段。2003 年，国务院国有资产监督管理委员会成立，根据国务院授权履行国有资产出资人职责，依法对国有资产进行监督管理，标志着新的国有资产管理体制建立，实行社会公共管理职能与出资人职能分开，管资产与管人管事相结合，责任、权利和义务相统一，推进政企分开、政资分开、所有权与经营权分开。同年 5 月，《企业国有资产监督管理暂行条例》出台，为国资委依法履行出资人职责提供了法律依据。2008 年 10 月，全国人大常委会通过《中华人民共和国企业国有资产法》，在法律层面确认了这一国有资产管理体制。国有资产监督管理体制基本建立，主要体现在国资监管机构代表中央和地方政府行使国有资产出资人职责；政企分开，社会公共管理职能与国有资产出资人职能分开，不干预企业依法自主经营；分级代表，享有所有者权益，将“分级管理”改革为“分级代表”，各级政府从国有资产的受托管理者成为出资人代表，国有资产运营效率显著提高。

（4）第四阶段（2013 年以来）：新时代国有资产监督管理体制改革阶段。2013 年，党的十八届三中全会审议通过了《中共中央关于全面深化改革若干重大问题的决定》，明确提出要完善国有资产管理体制，以管资本为主，加强国有资产监管。2019 年，党的十九届四中全会进一步明确要求，要形成以管资本为主的国有资产监管体制。同年，国务院国资委印发

《关于以管资本为主加快国有资产监管职能转变的实施意见》，从以管企业为主向以管资本为主转变，从实物形态的管理向价值形态的管理转变，国有资产管理体制改革进入了一个新阶段。

4. 国有资产监管机构职能为什么由管企业为主转向管资本为主?

改革开放以来，国有资产管理体制改革始终与国有企业改革相伴相生、共同深化。经过多年的改革发展，公司制股份制已经成为国有企业的主要组织形式，企业的治理结构、管理方式都发生了深刻变化。但在监管体制机制方面还存在一些问题，一定程度上制约了企业活力，比如政企分开、政资分开还不完全到位，国有资产监管工作还存在越位、缺位、错位现象，监管方式存在一定行政化色彩，这在客观上要求国资监管机构主动调整完善监管职能和方式，以管资本为主，注重通过公司法人治理结构依法行使国有股东权利，实现对国有资产的有效监管。①

形成以管资本为主的国有资产监管体制，关键是要实现

① 国务院国资委党委中心组:《以管资本为主加强国有资产监管 为发展壮大国有经济提供坚强保障》,《人民日报》2015年9月17日。

从管企业向管资本转变，对发展壮大国有经济具有十分重要的意义。

以管资本为主是深入推进政企分开政资分开、形成面向创新发展的国有资产监管体制的需要。国有资产监管体制经过多阶段改革完善，国有企业总体上已经与市场经济相融合，已经成为遵循市场规则、平等参与市场竞争的独立市场主体，混合所有制经济已经成为以公有制为主体、多种所有制经济共同发展的基本经济制度的重要实现形式。但对国有独资、全资企业的管理模式已经不适用于国有控股、参股企业，对境内国有企业的管理模式也已经不适用于“走出去”的国有企业。同时，解决国有资产管理体制仍然存在的政企不分、政资不分问题，消除国资监管越位、缺位、错位的现象，进一步健全国有资产监督机制、优化国有经济布局结构、提升国有资本配置效率，也迫切要求加快推进从管企业向管资本的转变。

以管资本为主是强化国有企业市场主体地位、激发企业活力的需要。经过多年改革，公司制股份制成为国有企业的重要组织形式。直接管理企业的方式已不适应国有企业组织形式的深刻变革，必须按照公司治理规则，以管资本为主明确国有资产监管机构职责定位，保护公司制企业法人财产权，保障国有企业作为独立市场主体依法自主经营、自负盈亏、自担风险、自我约束、自我发展，在市场竞争中成为实施创新驱动发展战略、建设创新型国家的中坚力量。

以管资本为主是推进国有资本布局结构战略性调整、放大国有资本功能的需要。目前，国有资本还存在分布过宽、战线过长、集中度不够等突出问题，严重制约着国有经济主导作用的发挥。要以管资本为主，紧紧围绕服务国家战略目标，充分利用多层次资本市场和国有资本运营平台，着力推进国有资本布局结构战略性调整，充分发挥国有企业的功能作用。

以管资本为主是维护国有资产安全、防止国有资产流失的需要。一些国有企业内部管理混乱，侵吞、贪污、输送、挥霍国有资产现象时有发生。要以管资本为主，加强国有资本经营管理全链条监管，全面规范管理制度，落实国有资本监管责任，严格执行国有资本监管政策与纪律，建立健全监督长效机制，确保国有资本安全运营，严防国有资产流失。

案例阅读

中国五矿集团有限公司：以管资本为主构建新型母子公司管理体制[①]

全面加强党的领导，持续完善公司法人治理结构。中国五矿于2016年颁布公司决策权限管理制度、决策事项清单，并嵌入公文系统，通过制度化、清单化和信息化的

① 国务院国资委改革办、国务院国资委新闻中心编：《改革实践：国资国企改革试点案例集》，机械工业出版社2019年版，第31页。

方式，全面落实党组织在公司法人治理结构中的法定地位，明确中国五矿党组会、董事会和总经理办公会之间的职责边界和权限划分，充分发挥党委（党组）的领导作用、董事会的决策作用和经理层的经营管理作用，形成了各司其职、各负其责、协调运转、有效制衡的公司治理机制。

优化母子公司管控，积极强化子企业市场主体地位。中国五矿立足国有资本投资公司的定位，进一步明确了以管资本为主的管控模式转变，全面梳理了包括战略规划、资本运营、资产配置、财务监管、风险管控、绩效评价、执纪问责等在内的核心管控事项清单（权力责任清单），向下属企业派出专职董事、监事，针对下属企业开展“一企一策”授权放权，逐步规范并落实下属企业董事会职权，积极将下属企业打造成真正的市场主体，激发下属企业的生产经营活力。

实施契约化经营管理，构建市场对标的分类考核机制。中国五矿着力构建侧重于公司战略执行及财务回报的考核机制，全面推行以战略规划为基础，以市场化为导向，以任职合同、经营业绩考核任务书为载体的契约化经营管理机制，构建责、权、利一致的企业自主经营体系。同时，针对下属企业业态多的特点，中国五矿积极推进分类考核机制，结合下属企业自身发展水平对标行业先进，科学合理地确定经营者任期及年度经营目标，推动各直管企业从产业发展和自身实际出发，逐级分解总体战略目标、落实经营责任、下放权力、明确义务、加强监督，确保中国五矿战略的有效落地。

5. 如何理解国有资本投资、运营公司的设立方式、运营模式和运营目标？

2013 年，党的十八届三中全会提出，完善国有资产管理体制，以管资本为主加强国有资产监管，改革国有资本授权经营体制，组建若干国有资本运营公司，支持有条件的国有企业改组为国有资本投资公司。2015 年印发的《中共中央、国务院关于深化国有企业改革的指导意见》明确提出，国有资产监管机构授权国有资本投资、运营公司对授权范围内的国有资本履行出资人职责。国有资本投资、运营公司作为国有资本市场化运作的专业平台，依法自主开展国有资本运作，对所出资企业行使股东职责。同年 10 月，印发《国务院关于改革和完善国有资产管理体制的若干意见》，进一步阐明了国有资本投资、运营公司的实施路径。2018 年 7 月，印发《国务院关于推进国有资本投资、运营公司改革试点的实施意见》，明确了国有资本投资、运营公司的功能定位、组建方式、授权机制、治理结构、运行模式、监督与约束机制等六个方面内容。

国有资产监管机构授权国有资本投资、运营公司对授权范围内的国有资本履行出资人职责是国资国企改革的重要举措，有利于推动国有资本的优化配置、完善中央企业市场化机制，是加快资本流动的重要途径和壮大资本实力、适应产融结合发展趋势的客观需要。国有资本投资公司、运营公司在基本概念、主要特征、功能定位、设立方式、运营模式、运营目标上是不同的。

国有资本投资公司，是聚焦推进产业结构调整、资本整合的专业化投资运营机构，以市场化方式提升国家支柱性产业竞争力、培育布局新兴产业，具有鲜明的产业发展使命，着力发挥产业调整、产业引领、产业整合、产业培育四大功能。采取改组和新设两种设立方式，主要包括投资融资、产业培育和资本运作等运营模式，主要是以服务国家战略、优化国有资本布局、提升产业竞争力为运营目标，在关系国家安全、国民经济命脉的重要行业和关键领域，通过开展投资融资产业培育和资本运作等，推动产业集聚、化解过剩产能和转型升级，培育核心竞争力和创新能力，着力提升国有资本控制力、影响力。

国有资本运营公司，是专司国有资本流动重组、布局调整的综合性投资运营机构，具有显著的资本运作属性，具备很强的资本运作能力，拥有较为完备的金融牌照和金融功能，着力发挥投资融资、持股管理、股权运作和资产经营四大功能。采取改组和新设两种设立方式，主要包括股权运作、基金投资、培育孵化、价值管理、有序进退等运营模式，主要以提升国有资本运营效率、提高国有资本回报为运营目标，以财务性持股为主，通过股权运作、基金投资、培育孵化、价值管理、有序进退等方式，盘活国有资产存量，引导和带动社会资本共同发展，实现国有资本合理流动和保值增值。

案例阅读

国家开发投资集团有限公司：加快建成具有全球竞争力的一流资本投资公司①

国有开发投资集团有限公司（以下简称国投）始终坚持国有投资控股公司的发展道路，特别是2014年7月被确定为首批国有资本投资公司改革试点企业以来，积极探索国有资本投资公司的功能定位、体制机制和运营模式，形成了如下一些经验和做法。

立足战略定位，推动国有资本集中在命脉和民生领域。按照国有资本要“更多投向关系国家安全、国民经济命脉的重要行业和关键领域”的要求，国投立足“为美好生活补短板，为新兴产业作导向”的战略定位，通过产融协同，推动国有资本向命脉和民生领域集中。改革试点以来，国投新增投资的65%布局在国家重要战略区域，如港口运输、先进制

① 国务院国资委改革办、国务院国资委新闻中心编：《改革实践：国资国企改革试点案例集》，机械工业出版社2019年版，第15—18页。

造、军民融合等业务；通过控股投资与基金投资融合联动，发挥基金孵化器、探路者的作用，将股权投资基金作为培育发展战略性新兴产业的有效途径。

打造国有资本市场化、专业化运作平台，全面激发企业发展活力。国投制定了《试点改革总体方案》和18个专项方案，实施了分类授权改革、授权改革与建立有效制衡的法人治理结构相结合、重塑优化总部职能、授权改革与监督改革同步推进等综合改革措施。改革试点以来，国投创新授权模式，将70多个事项授权给子公司董事会；推进股权董事改革，做实子公司董事会，建立一支专职股权董事队伍。创新管控模式，将集团总部的职能部门由14个精简为9个，人员减少1/3；做到资本权力上移、经营责任下沉，集团总部重点管好资本投向、运作、回报和安全。

通过改革试点，国投在三个方面取得明显成效。在服务国家重大战略布局方面，国投率先在雄安新区设立京津冀产业协同发展投资基金等3家子公司，助力雄安开出基建项目第一标；收购英国2个海上风电项目以及印度尼西亚和孟加拉国的火电项目，并在约旦生产钾肥，将约旦的资源优势与我国的钾肥需求紧密结合。在带头去产能方面，国投2014年将航运业务整体划转给中国海运集团；2016年，将煤炭业务整体划转给央企煤炭资产处置平台，成为第一家整体退出煤炭业务的中央企业。在培育发展战略性新兴产业方面，国投参与发起设立并管理先进制造产业投资基金、新兴产业创业投资引导基金、科技成果转化投资基金、央企扶贫基金、京津冀产业协同发展投资基金、军民融合发展基金等国家级基金，吸引各类社会资本的加入，基金规模达1600亿元。

6. 为什么必须以管资本为主推动国有资本的合理流动优化配置？

《中共中央、国务院关于深化国有企业改革的指导意见》提出，以管资本为主推动国有资本合理流动优化配置。坚持以市场为导向、以企业为主体，有进有退、有所为有所不为，优化国有资本布局结构，增强国有经济整体功能和效率。

国有资本的合理流动优化配置是国资改革的根本要求。国资改革的基本思路是对国有企业功能分类、对经营性资产集中统一监管、建立以管资本为主的国资管理体制，其目标就是通过体制机制的变革，实现资源优化配置，促进国资合理流动优化配置。

以管资本为主是推动国有资本合理流动优化配置的机制保障。以管资本为主的国资管理体制，是推进国有资产监管机构职能从“管人、管事、管资本”的全面管，转向以管资本为主的主线管和以“资”为轴的专业管。加大依法放权和授权力度，将由企业自主经营决策的事项归位于企业，通过健全资本市场、通过资本化方式，体现价值导向，尊重市场规律，体现国有资本的流动性、优化调整的动态性，使企业真正成为市场的主体，提高国有资本的流动性和吸纳社会资本的能力。

以管资本为主是优化国有资本布局结构、增强国有经济整体功能和效率的重要路径。以管资本为主的四个重点是管好国有资本布局、规范资本运作、提高资本回报、维护资本安全，其目的是优化国有资本布局结构，实现国有资本的“三个集中”（向关系国家安全、国民经济命脉和国计民生的重要行业、关键领域、重点基础设施集中，向前瞻性、战略性产业集中，向具有核心竞争力的优势企业集中），通过“五个优化”（优化国有资本在有关行业或领域的分布，优化国有资本在区域间的分布，优化国有资本在产业内部的分布，优化国有资本在企业间的分布，优化国有资本在企业内的分布）全面增强国有经济整体功能和效率。

案例阅读

中国宝武钢铁集团有限公司：优化布局　提高效率能力体系建设[1]

全面加强党的领导，落实“两个一以贯之”。把握功

① 国务院国资委改革办、国务院国资委新闻中心编：《改革实践：国资国企改革试点案例集》，机械工业出版社2019年版，第24—28页。

能定位，厘清权责边界，科学划分治理主体权责边界，准确把握党委发挥领导作用、董事会发挥决策作用、经理层发挥经营管理作用的功能定位，清晰合理地界定各方职权，做到一件事由一个治理主体最终决策，体现决策拍板的唯一性。构建“1+3”制度机制体系，确保运行顺畅。

以管资本为主，加强资本投资运营能力建设。打造具有中国宝武特色的扁平高效的三层架构—“资本运作层—资产经营层—生产运营层”，将资产经营、生产运营责任下放，提高协同效率，降低管理成本。强化“投融管退”核心功能，优化投资管理体系，健全子公司法人治理，培育市场竞争主体，深化三项制度改革，构建市场化经营机制。

深化重组整合，调整优化产业结构。明确使命愿景，确立发展规划。中国宝武确立了以钢铁产业为基础、相关产业协同发展的发展战略，明确了“一基五元”产业组合。调整产业结构，优化产业布局，在区域布局上形成“沿海+沿江+网络化”的战略。积极培育新兴产业，打造未来发展新动能，新材料产业的发展聚焦特种冶金材料、轻金属材料和碳纤维材料三大领域。推动产业重组整合，践行行业使命，中国宝武基本形成了一套可复制、可推广、具有鲜明时代特色的聚焦融合模式。

健全风控监督体系，防止国有资产流失。中国宝武坚持做好内控合规类审计，加强对权力集中、资金密集、资源富集、资产聚集型领域的监督；不断优化审计问题整改跟踪管理机制，实现闭环管理；探索实施大数据审计，开展事中穿透式监督，实现科技强审；强化内部监督会商，定期组织监事会、纪检监察、组织人事、审计、投资、财务、法务等部门，研究分析苗头性、倾向性问题，及时总结监督发现的体制机制问题和制度漏洞。

7. 推动国有资本合理流动优化配置的原则、目标、方向和途径是什么？

推动国有资本合理流动优化配置应遵循的原则是以市场为导向、以企业为主体、有进有退、有所为有所不为。目标是推动实现优化国有资本布局结构，增强国有经济的整体功能和效率。方向是向关系国家安全、国民经济命脉和国计民生的重要行业和关键领域、重点基础设施集中，向前瞻性、战略性产业集中，向具有核心竞争力的优势企业集中。

推动国有资本合理流动优化配置的主要途径是“三个一批”。清理退出一批。加大对不良资产、低效无效资产的清理力度，加快对效率低下、长期亏损、扭亏无望企业的退出力度，淘汰落后产能，化解过剩产能。做好退出工作，要建立健全优胜劣汰的市场化退出机制。重组整合一批。推进国有资本布局结构调整，企业之间可以采用收购、兼并、合并、分立、托管等多种路径重组整合，企业内部可以通过合理限定法人层级、有效压缩管理层级等方式进行重组整合。创新发展一批。要适应国际化、市场化、现代化的要求，创新发展一批国有企业，重点是管理创新、商业模式创新和技术创新等三种创新，强调发挥国有企业在实施创新驱动发展战略和制造强国战略中的骨干和表率作用。

案例阅读

中国保利集团有限公司：深化改革　不断优化国有资本布局①

建设国有资本投资总部。保利集团重塑总部职能定位，从实业管理型总部向投资发展型总部转化，优化境内外投资管控权限和程序，共下放投资审批权限23项，实现从“管企业”向“管资本”的转变；控制人员编制，将总部12个部门调整为五大中心、3个办公室和2个直属单位；强化融资、投资、风控、考核四大功能，确保融得到、投得准、管得住、收得回；参照集团模式规范子公司董事会，并依法授权子公司董事会聘任经理层、决定发展战略、投资决策、业绩考核、

① 国务院国资委改革办、国务院国资委新闻中心编：《改革实践：国资国企改革试点案例集》，机械工业出版社2019年版，第49—50页。

薪酬分配等权限；建立科学的考核体系，调降财务指标考核权重，新增发展改革任务、党建和风险管控等综合指标。

发挥产业培育功能。保利集团巩固军贸、地产、文化、民爆等核心主业的优势地位，做深做细现有市场。推动现有核心产业向上下游及周边产业延伸，探索发展养老服务、健康医疗、艺术教育等领域。

探索央企重组模式。2017年8月，保利集团与中国轻工集团、中国工艺集团实施重组。通过调整领导班子、重新梳理战略、加强产业对接和业务协同、提升管理等措施，以资本性投入与管理为主线，并购企业的资产质量、业务竞争力得到了大幅度提升，实现了划转并购的目的。

培育创新发展能力。保利集团积极布局科技创新领域，通过互联网技术、云计算技术、大数据技术等新一代信息技术，建立了新型智慧型生活，提升了创新发展能力。在首届中国国际进口博览会上，保利集团总签约金额高达28亿美元（约196亿元人民币），签约合作对象都是在其业务领域领先的世界知名公司。

8. 为什么必须加强监督防止国有资产流失？

国有资产流失是指国有资产的出资者、管理者、经营者，因主观故意或过失，违反法律、行政法规和规章，造成国有资产的损失。为加强国有资产管理，2003 年，国务院发布《企业国有资产监督管理暂行条例》。2015 年发布的《国务院办公厅关于加强和改进企业国有资产监督防止国有资产流失的意见》，强调加强和改进国有资产监督，保障国有资产安全、防止国有资产流失。

加强监督防止国有资产流失，是维护全体人民利益的需要。习近平总书记强调，国有资产是全体人民共同的宝贵财富，是保障党和国家事业发展、保障人民利益的重要物质基础，一定要管好用好。强化监督，保障国有资产安全，防止国有资产流失，是维护全体人民共同财富的必然要求。

加强监督防止国有资产流失，是解决国有资产监督突出问题的迫切需要。近年来，国有资产监督工作取得了积极进展和明显成效，但仍存在多头监督、重复监督与监督不到位并存，监督手段与方式市场化、规范化、法治化水平不高等监督体制机制方面问题，加上一些国有企业内部管理不规范，企业领导人员权力缺乏制约，导致腐败案件多有发生，国有资产流失。这些突出问题表明，加强监督防止国有资产流失已成为新时代深化国有企业改革重要而迫切的任务。

加强监督防止国有资产流失，是深化国有企业改革的前提和保障。习近平总书记强调，国有企业改革首先要加强监管、防止国有资产流失，这一条不做好，国有企业其他改革就难以取得预期成效。在深化国企改革中突出对关键岗位、重点人员特别是“一把手”的监督，加强对权力集中、资金密集、资源富集、资产聚集的部门和岗位的监督，坚持“三统一、三结合”，把全面履行国有企业出资人职责、国有资产监管职责、国有企业党的建设工作职责三者统一起来，充分发挥专业化监管、体系化监管、法治化监管“三化”监管优势，切实提升国资监管效能，坚决防止国有资产流失。

9. 加强监督防止国有资产流失必须遵循哪些原则？

《国务院办公厅关于加强和改进企业国有资产监督防止国有资产流失的意见》明确指出，加强监督防止国有资产流失，要遵循以下原则。

一是坚持全面覆盖，突出重点。实现企业国有资产监督全覆盖，加强对国有企业权力集中、资金密集、资源富集、资产聚集等重点部门、重点岗位和重点决策环节的监督，切实维护国有资产安全。

二是坚持权责分明，协同联合。清晰界定各类监督主体的监督职责，有效整合监督资源，增强监督工作合力，形成内外衔接、上下贯通的国有资产监督格局。

三是坚持放管结合，提高效率。正确处理好依法加强监督和增强企业活力的关系，改进监督方式，创新监督方法，尊重和维护企业经营自主权，增强监督的针对性和有效性。

四是坚持完善制度，严肃问责。建立健全企业国有资产监督法律法规体系，依法依规开展监督工作，完善责任追究制度，对违法违规造成国有资产损失以及监督工作中失职渎职的责任主体，严格追究责任。

10. 如何理解和强化国有企业内部监督？

《国务院办公厅关于加强和改进企业国有资产监督防止国有资产流失的意见》提出，要切实强化国有企业内部监督。企业内部监督是企业自我约束的体现，是最直接、最基础的监督，称为加强监督的第一道防线，可从完善企业内部监督机制、强化董事会规范运作和对经理层的监督、加强企业内设监事会建设、重视企业职工民主监督、发挥企业党组织保证监督作用等五个方面着力强化企业内部监督。

一是完善企业内部监督机制。企业集团应当建立涵盖各治理主体及审计、纪检监察、巡视、法律、财务等部门的监督工作体系，强化对子企业的纵向监督和各业务板块的专业监督。健全涉及财务、采购、营销、投资等方面的内部监督制度和内控机制，进一步发挥总会计师、总法律顾问作用，加强对企业重大决策和重要经营活动的财务、法律审核把关。加强企业内部监督工作的联动配合，提升信息化水平，强化流程管控的刚性约束，确保内部监督及时、有效。

二是强化董事会规范运作和对经理层的监督。深入推进外部董事占多数的董事会建设，加强董事会内部的制衡约束，依法规范董事会决策程序和董事长履职行为，落实董事对董事会决议承担的法定责任。切实加强董事会对经理层落实董事会决议情况的监督。设置由外部董事组成的审计委员会，建立审计部门向董事会负责的工作机制，董事会依法审议批准企业年度审计计划和重要审计报告，增强董事会运用内部审计规范运营、管控风险的能力。

三是加强企业内设监事会建设。建立监事会主席由上级母公司依法提名、委派制度，提高专职监事比例，增强监事会的独立性和权威性。加大监事会对董事、高级管理人员履职行为的监督力度，进一步落实监事会检查公司财务、纠正董事及高级管理人员损害公司利益行为等职权，保障监事会依法行权履职，强化监事会及监事的监督责任。

四是重视企业职工民主监督。健全以职工代表大会为基本形式的企业民主管理制度，规范职工董事、职工监事的产生程序，切实发挥其在参与公司决策和治理中的作用。大力推进厂务公开，建立公开事项清单制度，保障职工知情权、参与权和监督权。

五是发挥企业党组织保证监督作用。把加强党的领导和完善公司治理统一起来，落实党组织在企业党风廉政建设和反腐败工作中的主体责任和纪检机构的监督责任，健全党组织参与重大决策机制，强化党组织对企业领导人员履职行为的监督，确保企业决策部署及其执行过程符合党和国家方针政策、法律法规。

11. 如何理解和强化国有企业出资人监督？

《中共中央、国务院关于深化国有企业改革的指导意见》提出，要建立健全高效协同的外部监督机制，整合出资人监管、外派监事会监督和审计、纪检监察、巡视等监督力量，建立监督工作会商机制，加强统筹，减少重复检查，提高监督效能。企业外部监督是国家对国有资产进行监督的主体内容，出资人监督可称为加强监督的第二道防线。出资人监督是从国家作为国有资本出资人角度出发进行的监督，可从完善国有资产监管机构监督、加强和改进外派监事会制度两个方面进行切实加强。

完善国有资产监管机构监督。国有资产监管机构要坚持出资人管理和监督的有机统一，进一步加强出资人监督。健全国有企业规划投资、改制重组、产权管理、财务评价、业绩考核、选人用人、薪酬分配等规范国有资本运作、防止流失的制度。加大对国有资产监管制度执行情况的监督力度，定期开展对各业务领域制度执行情况的检查，针对不同时期的重点任务和突出问题不定期开展专项抽查。国有资产监管机构设立稽查办公室，负责分类处置和督办监督工作中发现的需要企业整改的问题，组织开展国有资产重大损失调查，提出有关责任追究的意见建议。国有资产监管机构向所出资企业依法委派总会计师，强化出资人对企业重大财务事项的监督。加强企业境外国有资产监督，重视在法人治理结构中运用出资人监督手段，强化对企业境外投资、运营和产权状况的监督，严格规范境外大额资金使用、集中采购和佣金管理，确保企业境外国有资产安全可控、有效运营。

加强和改进外派监事会监督。对国有资产监管机构所出资企业依法实行外派监事会制度。外派监事会由政府派出，作为出资人监督的专门力量，围绕企业财务、重大决策、运营过程中涉及国有资产流失的事项和关键环节、董事会和经理层依法依规履职情况等重点，着力强化对企业的当期和事中监督。进一步完善履职报告制度，外派监事会要逐户向政府报告年度监督检查情况，对重大事项重要情况、重大风险和违法违纪违规行为"一事一报告"。按照规定的程序和内容，对监事会监督检查情况实行"一企一公开"，也可以按照类别和事项公开。切实保障监事会主席依法行权履职，落实外派监事会的纠正建议权、罢免或者调整建议权，监事会主席根据授权督促企业整改落实有关问题或者约谈企业领导人员。建立外派监事会可追溯、可量化、可考核、可问责的履职记录制度，切实强化责任意识，健全责任倒查机制。

12. 如何理解和强化专项监督？

专项监督包括审计、纪检监察、巡视等依据国家法律法规及党内规定进行的监督，可称为加强监督的第三道防线，可从健全国有企业审计监督体系、进一步增强纪检监察和巡视的监督作用两个方面进行强化。

健全国有企业审计监督体系。完善国有企业审计制度，进一步厘清政府部门公共审计、出资人审计和企业内部审计之间的职责分工，实现企业国有资产审计监督全覆盖。加大对国有企业领导人员履行经济责任情况的审计力度，坚持离任必审，完善任中审计，探索任期轮审，实现任期内至少审计一次。探索建立国有企业经常性审计制度，对国有企业重大财务异常、重大资产损失及风险隐患、国有企业境外资产等开展专项审计，对重大决策部署和投资项目、重要专项资金等开展跟踪审计。完善国有企业购买审计服务办法，扩大购买服务范围，推动审计监督职业化。

进一步增强纪检监察和巡视的监督作用。督促国有企业落实“两个责任”，实行“一案双查”，强化责任追究。加强对国有企业执行党的纪律情况的监督检查，重点审查国有企业执行党的政治纪律、政治规矩、组织纪律、廉洁纪律情况，严肃查处违反党中央八项规定精神的行为和“四风”问题。查办腐败案件以上级纪委领导为主，线索处置和案件查办在向同级党委报告的同时，必须向上级纪委报告。严肃查办发生在国有企业改制重组、产权交易、投资并购、物资采购、招标投标以及国际化经营等重点领域和关键环节的腐败案件。贯彻中央巡视工作方针，聚焦党风廉政建设和反腐败斗争，围绕“四个着力”，加强和改进国有企业巡视工作，发现问题，形成震慑，倒逼改革，促进发展。

13. 如何理解和强化社会监督？

《中华人民共和国企业国有资产法》第六十六条规定，国务院和地方人民政府应当依法向社会公布国有资产状况和国有资产监督管理工作情况，接受社会公众的监督。社会监督是国有资产监督的重要方面，称为加强监督的第四道防线，可通过推动国有资产和国有企业重大信息公开、认真处理来信来访及检举、发挥媒体的舆论监督作用三个方面进行强化。

推动国有资产和国有企业重大信息公开。建立健全企业国有资产监管重大信息公开制度，依法依规设立信息公开平台，对国有资本整体运营情况、企业国有资产保值增值及经营业绩考核总体情况、国有资产监管制度和监督检查情况等依法依规、及时准确披露。国有企业要严格执行《企业信息公示暂行条例》，在依法保护国家秘密和企业商业秘密的前提下，主动公开公司治理以及管理架构、经营情况、财务状况、关联交易、企业负责人薪酬等信息。

认真处理人民群众的来信、来访和检举。要畅通社会公众的监督渠道，设立关于国有资产流失等问题的多渠道举报平台，如网络平台、电话平台、接待室、举报箱等，认真处理来信、来访和举报，切实保障单位和个人对造成国有资产损失行为进行检举和控告的权利。

充分发挥媒体舆论监督作用。充分发挥网络、微信、广播、电视、报纸、杂志等传播媒介的作用，有效保障社会公众对企业国有资产运营的知情权和监督权。重视各类媒体的监督，及时回应社会舆论对企业国有资产运营的重大关切。国有资产监督管理机构、国有企业要对社会重大质疑及时回应、澄清，依法披露相关信息，自觉接受媒体的监督。

案例阅读

中国广核集团有限公司：创新公众沟通方式①

坚持依法公开，形成常态化机制。做到“该公开的必

① 国务院国资委改革办、国务院国资委新闻中心编：《改革实践：国资国企改革试点案例集》，机械工业出版社2019年版，第266—267页。

须公开”，针对在运、在建核电机组建立了完善的信息披露制度，在运核电机组主动公开运行生产信息和周边环境信息；对于公众较为关注的在建核电项目，坚持依法做好选址和建设阶段的环评、稳评等方面的信息公开工作，通过论证会、听证会等形式向有关单位、专家和公众征集意见建议。坚持“公开是惯例，不公开是例外”，2011 年，中广核建立国内首个核电站“核与辐射安全信息”公开平台，每月定期披露能力因子、辐射防护、工业安全、一级火险次数、三废管控等运行信息和环境监测数据；建立常态化新闻发布机制，2017—2019 年召开新闻发布会、媒体座谈会共计 56 次。

实施主动公开，提升核电透明度。主动策划和实施媒体沟通活动，邀请中央媒体、地方媒体、行业媒体等进入各大核电基地采访，建立向媒体发送信息简报的沟通机制，向记者分享中广核重要新闻和发展情况。坚持通过中广核电力股东大会主动公开信息，自 2014 年起，向股东大会公开年度经营业绩、安全生产、信息公开、环境保护方面的情况。主动邀请公众走进核电现场实地考察，让他们了解核电科普知识、核安全文化以及核电站在能源、安全和环保等方面作出的贡献。

推进便民公开，增强信息传播力。中广核始终将公众需求放在首位，将信息发布平台、提供方式和表现形式打造得便于检索、理解和使用。利用新媒体传播平台，打通公众沟通“最后一公里”，中广核各成员公司累计开设45个网站、150余个微信和微博等新媒体账号，还为适应青年人开通了抖音账号。

14. 如何建立健全国有企业重大决策失职、渎职责任追究和倒查机制?

党的十八届三中全会明确提出“建立长效激励约束机制，强化国有企业经营投资责任追究”。2015年8月印发的《中共中央、国务院关于深化国有企业改革的指导意见》要求“建立健全国有企业重大决策失误和失职、渎职责任追究倒查机制，严厉查处侵吞、贪污、输送、挥霍国有资产和逃废金融债务的行为”。2016年8月，国务院办公厅印发《关于建立国有企业违规经营投资责任追究制度的意见》，要求“严格问责、完善机制，构建权责清晰、约束有效的经营投资责任体系”。2018年7月，国务院国资委印发《中央企业违规经营投资责任追究实施办法（试行）》，进一步明确了中央企业违规经营投资责任追究的范围、标准、责任认定、追究处理、职责和工作程序等。

针对国有资产监督工作追责难的问题，需要重点开展建立健全重大决策失职渎职追责机制、建立健全国有资产监督问责机制“两类追责”，严格责任追究。要使得这种追究机制和倒查机制落到实处，就必须做好以下三项工作。

一是完善制度。国有资产监督实践表明，重大决策的失误失职渎职往往造成巨额国有资产损失或流失，而追究责任难，主要难在责任的界定缺乏具体制度、依据。要建立健全国有企业重大决策失职、渎职责任追究和倒查机制，建立和完善重大决策评估、决策事项履职记录、决策过错认定标准等配套制度。

二是严抓落实。在实际操作中，需要制定国有企业决策责任追究相关具体制度，明确国有企业重大决策失职、渎职责任追究和倒查机制的相关标准与要求，细化决策“集体决策个人负责”的责任追究原则、范围、依据、程序、方式、标准和职责等，保障经营投资责任追究工作有章可循、规范有序。

三是依法追责。要严厉查处侵吞、贪污、输送、挥霍国有资产和逃废金融债务的行为。对属于正当履职，但因市场因素、创新的不确定性等引发的损失，要建立容错机制，客观评估损失，依法依规公平认定责任。

15. 如何建立健全企业国有资产监督问责机制？

习近平总书记强调：“问责不能感情用事，不能有怜悯之心，要‘较真’、‘叫板’，发挥震慑效应。”[①]《中国共产党问责条例》和《中国共产党党内监督条例》分别对规范和强化党的问责工作、加强党内监督工作提出了明确要求。《中共中央、国务院关于深化国有企业改革的指导意见》提出：“建立健全企业国有资产的监督问责机制，对企业重大违法违纪问题敷衍不追、隐匿不报、查处不力的，严格追究有关人员失职渎职责任，视不同情形分别给予纪律处分或行政处分，构成犯罪的，由司法机关依法追究刑事责任。”有权必有责，失责必问责。加强国有资产监督的问责机制，要从以下三个方面着手。

一是要建立健全企业外部监督各主体的监督问责机制。落实企业外部监督主体维护国有资产安全、防止流失的监督责任。健全国有资产监管机构、外派监事会、审计机关和纪检监察、巡视部门在监督工作中的问责机制。充分发挥人民群众和各类媒体舆论及第三方社会中介机构的独立监督作用。

二是要建立健全企业内部监督的问责机制。要完善企业监督工作中的自我监督机制，健全内控措施，对企业重大违法违纪违规问题应当发现而未发现或隐匿不报、查处不力的，要建立问责机制。

三是要完善对各监督主体及工作人员的问责机制。严肃查处监督工作人员在问题线索清理、处置和查办案件过程中违反

---

① 习近平：《在第十八届中央纪律检查委员会第六次全体会议上的讲话》，人民出版社2016年版，第10页。

政治纪律、组织纪律、工作纪律的行为。严格追究有关人员失职渎职责任，视不同情形分别给予纪律处分、行政处分，构成犯罪的，依法追究刑事责任。

案例阅读

中国海洋石油总公司：加强监督　防止国有资产流失①

初步建立规范有效的公司治理体制和运行机制。一是规范董事会运作，加强对管理层的权力制约。中国海油董事会较好地履行了“把方向、议大事、防风险”的职责，建立了《董事会议事规则》、4个专门委员会议事规则、《总经理工作规则》、《董事会授权管理办法》等制度。二是充分发挥审计委员会监督作用，设立总会计师和总法律顾问。中国海油建立了审计部门向董事会负责的工作机制。董事会审计委员会召开会议次数明显增多，及时对内部审计和风险管理等工作提出改进建议。向16家所属单位派出了总会计师（财务总监），在10家所属单位设立了总法律顾问。

持续优化独立监督体系。中国海油已建立17个较为健全、有效的内控制度体系，包含加强和改进企业国有资产

① 本书编写组编：《国企改革若干问题研究》，中国经济出版社2017年版，第272—274页。

监督、防止国有资产流失方面的制度58项。近年来，不断优化投资项目管理、采办管理和财务管理等方面的制度体系，为防止国有资产流失提供了机制保障。针对海外项目，制定了股权事务管理规定、油气资产（公司）并购及处置管理办法等制度，防范海外国有资产流失。

加强对国有资产经营的管理监督。中国海油高度重视合规运营，加大对违规违纪问题的揭示和查处。在低效无效资产处置过程中，严格按照国资委产权转让管理办法进入产权交易所进行公开交易，有效防止国有资产流失。

加大违规责任追究力度。健全并严格执行违规经营责任追究制度。出台《总公司领导人员责任追究管理规定》和《员工违纪处理规定》。建立纪检组监察部通报制度；明确国家科技重大专项实施责任、标准化管理奖励与惩处；明确追究违反重大项目法律事务管理的要求；单独制定了招评标违规和处罚管理办法。

出版后记

习近平总书记指出:“各地区各有关部门和广大国有企业要按照党中央关于推进国有企业改革发展的决策部署，适应国内外经济形势发展变化，坚持有利于国有资产保值增值、有利于提高国有经济竞争力、有利于放大国有资本功能的方针，推动国有企业深化改革、提高经营管理水平，加强国有资产监管，坚定不移把国有企业做强做优做大。”他要求，全面从严治党要在国有企业落实落地，必须从基本组织、基本队伍、基本制度严起。他还强调，党和人民把国有资产交给企业领导人员经营管理，是莫大的信任。国有企业领导人员必须做到“对党忠诚、勇于创新、治企有方、兴企有为、清正廉洁”。《中国共产党国有企业基层组织工作条例（试行）》也明确规定，国有企业党组织工作应当遵循的原则之一，是“坚持党管干部、党管人才，培养高素质专业化企业领导人员队伍和人才队伍”。

本书是面向国有企业党组织和经营管理者的专业读物，由党的干部工作读物基础工程统一策划，属于干部工作指导丛书怎样做系列。全书以习近平新时代中国特色社会主义思想为指导，突出政治性，体现时代性，注重实践性，力图全方位系统梳理新时代国有企业经营管理者所需要具备的能力素养，国有企业党组织在新征程上加强基本组织、基本队伍、基本制度建设的经验做法，为在国有企业贯彻落实新时代党的组织路线和好干部标准提供理论支撑与实践样本。全书在收集梳理大量文献资料并结合多年持续开展国有企业教育培训实践经验的基础上编写而成，既可以作为国有企业党组织和经营管理者的培训教材，也可以作为国有企业经营管理者日常学习查阅的案头用书，有关内容全面、真实、准确、鲜活，具有较强的权威性、科学性和可读性。

本书编写人员由深耕国有企业经营管理者教育培训第一线的同志组成，具体组织编写工作由国家电网有限公司高级培训中心承担。倪吉祥、杨爱勤担任主编，负责全书总体把握、组织研讨并统稿。陈东平、吴晶、李倩、薛潺、李奇、王长春、周密、王玥、程璐楠、鲁馨、田亦林、蒋坤云、张庆伟、刘心、鲁兆丹、程涛、史瑞卿、郭智、李莉、张吉辉、马玉骢（按所承担撰写章节排序）参加撰写。

国家电网有限公司党组高度重视本书编写工作，公司董事长、党组书记辛保安，董事、党组副书记庞骁刚分别多次指导编写工作，并要求公司总部相关部门全力支持。周放生、倪春参与撰写全程，给予了针对性很强的专业指导。于晓辉、方国元分别审阅有关章节，并提出了意见建议。赵东来在编写工作中给予大力支持。国网北京市电力公司、国网冀北电力有限公司、国网江苏省电力有限公司、中国电力科学研究院有限公司、国网数字科技控股有限公司、国网电力空间技术有限公司等组织力量帮助编写部分典型案例。同时，本书还引用了国务院国有资产监督管理委员会等有关方面的研究成果和组织编写的案例，在此一并表示感谢！

人梯书库编委会

2023 年 11 月

图书在版编目(CIP)数据

怎样当好新时代国有企业经营管理者 /《怎样当好新时代国有企业经营管理者》编写组编著. — 北京 : 党建读物出版社, 2023.12（2024.5重印）

（干部工作指导丛书）

ISBN 978-7-5099-1538-7

Ⅰ. ①怎… Ⅱ. ①怎… Ⅲ. ①国有企业—企业管理—研究—中国 Ⅳ. ①F279.241

中国国家版本馆CIP数据核字（2023）第072781号

怎样当好新时代国有企业经营管理者

ZENYANG DANGHAO XINSHIDAI GUOYOU QIYE JINGYING GUANLIZHE

本书编写组　编著

总 策 划：萧曙

责任编辑：谢洪波

责任校对：张学民

篆刻设计：官明

装帧设计：也在

出版发行：党建读物出版社

地　　址：北京市西城区西长安街80号东楼（邮编：100815）

网　　址：http: // www. djcb71. com

电　　话：010-58589989 / 9947

经　　销：新华书店

印　　刷：北京中科印刷有限公司

2023年12月第1版　2024年5月第2次印刷

710 毫米 × 1000 毫米　16开本　24.25印张　225千字

ISBN 978-7-5099-1538-7　定价：48. 00元
